青海省科学技术学术著作出版资金资助出版

高原科学与可持续发展研究院自然科学系列

高原环境下增压对运动性疲劳恢复的应用研究

樊蓉芸　主编

青海人民出版社

图书在版编目（CIP）数据

高原环境下增压对运动性疲劳恢复的应用研究 / 樊
蓉芸主编 . -- 西宁：青海人民出版社，2022.9
ISBN 978-7-225-06379-9

Ⅰ.①高… Ⅱ.①樊… Ⅲ.①高原—增压—应用—运
动性疲劳—恢复（运动生理）—研究 Ⅳ.①G804.7

中国版本图书馆 CIP 数据核字（2022）第138702 号

高原环境下增压对运动性疲劳恢复的应用研究

樊蓉芸　主编

出 版 人　樊原成

出版发行　青海人民出版社有限责任公司
　　　　　西宁市五四西路71号　邮政编码:810023　电话：（0971）6143426（总编室）

发行热线　（0971）6143516 / 6137730

网　　址　http://www.qhrmcbs.com

印　　刷　青海雅丰彩色印刷有限责任公司

经　　销　新华书店

开　　本　710mm×1020mm　1/16

印　　张　15.75

字　　数　260千

版　　次　2022年9月第1版　2022年9月第1次印刷

书　　号　ISBN 978-7-225-06379-9

定　　价　68.00元

编委会

主　编：　樊蓉芸

副主编：　苏青青　马福海

编写组成员：樊蓉芸（青海省体育科学研究所有限公司，
　　　　　　　　　　高原科学与可持续发展研究院）

　　　　　苏青青（青海省体育科学研究所有限公司，
　　　　　　　　　青海民族大学）

　　　　　郝少伟（青海省体育科学研究所有限公司）

　　　　　祁继良（青海省体育科学研究所有限公司，
　　　　　　　　　高原科学与可持续发展研究院）

　　　　　马福海（青海省体育科学研究所有限公司，
　　　　　　　　　高原科学与可持续发展研究院）

前　言

　　运动性疲劳及其恢复是决定运动训练成效的基本因素之一，也是现代体育运动训练的热点和难点。特别是在高原低氧环境下进行运动训练时，机体承受高原和训练的双重缺氧刺激，运动性疲劳产生快、程度深、恢复慢，运动性疲劳的判断方法与恢复措施成为高原训练的重点与难点之一，明确高原训练引起的运动性疲劳的形成机制与有效恢复手段对提升训练成效和运动水平至关重要。

　　高原缺氧是低压性缺氧，研究证实增压治疗是一种缓解急性高原病最为有效的方法，但将增压用于高原低氧环境下运动训练以缓解缺氧和促进疲劳恢复的研究和应用鲜见。青海省体育科学研究所承担了国家体育总局科技项目《高原低氧环境增压辅助训练对运动员疲劳恢复能力的影响》，将增压方式应用于运动员高原训练的运动性疲劳恢复实践中，结果表明应用增压辅助训练对运动员的心肺功能、运动能力、抗氧化以及疲劳恢复能力都有一定的积极作用。但产生这种作用的机制是什么、高原环境增压方式对运动员肌肉、心脏、大脑等组织和细胞等方面的微观变化和规律是哪些等问题却让研究人员疑虑。为了揭开这些问题的答案，青海省体育科学研究所继续承担了青海省自然科学基金项目《高原低氧环境下增压辅助训练对大鼠运动性疲劳机制及恢复的研究》，通过应用分子生物学、组织形态学、免疫学等学科方法，对大鼠在高原环境下疲劳性运动训练和采用增压恢复的组织形态、低氧适应因子、能量代谢、抗氧化能力和免疫功能等相关指标进行检测，探索明确高原低氧环境增压方法对肌肉、心脏等组织和细胞等方面的微观变化和规律。该研究项目获得青海省科学技术成果，并达到国际先进水平。

　　本书针对运动性疲劳的消除和高原训练后恢复等科学研究问题和实践需求，将以上两个科研项目的研究内容和数据结果进行系统整理，通过动物实验篇的基础机制研究和人体应用篇的运动实践运用，以及两者的系统结合、相互印证，从微观组织和宏观功能多个层面就高原环境下增压对运动性疲劳恢复的研究与应用进行全面综合的阐述，从而为高原训练的理论研究和运动员疲劳恢复的实践应用提供借鉴和参考。

在项目研究期间以及本书编写过程中，得到青海省科学技术厅、北京体育大学、青海人民政府－北京师范大学高原科学与可持续发展研究院、青海大学高原医学研究中心领导和专家的大力支持，以及靳国恩教授、马兰教授的专业指导和技术协助，在此致以诚挚的感谢！

由于我们知识和经验的局限，本书不可避免地存在着一些缺陷和不足，真诚地希望同仁批评指正！

编写组

2021 年 5 月 30 日

目　录

上篇　动物实验篇

下篇　人体应用篇

附　录

第一章　绪论

第一节　运动性疲劳及其恢复

运动性疲劳及其恢复是现代体育运动训练的热点和难点，开展相关研究和应用有利于运动实践中训练成效和比赛成绩的保证和促进。

运动性疲劳（Sports fatigue）是指在运动过程中"机体的生理过程不能持续其机能在一特定水平或不能维持预定的运动强度"[1]，它是由运动引起的运动能力和身体各种生理功能暂时下降的一种特有生理现象，也是机体内多种生理生化变化的综合反应，可不同程度地影响人们的生活质量[2]。运动性疲劳是运动到一定阶段必然出现的生理性功能变化，也是机体对运动训练的正常保护性反应。有训练就必然有运动性疲劳的出现，人体的运动能力正是在"训练－疲劳－再训练"的过程中得以超量恢复从而逐步提高的。

运动性疲劳及其恢复是现代体育运动训练中两个紧密相连的过程，也是决定运动训练成效的两个基本因素。运动性疲劳是导致运动员竞技能力下降和运动损伤的主要原因，也是制约运动员提高竞技能力的因素之一[3]。为了增强运动员的竞技能力、预防运动损伤、延长运动寿命，如今对运动性疲劳的研究与应用已成为体育领域的重点、热点和难点，如何延缓运动性疲劳的产生和加速其消除是运动医学研究领域21世纪的前沿课题[4]，明确运动性疲劳产生原因和机制，运用快速消除运动性疲劳、恢复良好身体机能状态的方法和手段，开展相关研究和应用有利于运动实践中训练成效和比赛成绩的保证和促进[5]。

第二节　高原训练的运动性疲劳

高原训练是提高运动能力和水平的重要训练手段之一，运动性疲劳的判断与恢复措施是高原训练过程的重点与难点，研究高原环境下运动性疲劳的产生原因和恢复方法，是提高高原运动训练效果的基础之一。

一、高原训练概述

高原训练（Altitude training）是指运动员在适宜的自然高原地区或人工模拟高原条件下所进行的提高专项运动能力的一种训练方法。其主要理论依据是在高原环境下进行训练，机体承受环境低氧和负荷低氧的双重刺激，从而产生较强的低氧应激反应以调动体内的机能潜力，导致一系列有利于提高运动能力的抗低氧性生理效应，从而提高竞技能力和运动水平。自 20 世纪 50 年代中期国际开始关注高原环境对运动能力的影响并有意识地开展高原训练研究以来，高原训练的理论和实践研究在国际上得以迅速发展。

作为国内外体育训练领域促进运动员身体素质和运动能力提升的重要训练手段之一，高原训练几乎应用于所有奥运会项目的运动训练实践中。但是高原训练属于环境对人体作用的科学，人体的复杂性和个体差异性决定了高原训练的难度和复杂性。特别是在高原环境下进行运动时，机体承受高原和训练的双重缺氧刺激，运动的负荷量与负荷强度更容易接近或超出个体所能接受的最大极限，使得运动性疲劳产生的更快、程度更深、恢复也较慢，因此，能否在高原训练后迅速而充分的恢复、快速消除运动损伤的积累等将直接影响运动员高原训练的成效和运动水平的提高。其中，运动性疲劳判断与恢复措施成为整个高原训练过程的重点与难点 [6]，明确高原训练引起的运动性疲劳的形成机制与有效恢复手段至关重要。

二、高原训练的运动性疲劳

运动性疲劳是一个复杂的、多层次的过程，运动疲劳时，机体不仅在各系统、器官、组织水平上发生变化，而且会在细胞水平上发生各种机能的变化 [7]。它是以中枢神经系统的作用为主导，在中枢神经系统和周围组织相互影响下发生，既与神经细胞的变化有关，又与周围组织的反射性和体液性影响有关。在高原环境下，运动性疲劳的出现除受训练等因素影响外，还受高原缺氧环境的影响。由于高原环境大气压和氧分压较低，氧供应不足，因而运动训练会加重人体的缺氧反应，使运动性疲劳的产生过程加快，高原环境下运动性疲劳的产生是多种机制和高原缺氧综合作用的结果。研究高原环境下运动性疲劳的产生、消除和促进身体机能能力的尽快恢复，是提高高原运动训练效果不可忽视的一个重要方面[8]。

高原训练的突出特征是对机体的深刻刺激，并渴望得到超量恢复。通过高原训练"把运动员的整体功能转化为一个具有定向输出功能的相对稳定态"[9]，这一过程也是运动性疲劳恢复的效果体现，高原训练的疲劳恢复是整个高原训练的关键因素之一。广大教练员和科研人员为探索高原训练的奥秘，通过生理、生化、训练、心理等多学科对高原训练下机体运动性疲劳与恢复等相关问题进行了大量的研究。如：郎佳麟[10]阐述了高原训练消除疲劳的措施和医学、生物学、训练学和心理学恢复手段在高原训练过程中的应用；杨玉谨[11]通过监测世居高原耐力性项目运动员在海拔 2 260m 和 3 150m 交替训练疲劳及恢复程度后认为，运动员在不同海拔地区交替训练，其疲劳及恢复程度的变化在训练初期波动较大，在训练后期逐步稳定在一个适宜的水平，并建议在安排不同海拔地区交替训练时要注意运动强度的科学安排，力求做到循序渐进；王海滨[12]从高原训练对人体呼吸系统、激素、骨骼肌、心血管功能、脑等影响，详细阐述了高原训练的营养恢复与补充措施，重点介绍了补充铁、水、维生素、矿物质的方式方法、剂量等。

高原训练既有有利的一面，也有难以克服的弊端，一旦掌握不当就会造成不良后果。因为高原训练期间，机体要承受高原缺氧和训练缺氧的双重刺激，运动负荷强度相对较高，疲劳程度深且不易恢复，容易造成疲劳、肌肉力量下降及疾病等；此外，高原训练后营养恢复、免疫能力的变化以及各个因素之间的内在联系都将影响高原训练的成败。因此，高原训练的恢复不仅是高原训练计划的一个组成部分，而且也是衡量高原训练能否成功的关键因素之一。然而，现有有关高原训练疲劳恢复方面的研究尚存有如下诟病：研究不够充分和深入，且多为综述性研究；训练负荷与疲劳恢复结合的一体化研究尚属空白。此外，纵观国内外高原训练基地的恢复设施以及教练员常使用的恢复手段主要为医学、生物学、心理学以及训练学等恢复手段和积极性休息几大类，缺乏生理学、心理学、行为学综合研究和整体、细胞和分子等不同水平的深入研究。

第三节　增压及其应用

高原缺氧是低压性缺氧，研究证实增压治疗是一种缓解急性高原病最为有效的方法，但将增压用于高原低氧环境下运动以缓解缺氧和促进疲劳恢复的研究和应用鲜见。

一、增压概述

高原环境下，随着海拔高度的增加，大气压力（简称气压）逐渐降低，随着气压的下降，空气中氧分压和氧绝对含量逐渐减少，导致高原缺氧的发生。如在4 000m海拔高度，气压仅相当于海平面标准大气压的60.6%，此时机体肺泡气氧分压约为65mmHg、动脉血氧分压（PaO_2）约为55mmHg，PaO_2的明显降低导致机体严重缺氧（即高原缺氧），缺氧又进一步引发高原反应和高原病[13]。

由于高原缺氧是因大气压降低所致的一种低压性的缺氧，学者认为通过增加局部环境气压来提高空气中的氧分压，就能使高原缺氧状态得到改善[14]。理论上气压每增加0.1标准大气压（Atmosphere，atm），空气中氧分压会提高15.96mmHg，增加局部环境的气压，空气中的氧分压也会随之增加，从而达到缓解高原缺氧的作用。基于这一理论，我国先后研制出了高压氧舱、携带式加压袋GamowBag、高原轻便加压袋、高原野战增压帐篷、高原增压医疗保障车等增压设备[15-17]，都是通过增加局部环境气压来达到改善高原缺氧状态的目的，并在实践应用中对急慢性高原病（如高原急性肺水肿、脑水肿）具有明确的治疗作用[18]。

增压是利用高压舱或帐篷，通过增加吸入空气的压力达到提高机体血氧分压的一种方法，其中增压舱是当前较常用的一种方式。增压治疗是一种缓解急性高原病最为有效的方法，其机理是通过对微环境增加气压来缓解人体因受低气压影响而引发的急性高原反应。通过增压可以增加血氧含量及血浆中氧的物理解溶，从而使组织内氧含量和储氧量相应增加，以改善机体缺氧状态的过程。增压舱的工作原理与高压氧舱有所不同，其采用非容积式空气压缩技术来进行增压，由直排非容积式压气机为舱内直接提供压缩空气，增压舱增压范围相对较小（0.3~0.8atm），不需使用储气罐，舱容可较高压氧舱大幅度增加，具有结构简单、容易操作、危险性小、便于维护等优点。

二、增压在抗缺氧方面的应用

高原缺氧的治疗主要从改善缺氧症状和去除高原因素这两个方面进行，目前解决高原缺氧的所有技术手段都是从增氧或增压这两个方面展开的[19]。研究表明用增压舱在海拔 4 532m 高原环境下增压 0.02MPa，治疗 60min 后志愿者 PaO_2 增加 30.4mmHg，增幅为 56.9%，能有效提高人体的血氧分压，改善高原缺氧状态[20]。增压舱为缓解高原缺氧，改善人体在高原环境下的睡眠质量，提高人体在高原地区的工作效率提供了一种新方法[21]。刘亚华等[22]通过采用增压 6kPa 的方式，使增压帐篷内海拔相对降低 750m，结果表明身居 3 700m、4 200m、5 200m 不同海拔的受试者在增压帐篷内的 SpO_2 较未增压时有所提高，其研究表明增压帐篷通过改善低压缺氧环境下的氧供，有效改善低压缺氧，克服睡眠障碍，并指出高原野战增压帐篷以其便携、舒适、实用性强的特点，可以为急进高原或者常驻高原部队的有力工具以保障和提高高原执勤部队的战斗力。目前，增压舱、增压帐篷等增压设备的研究和应用多见于部队国防领域，有关运动训练方面的研究和应用鲜有报道。

三、增压在运动性疲劳恢复方面的应用

在运动性疲劳恢复方式中，高压氧得以较多应用，但利用增压方式的较少，特别是在高原训练当中少见。

运动时需氧量增加是最显著的变化之一，长时间激烈运动可造成机体氧供与氧耗失衡，出现运动引起的机体氧供不足或是机体利用氧的能力障碍，造成运动性缺氧，影响机体的正常代谢和机能，引发运动性疲劳。因此，为了能够迅速恢复运动后机体机能和消除疲劳，就必须及时解决机体缺氧问题[23]。

人吸入 1 个绝对大气压（Ablosuteatmosphere，ata）的正常空气，肺泡中的氧分压为 102mmHg（13kPa），每 100ml 动脉血液中的物理溶解氧为 0.3ml ；而吸入 2.5ata 的纯氧时，肺泡氧分压为 1 813mmHg（235kPa），每 100ml 动脉血液中的物理溶解氧为 5.3ml，比吸入 1ata 正常空气增加近 17 倍[24]。研究证实在常压空

气下，体内的血红蛋白携氧能力有限，加上呼吸和心率渐趋于平衡，摄氧量降低，乳酸的清除率受到限制；而在高压氧环境中，由于能提高血氧含量，增加血氧分压，当血液流经各组织时，氧的有效弥散距离加大，能使更多的细胞及线粒体得到充足的氧供，使乳酸氧化成丙酮酸，进入三羧酸循环，继续氧化生成 CO_2、H_2O 和能量（ATP），有利用促进运动性疲劳的恢复[25]。

四、增压方式的应用研究

由于高压和增氧对机体都会造成一定的负面影响，因而对于能够促进运动性疲劳恢复的适宜增压方式的研究至关重要。科学研究证实高气压和高氧分压环境都会对机体造成一定的负面影响，人在 0.1MPa（1 个大气压）的纯氧环境中，只能存活 24 小时，并会引发肺炎，最终导致呼吸衰竭、窒息而死；在 0.2MPa（2 个大气压）高压纯氧环境中，最多可停留 1.5~2 小时，否则会引起脑中毒；在 0.3MPa（3 个大气压）甚至更高的氧环境中，会在数分钟内发生脑细胞变性坏死，抽搐昏迷，导致死亡。健康人一般能耐受 304KPa~405KPa（3~4 个大气压）的气压，超过此限度的加压过程中，可出现鼓膜内陷、耳鸣、头晕等加压损伤，而大于 7 个大气压时，则会出现意识模糊，直至死亡。由于应激、气体渗透压梯度等尚未最终明确的原因，高气压和高氧分压会对机体内分泌、免疫和心脏功能等方面造成一定的影响和损伤[26-28]。高气压对全身免疫具有抑制作用，使机体对抗原反应减弱易患感染、自体免疫性疾病进程和移植物排斥反应延缓以及遗传损伤风险增大；高气压环境可导致心肌细胞兴奋收缩耦联延迟，出现心脏输出量减少、心率下降、心搏量减少和外周血管阻力增加。呼吸高分压氧可引起水肿、渗出、炎性因子增高等肺损伤表现[29]。机体暴露在高分压氧下，机体内氧张力增高，氧代谢量增多，产生的氧自由基增多。而体内 VitC、VitE、半胱氨酸等固有抗氧化剂和超氧化物歧化酶（SOD）、过氧化氢酶（CAT）、谷胱甘肽过氧化物酶（GSH）等抗氧化酶系统却不能将这些骤增的氧自由基全部清除，造成细胞及膜性细胞器膜脂的过氧化反应，从而导致细胞结构和功能损伤[30]。

因此，将增压方法应用于运动性疲劳恢复，不同的增压方式选择至关重要，即要保证增压对运动性疲劳的促进作用，还要尽可能的减少增压对机体的不良影响，开展不同增压方式对机体的作用研究和比对，从而筛选出适宜的、效果显著的增压方式方法以供实践应用依据和参考。

综上所述，由于低压和低氧的影响，研究高原环境下运动性疲劳的产生、消除是保证和提高高原运动训练效果不可忽视的一个重要方面。目前，从相关研究来看，对增压方法作为运动训练疲劳恢复手段的研究尚不充分和深入，未能很好地应用于训练实践之中，尤其在高原环境下采用增压辅助促进疲劳恢复手段方面的研究尚属空白。

第四节 增压对大鼠运动性疲劳恢复应用研究的内容和方法

进行高原环境下增压对运动性疲劳恢复的应用研究，应用运动训练学、组织形态学、分子生物学、免疫学等学科研究内容和方法，对大鼠在高原低氧环境下疲劳性运动训练和采用增压恢复后的组织形态、低氧适应因子、能量代谢、抗氧化能力和免疫功能等系统相关指标进行检测，开展增压辅助训练对大鼠不同组织微损伤的研究、增压辅助训练对大鼠疲劳的研究以及增压辅助训练对大鼠疲劳恢复影响的研究，以明确高原低氧环境增压辅助训练对肌肉、心脏等组织微观变化特点和规律的影响，探讨高原环境训练疲劳产生机制及其恢复的手段与方法，建立高原训练恢复及损伤康复模式，从而为运动员合理安排训练负荷、快速消除运动疲劳和损伤以及有效发挥高原训练优势等提供参考依据，并可在运动员高原训练及平原训练的实践中借鉴和应用。

一、研究内容

（一）主要研究内容

研究动物大鼠在不同高原低氧环境中运动训练产生运动性疲劳后，在疲劳恢复过程中应用不同的增压方法，通过观察比较组织、血液等指标变化，分析不同海拔高度环境对运动性疲劳的影响，总结高原低氧环境下运动性疲劳产生的机制，以及增压方法对运动性疲劳恢复的效果和不同增压方式的作用，从而筛选出科学适宜的增压方式。

主要内容包括：

（1）高原低氧环境下运动性疲劳产生机制的研究；

（2）高原低氧环境下增压方法对运动性疲劳恢复影响的研究；

（3）高原低氧环境下不同增压方式对运动性疲劳恢复作用的研究。

研究针对高原训练后恢复慢的难点问题和运动疲劳快速消除的实践需求，应用增压方法促进高原环境下运动性疲劳的恢复，从多个层面、不同方面观测和明确高原低氧环境运动训练对肌肉、心脏、肺脏、血液等组织的微观变化特点和规律影响，探讨高原低氧环境训练疲劳产生的机制，和效果较佳的促进运动性疲劳恢复的方式，从而为有效发挥高原训练的最大效应优势提供科学参考依据，其成果可在体育运动训练以及高原训练的实践中借鉴和应用。

另外，项目的研究扩展了耐力项目高原训练疲劳恢复实际应用的方式、方法，丰富了高原训练理论与实践的研究内容，尤其是强化了高原训练疲劳恢复的研究层面，从而为来青海进行高原训练的国家队及各类优秀运动队提供良好的理论支撑和科技保障，进一步提升青海高原训练成效，促进运动员竞技能力和比赛成绩的提高，对宣传高原训练以及促进体育事业及经济、社会、文化的发展具有积极的意义。

二、研究方法

（一）实验分组

1.实验对象

60 只 2 月龄体重为（209.11 ± 11.46）g 的 SPF 清洁级 Wistar 大鼠（生产批号：SCXK（甘 2009-0004））从甘肃省兰州市兰州大学医学院实验动物中心（海拔 1 520m）运送至青海省西宁市青海大学医学院（海拔 2 260m）进行实验研究。大鼠在高原自然环境下（海拔 2 260m，空气分压 74.6KPa、空气氧分压 15.56KPa，氧分压较海平面下降 26.35%），采用国家标准啮齿类动物干燥饲料喂养，自由饮食进水；动物室温度 18℃ ~23℃，相对湿度 40%RH~60%RH，自然光照；饲养室、用具等定期消毒灭菌，每日更换垫料。实验期间，采用国产武强 CJWS-A4 温湿度表和高原动槽水银气压表每日监测动物室温湿度和空气压力。每日用上海产 YP1200 电子天平在大鼠进行运动训练前称量体重。所有大鼠在高原自然环境下安静饲养 2 天，以适应高原动物室自然环境，然后进行 3 天动物跑台适应运动，之后去除体重过轻和运动能力不好的大鼠，将剩余大鼠进行实验分组。

2. 实验分组

根据研究实验设计要求，将已进行环境和运动适应的 Wistar 大鼠随机按照体重及跑台运动情况分为 7 组，平均每组 8 只，各组大鼠的运动训练和增压恢复条件情况见表 1–1，其中：

A 组：安静对照组（n=8），不进行运动训练；

B 组：自然恢复组（n=8），跑台运动训练 1h 之后自然环境下进行恢复；

C 组：0.2MPa 增压 1h 恢复组（n=8），跑台运动训练 1h，在完成运动 1h 后进入 0.2MPa 的增压舱内恢复 1h；

D 组：0.2MPa 增压 2h 恢复组（n=8），跑台运动训练 1h，在完成运动 1h 后进入 0.2MPa 的增压舱内恢复 2h；

E 组：0.3MPa 增压 1h 恢复组（n=8），跑台运动训练 1h，在完成运动 1h 后进入 0.3MPa 的增压舱内恢复 1h；

F 组：高海拔低氧运动后自然恢复组（n=8），在模拟 4 500m 海拔高度低压舱内跑台运动训练 1h 后，在自然环境下进行恢复；

G 组：高海拔低氧运动后增压恢复组（n=8），在模拟 4 500m 海拔高度低压舱内跑台运动训练 1h 后，在训练完成 1h 后进入 0.2MPa 的增压舱内恢复 1h。

表 1–1　各组大鼠的体重、运动训练和增压恢复条件

组别	体重（g）（X ± SD）	运动训练条件		恢复条件	
		海拔高度（m）	时间（h）	增压（MPa）	时间（h）
A 组	197.71 ± 16.87	2 260	无	无	无
B 组	210.25 ± 12.06	2 260	1	无	无
C 组	208.38 ± 4.75	2 260	1	0.2	1
D 组	208.00 ± 14.33	2 260	1	0.2	2
E 组	210.88 ± 11.99	2 260	1	0.3	1
F 组	212.75 ± 12.09	4 500	1	无	无
G 组	210.50 ± 8.53	4 500	1	0.2	1

（二）实验方法

1. 运动训练负荷安排

所有大鼠在进行为期 3 天的运动适应阶段训练后随机分为 7 组，其中除 A 组外，其他 6 组依据运动性疲劳模型[31-34]进行为期 6 天每天 1h 的运动性疲劳训

练阶段。运动适应阶段和运动性疲劳训练阶段 B 组、C 组、D 组、E 组、F 组和 G 组的运动负荷安排见表 1-2。6 组大鼠的运动性疲劳训练均在国产段氏 DSPT-202 动物跑台进行，其中 B 组、C 组、D 组和 E 组在海拔 2260m 自然大气环境中进行训练，F 组和 G 组在中国风雷航空军械有限责任公司生产 DYC-3000 低压氧舱中模拟海拔 4 500m 低压低氧环境中进行训练。

运动适应阶段，B 组、C 组、D 组、E 组、F 组和 G 组大鼠的运动训练负荷强度逐天依次增加：第 1 天在坡度为 0° 的跑台上以 15m/min 的速度持续跑动 15min，第 2 天在坡度为 0° 的跑台上以 20m/min 的速度持续跑动 20min，第 3 天在坡度为 0° 的跑台上以 25m/min 的速度持续跑动 30min（表 1-2）。

运动性疲劳训练阶段，B 组、C 组、D 组和 E 组大鼠每天在跑台上持续运动时间均为 1h，但跑动速度和跑台坡度逐天依次增加。第 1 天在坡度为 0°、速度为 25m/min 的跑台上跑动，第 2 天在坡度为 0°、速度增加为 30m/min 的跑台上跑动，第 3~5 天在坡度增加为 10° 的跑台上以 30m/min 的速度跑动，第 6 天在坡度增加为 10° 的跑台上先以 30m/min 的速度跑动 50min 后，速度增加到 35m/min 再跑动 10min。F 组和 G 组大鼠每天均在坡度为 0° 的跑台上持续运动时间均为 1h，而跑动速度逐天依次增加，第 1 天速度为 20m/min，第 2~3 天速度增加为 25m/min，第 4~6 天速度增加到 30m/min（表 1-2）。大鼠在训练后出现运动性疲劳体征，表现为不能维持规定的运动强度，先后滞留在跑道后 1/3 处 3 次以上，后蹬地吃力或无力，腹部与跑道面接触，由蹬地跑变为半卧位或卧位跑等；同时，普遍出现神情倦怠、双眼暗淡无光、皮毛不顺、食欲降低、懒动、扎堆、对外界刺激反应迟钝等[32、34]。

第 7 天除 A 组外，各组大鼠均在高原自然气压环境下（海拔 2 260m、温度 19℃、湿度 54%RH、气压 74.8KPa），运动强度设定为速度 35m/mim、坡度 10° 的跑台上持续运动至力竭。力竭的判断标准为：大鼠跟不上预定的速度，腹部与跑道面接触，后肢蹬地无力，随转动皮带后拖达 30s，连续给予声、光、机械刺激后，大鼠不能继续跑动，下跑台后伏地喘息、呼吸深急且幅度大、神经疲倦、俯卧位垂头暂时无逃避反应。记录各组大鼠跑台至力竭的运动时间。此后 B 组和 F 组大鼠自然恢复，C 组、D 组、E 组和 G 组大鼠分别进入增压舱内恢复，24h 后将各组大鼠处死取样。

表1-2　各组大鼠的运动负荷强度安排

阶段	组别	天数	运动负荷		
			速度（m/min）	坡度（°）	时间（min）
运动适应阶段	B、C、D、E、F、G	第1天	15	0	15
		第2天	20	0	20
		第3天	25	0	30
运动性疲劳阶段	B、C、D、E	第1天	25	0	60
		第2天	30	0	60
		第3天	30	10	60
		第4天	30	10	60
		第5天	30	10	60
		第6天	30/35	10	60（50+10）
	F、G	第1天	20	0	60
		第2天	25	0	60
		第3天	25	0	60
		第4天	30	0	60
		第5天	30	0	60
		第6天	30	0	60

2. 增压恢复安排

（1）增压恢复设备

本研究实验使用的中国山东威高集团医用分子制品股份有限公司生产的WEIGAQSC325/0.2-400型动物实验增压增氧舱设备，由空压机和增压增氧舱组成，舱体为单舱卧式结构，直径325mm、长度400mm，采用全透明有机玻璃结构，一端为盲口封堵，另一端设置外开式侧翼密封舱门，舱体内工作压力0.3MPa，可通过手动和自动操作模式对舱内压力、实验时间、舱内氧浓度、舱内二氧化碳浓度、舱内湿度及温度等物理指标进行适时监控。本研究应用此设备设定为0.3MPa以内压力进行增压对大鼠运动性疲劳的恢复实验。

（2）增压恢复条件安排

在大鼠完成运动训练1小时后，采用加压空气方式对C组、D组、E组和G组大鼠进行增压恢复，各组的增压参数见表1-3，其中C组、D组和G组舱内加压压力绝对值为0.2MPa（即相对值为2个大气压）、E组舱内加压压力绝对值为0.3MPa（即相对值为3个大气压），舱内氧气体积分数为20.45%左右，与西宁（海拔 2 260m）自然环境保持一致，舱内温室为 19℃ ~22℃、湿度为 55%RH~75%RH。

表 1–3　C 组、D 组、E 组和 G 组大鼠运动后增压恢复参数（M ± SD）

组别	舱内气压值（MPa）	舱内加压时间（h）	舱内氧气体积分数（%）	舱内二氧化碳体积分数（%）	舱内温度（℃）	舱内湿度（%RH）	气体流量压力差（ml/min）	加/减压时间（min）
C 组	0.2	1	20.43 ± 0.09	0.18 ± 0.04	21.87 ± 0.56	61.29 ± 7.99	6.0	10
D 组	0.2	2	20.42 ± 0.09	0.18 ± 0.03	21.70 ± 0.83	56.17 ± 15.20	6.0	10
E 组	0.3	1	20.49 ± 0.09	0.17 ± 0.04	21.50 ± 0.72	72.67 ± 10.68	6.0	20
G 组	0.2	1	20.48 ± 0.10	0.18 ± 0.03	19.86 ± 0.82	62.10 ± 9.36	6.0	10

C 组、D 组、E 组和 G 组大鼠实施的增压恢复条件安排具体如下：

C 组大鼠在疲劳性运动结束后 1h 后放入增压舱内并紧闭舱门，调节进气和出气阀门以 6.0ml/min 气体流量压力差持续加压 10min 后使舱内气压值增加到 0.2MPa，调节进气和出气阀门使舱内气压值稳定在 0.2MPa，此时增压舱内氧气体积分数为（20.43 ± 0.09）%、二氧化碳体积分数为（0.18 ± 0.04）%、温度为（21.87 ± 0.56）℃、湿度为（61.29 ± 7.99）%RH。持续 1h 之后调节进气和出气阀门以 6.0ml/min 气体流量压力差持续减压 10min 后使舱内气压值与外界自然环境一致时，打开舱门取出大鼠。

D 组大鼠在疲劳性运动结束后 1h 后放入增压舱内并紧闭舱门，调节进气和出气阀门以 6.0ml/min 气体流量压力差持续加压 10min 后使舱内气压值增加到 0.2MPa，调节进气和出气阀门使舱内气压值稳定在 0.2MPa，此时增压舱内氧气体积分数为（20.42 ± 0.09）%、二氧化碳体积分数为（0.18 ± 0.03）%、温度为（21.70 ± 0.83）℃、湿度为（56.17 ± 15.20）%RH。持续 2h 之后调节进气和出气阀门以 6.0ml/min 气体流量压力差持续减压 10min，当舱内气压值与外界自然环境一致时，打开舱门取出大鼠。

E 组大鼠在疲劳性运动结束后 1h 后放入增压舱内并紧闭舱门，调节进气和出气阀门以 6.0ml/min 气体流量压力差持续加压 20min 使舱内气压值增加到 0.3MPa，调节进气和出气阀门使舱内气压值稳定在 0.3MPa，此时增压舱内氧气体积分数为（20.49 ± 0.09）%、二氧化碳体积分数为（0.17 ± 0.04）%、温度为

（21.50±0.72）℃、湿度为（72.67±10.68）%RH。持续 1h 之后调节进气和出气阀门以 6.0ml/min 气体流量压力差持续减压 20min 后使舱内气压值与外界自然环境一致时，打开舱门取出大鼠。

G 组大鼠在疲劳性运动结束后 1h 后放入增压舱内并紧闭舱门，调节进气和出气阀门以 6.0ml/min 气体流量压力差持续加压 10min 后使舱内气压值增加到 0.2MPa，调节进气和出气阀门使舱内气压值稳定在 0.2MPa 并持续 1h，增压舱内氧气体积分数为（20.48±0.10）%、二氧化碳体积分数为（0.18±0.03）%、温度为（19.86±0.82）℃、湿度为（62.10±9.36）%RH。之后调节进气和出气阀门以 6.0ml/min 气体流量压力差持续减压 10min，当舱内气压值与外界自然环境一致时，打开舱门取出大鼠。

3. 取样方法

（1）麻醉

将各组大鼠以 3% 的戊巴比妥钠按 0.5ml/100g 体重剂量进行腹腔麻醉后，仰卧固定在大鼠手术板上。

（2）血液和血清取样

将麻醉的大鼠常规消毒后用手术剪刀沿腹正中线剪开腹腔，用纱布蘸去渗出血液，找出腹主动脉后用玻璃分针分离腹主动脉，用采血针刺入腹主动脉，连接促凝剂采血管采集动脉血液 6mL~8mL，以 3 600rpm 离心分离获取血清，将大鼠血清封存于冻存管，并置于 −80℃低温保存备用。

（3）组织取样

① 组织样品取材：大鼠在采集血液后，迅速取出心脏、肺脏、骨骼肌（腓肠肌）置于预冷生理盐水中去除血管和韧带等结缔组织，并用生理盐水清洗积血，洗涤三次以上尽可能减少残留血液。将心脏、骨骼肌、肺脏组织切成呈 1cm×1cm 大小块状，一部分浸泡于 4% 多聚甲醛溶液中固定用于组织切片制作，另一部分置于液氮中冷冻，封存于冻存管并在 −80℃低温保存准备用于组织蛋白和酶活性的检测。

② 蛋白提取：取大鼠冷冻组织 100mg，用美国产 SciencePro 电动匀浆器在冰上充分匀浆，加入 1ml 组织裂解液，然后以 12 000rpm 离心 20min，取上清液分装，一部分用于美国 pierce 公司 BCA 试剂盒对蛋白进行定量，剩余部分保存于 −80℃低温冰箱待测。

4.测试指标和测定方法

研究对大鼠肌肉、心脏等组织细胞形态以及血液和组织中低氧相关因子、抗氧化、免疫等指标进行测定，具体测定的指标和方法见表1-4。

（1）组织切片和HE染色

将大鼠的心肌和骨骼肌组织样本常规脱水后进行石蜡包埋，之后经切片机切出约4μm厚薄的切片，经展片、烤片程序后采用苏木素-伊红染色（hematoxylin-eosinstaining，HE染色）。HE染色的方法步骤为1）二甲苯Ⅰ浸泡10分钟→2）二甲苯Ⅱ浸泡10分钟→3）100%酒精Ⅰ浸泡5分钟→4）100%酒精Ⅱ浸泡2分钟→5）95%酒精浸泡2分钟→6）85%酒精浸泡2分钟→7）75%酒精浸泡2分钟→8）水洗2分钟→9）苏木素浸泡4分钟→10）水洗2分钟→11）盐酸酒精浸泡10秒钟→12）水洗2分钟→13）氨水浸泡20秒→14）水洗2分钟→15）伊红浸泡40秒→16）75%酒精浸泡2分钟→17）85%酒精浸泡2分钟→18）95%酒精浸泡2分钟→19）100%酒精浸泡2分钟→20）100%酒精浸泡2分钟→21）二甲苯浸泡10分钟→22）二甲苯浸泡10分钟。最后通过MoticVMDPCS组织切片成像软件系统进行切片观察和拍照。

组织切片和HE染色使用的设备主要有：1）LEICA TP1020脱水机；2）LEICAEG 1150C分体式包埋机；3）LEICARM 2126切片机；4）LEICA HI 1210展片机；5）LEICA HI1220烤片机；6）LEICA AUTO STAINER XL全自动染色仪；7）Motic VM DPCS组织切片成像软件系统。

（2）组织蛋白表达测定

采用蛋白免疫印迹法（Western Blot，WB）对所选取大鼠心肌、骨骼肌和肺组织中相关指标蛋白表达进行测定，包括：心肌组织的钙调素依赖性蛋白Ⅱ（CaMKⅡ）和脑尿钠素（BNP）、肺脏组织的血管内皮生长因子（VEGF）和诱导型一氧化氮合酶（iNOS）、骨骼肌组织中的肌红蛋白（Mb）、低氧诱导因子1α（HIF-1α）、葡萄糖转运体1（GLUT1）、葡萄糖转运体4（GLUT4）。选用英国abcam公司生产的CaMKⅡ、BNP、VEGF、iNOS、Mb、HIF-1α、GLUT1、GLUT4的蛋白表达免疫印迹和内参GAPDH（glyceraldehyde-3-phosphate dehydrogenase）抗体Western试剂盒，应用美国Power Pac Hc电泳仪和美国BIO-RAD转膜仪等仪器进行测定。采用ECL发光液对胶片进行曝光、显影、定影。清水漂洗定影底片，室温下自然风干后存储备用。将所获得 Western-Blot 实验的蛋白表达条带胶片扫描入计算机后，用 ImageJ 软件分析组织蛋白和 GAPHD 蛋白表达条带相应灰度值，并以与 GAPHD 灰度值的比值作为组织蛋白表达水平。

表 1-4　研究测定的指标和方法

组织	指标	方法
心肌、骨骼肌	组织形态	组织切片 HE 染色
心肌	钙调素依赖性蛋白 II（CaMK II）和脑尿钠素（BNP）蛋白表达	蛋白免疫印迹法（Western Blot）
肺脏	血管内皮生长因子（VEGF）和诱导型一氧化氮合酶（iNOS）蛋白表达	蛋白免疫印迹法（Western Blot）
骨骼肌	1. 肌红蛋白（Mb）、低氧诱导因子（HIF-1α）、葡萄糖转运体 1（GLUT1）和葡萄糖转运体 4（GLUT4）蛋白表达	蛋白免疫印迹法（Western Blot）
	2. 乳酸脱氢酶（LDH）和琥珀酸脱氢酶（SDH）活性	酶联免疫吸附测定法（ELISA）
血清	1. 红细胞生成素（EPO）、脯氨酸羟化酶（PHD）、过氧化物酶体增殖物激活受体 α（PPAR-α）	酶联免疫吸附测定法（ELISA）
	2. 超氧化物歧化酶（SOD）、总抗氧化能力（TAOC）、丙二醛（MDA）、谷胱甘肽 - 过氧化物酶（GSH-Px）、活性氧（ROS）、过氧化氢酶（CAT）	
	3. 白细胞介素 2（IL-2）、白细胞介素 6（IL-6）、C- 反应蛋白（CRP）	

蛋白质免疫印迹法：用 12%SDS—聚丙烯酰胺凝胶电泳分离蛋白质，积层胶电压 80V，分离胶电压 120V 电泳 1h40min；转膜：用半干电转法将聚丙烯酰胺凝胶中的蛋白转至 PVDF 膜上，取下 PVDF 膜，TBST 洗膜后，放入 5% 的脱脂牛奶中，摇床室温孵育 2h。一抗孵育：将 PVDF 膜置于 5% 的脱脂牛奶稀释的 1 抗中 4℃过夜孵育；二抗孵育：分别浸泡于 HRP 标记的山羊抗小鼠、HRP 标记的山羊抗兔的二抗（1:1000 稀释于 5% 脱脂奶粉中）中，常温孵育 1h；TBST 充分洗膜 10 次，6min/ 次，洗膜后使用 ECL 试剂对胶片曝光显影与定影。清水漂洗定影底片，室温下自然风干，扫描存储备用。

（3）肌肉中的酶活性测定

运用酶联免疫吸附测定法（Enzyme linked immunosorbent assay，ELISA）对

骨骼肌中乳酸脱氢酶（LDH）和琥珀酸脱氢酶（SDH）活性进行测定；采用北京玉素平安科技有限公司提供的大鼠 LDH、SDH 酶联免疫分析试剂盒和方法，使用美国 ELX800 酶标仪进行检测。

（4）血清指标测定

采用酶联免疫吸附测定法（ELISA）测定大鼠血清中超氧化物歧化酶（SOD）、总抗氧化能力（TAOC）、丙二醛（MDA）、谷胱甘肽 – 过氧化物酶（GSH-Px）、活性氧（ROS）、过氧化氢酶（CAT）、促红细胞生成素（EPO）、C- 反应蛋白（CRP）、白细胞介素 2（IL-2）、白细胞介素 6（IL-6）、脯氨酸羟化酶（PHD）、过氧化物酶体增殖物激活受体 α（PPAR-α）的含量，所有酶联免疫分析试剂盒均购自北京玉素平安科技有限公司，检测设备为美国 ELX800 酶标仪，根据试剂盒测定方法进行检测。

（5）测定数据统计方法

数据采用 SPSS18.0 软件进行统计分析，计量资料使用均数 ± 标准差（M±SD）表示；采用单因素方差分析（one-wayANOVA）和独立样本 t 检验，以 P<0.05 为显著性差异、P<0.01 为非常显著性差异标准。

第五节　高原环境下动物运动性疲劳模型的建立

本研究目的在于揭示高原低氧环境中运动性疲劳产生的机制以及观察应用增压方法对运动性疲劳恢复的效果，因此，确定和实施促使大鼠产生运动性疲劳的运动强度尤其重要。根据 Bedford 的最大耗氧量确定方法，大鼠在平原进行速度为 28m/min 的运动强度超过 90% 为大强度运动，持续运动 20min 以上，可以建立运动性疲劳，本研究参考国内有关大鼠运动性疲劳模型建立的方法[35]，确定了大鼠在海拔 2 260m 自然大气环境下进行速度为 30m/min 的跑台训练，并逐步增加跑台坡度到 10°，采取递增运动负荷方式，以形成运动性疲劳。在实验中，一方面，通过观察体征来判断大鼠运动性疲劳的存在[35, 36]。实验前大鼠均神态安静、食欲良好，活动自如，对周围环境的变化反应灵敏，而且皮毛紧密光滑、干净润泽，无异常状态出现。实验过程中，随着每天进行一定时间的运动训练和运动负荷逐步增加，大鼠逐渐普遍出现了神情倦怠、双眼暗淡无光，皮毛不顺、蓬乱枯槁、食欲降低、体型瘦弱、懒动、扎堆、对外界刺激反应迟钝，表现出明显的疲劳状况。另一方面，通过大鼠在跑台上的跑动姿势和运动能力来确定疲劳情况[36]。当大鼠不能维持原有的运动强度，先后滞留在跑道后 1/3 处 3 次以上，同时大鼠后蹬地不积极、吃力或无力，腹部与跑道面时有接触或接触，由蹬地跑变为半卧位或卧位跑等，表明大鼠运动性疲劳的出现。

总之，在海拔 2 260m 自然条件和模拟海拔 4 500m 低氧环境下，对大鼠进行连续 6 天、每天 1h 速度为 30m/min 且坡度为 10° 的递增负荷跑台运动训练后，大鼠出现疲劳体征、跑动能力减弱、体重降低等明显的疲劳现象，建立了高原低氧环境下运动性疲劳模型。

参考文献

[1] 侯春丽，闫守扶，孙红梅. 运动性疲劳的细胞机制及研究进展 [J]. 首都体育学院学报，2003，15（1）:89-92.

[2] 代朋乙，黄昌林. 运动性疲劳研究进展 [J]. 解放军医学杂志，2016，41（11）:955-964.

[3] 毛娅茹，王彦涛. 运动性疲劳生化特点及能源物质恢复的研究 [J]. 当代体育科技，2021，11（2）:19-21.

[4] 徐明，蔡国梁，立慧愚. 运动性疲劳分子生物学机制的研究进展 [J]. 成都体育学院学报，2006，31（4）:91-94，98.

[5] 陈晨. 国内外运动性疲劳相关研究的 Citespace 知识图谱分析 [D]. 西北师范大学，2018.43-44.

[6] 马福海，冯连世. 高原训练实用问答 [M].2007:5-11.

[7] 岳文雨. 运动性疲劳特征的研究综述 [J]. 中国体育科技，2003，39（10）:50-53.

[8] 沈德功. 高原运动训练与疲劳 [J]. 西藏体育，2001，（1）:45-48.

[9] 王璟，夏培玲. 现代运动训练与恢复 [J]. 成都体育学院学报，2003，29（6）:13-15.

[10] 郎佳麟，倪素珍. 高原训练消除疲劳措施 [J]. 贵州体育科技，2001，（2）:18-22.

[11] 杨玉谨.高原耐力性项目运动员在高海拔交替训练期间的疲劳及恢复程度的监测研究 [J].青海师范大学学报（自然科学版），2005，（3）:25-28.

[12] 王海滨，李娜.高原训练及营养恢复 [J].科技信息，2006，（10）:32-35.

[13] 张健鹏.高原缺氧防治探索研究中的一些思考 [J].医学与哲学，2008，29（5）:48-49.

[14] 丁梦江，樊毫军，张健鹏.增压舱对人体高原缺氧的疗效观察 [J].武警后勤学院学报（医学版），2016，25（10）:837-839.

[15] 董文龙，樊毫军，候世科，等.高原增压增氧车的研究进展 [J].中国急救复苏与灾害医学杂志，2011，6（12）:1086-1087，1092.

[16] ButlerGJ，Al-WailiN，PassanoDV.Altitude mountain sickness among tourist populations:a review and pathophysiology supporting management with hyperbaric oxygen[J].J Med Eng Technol，2011，35（3-4）:197-207.

[17] 孙振兴，樊毫军，候世科.高原增压医疗保障车的研制 [J].医疗卫生装备，2011，32（12）:18-22.

[18] NetzerN，StrohlK，FaulhaberM，etal.Hypoxia-related altitude illnesses[J].J Travel Med，2013，20（4）:247-255.

[19] 王莹，杨莹，杜江波，等.车载移动式高压氧舱在高原的应用 [J].世界最新医学信息文摘，2019，19（46）:267.

[20] 丁梦江.增压舱对高原缺氧防治作用的高原现场研究 [D].河北医科大学研究生论文，2009.

[21] 丁梦江，樊毫军，张健鹏.增压舱对人体高原夜间睡眠影响的初步观察 [J].中国急救复苏与灾害医学杂志，2016，11（3）:262-264.

[22] 刘亚华，王立祥，李春伶，等.野战增压帐篷对高原缺氧的防治作用 [J].武警医学，2009，20（12）:1103-1105，1092.

[23] 彭莉.高压氧与运动（综述）[J].中国体育科技，2002，38:11-13.

[24] 陶恒沂，张红星，陶凯忠，等.高压氧对长跑运动员急性疲劳恢复过程的影响 [J].中国运动医学杂志，2003，22（1）:14-17.

[25] 陈一飞，徐维.运动性疲劳的发生机制与高压氧的应用 [J].中华物理医学与康复杂志，2004，26（3）:187-190.

[26] 黄志强，罗克品．高气压和高氧分压对机体内分泌系统的影响 [J]．中华航海医学与高气压医学杂志，2014，21（3）:214-216.

[27] 徐伟刚，陶恒沂，蒋春雷．高气压对免疫机能的影响 [J]．中华航海医学与高气压医学杂志，2004，11（3）:191-193.

[28] 王岩，方以群．高气压暴露对心脏功能影响的研究进展 [J]．中华航海医学与高气压医学杂志，2008，15（6）:382-384.

[29] 李富山，陈锐勇，张师，等．不同加压速率对大鼠高压空气暴露下生存时间的影响 [J]．中华航海医学与高气压医学杂志，2016，23（3）:204-207，225.

[30] 吴桂英，廖忠莉，李宁．氧中毒发生及其防治研究进展 [J]．重庆医学，2009，38（8）:907-909.

[31] Bedford TG，Tipton CM，Wilson NC.atc.Maximum oxygen consumption of rat sand its changes with various experimental procedures[J].Appl Physiol Respir Environ Exerc Physiol，1979，47（6）:1278-1283.

[32] 汶希，潘华山，冯毅翀．大鼠运动性疲劳模型的建立 [J]．中国实验动物学报，2009，17（5）:268-272.

[33] 王蕴红．常用运动动物模型的建立方法 [M]．北京:北京体育大学出版社，2012:78-92.

[34] 田野，高铁群．大鼠运动性疲劳模型的建立 [J]．北京体育大学学报，1995，18（4）:49-53.

[35] 候丽娟，刘晓莉，乔德才．大鼠游泳运动疲劳模型建立的研究 [J]．实验动物科学与管理，2005，22（1）:1-3.

[36] 郑澜，陆爱云．运动性疲劳动物模型的研究 [J]．中国体育科技，2003，39（2）:20-23.

第二章　增压对大鼠肌肉组织微损伤的影响

体育训练后引起的肌肉炎症反应、组织损伤或感染是造成运动性疲劳的原因之一[1-2]。运动对骨骼肌微结构和超微结构的影响，表现为高强度运动后受损肌纤维内巨噬细胞明显增多、肌细胞损伤并出现絮状变性，细胞形态出现核固缩、质膜发泡、细胞器紧缩，出现凋亡小体等，低氧及复合运动对骨骼肌的形态会造成一定程度的损伤[3]。为了解高原低氧环境中疲劳训练对组织结构形态所产生的作用，明确运动性疲劳时组织病理变化和微损伤状况，以及采用增压辅助训练对其所造成的影响，研究选取大鼠的心肌和骨骼肌（腓肠肌）制成组织切片进行HE 染色，并在光镜下观察。各组大鼠心肌组织 HE 染色图见图 2-1（2X）、图 2-2（20X）和图 2-3（40X），大鼠骨骼肌组织 HE 染色图见图 2-4（2X）、图 2-5（20X）和图 2-6（40X）。

第一节　心肌

一、增压对心肌组织形态的影响

研究证实[4]过度负荷的运动使大鼠心肌组织结构不完整，肌丝粗细不均，部分肌丝呈节段性变形，线粒体肿胀，空泡变形，嵴排列不整齐，线粒体膜被损，闰盘明显扩张或不成形，出现大鼠心肌超微结构损伤，使心血管系统功能下降。本研究中，发现安静对照组（A 组）大鼠心肌及心肌间质组织的结构正常，肌细胞结构较完整，其核形态规整，肌节清晰，肌原纤维排列整齐，心肌纤维未见变性、坏死等形态学改变，心肌间质也未见充血水肿等改变。海拔 2 260m 大气环境训练后自然恢复组（B 组）和海拔 4 500m 训练后自然恢复组（F 组）大鼠心肌组织出现不规整断裂，局部熔解坏死及淀粉样变性，肌纤维间隙增大，灶性空泡多，部分炎性细胞浸润，细胞肿胀，其中以 F 组情况较严重。采用增压辅助措施的 C 组、D 组、E 组和 G 组大鼠心肌细胞排列较整齐，细胞浸润程度减轻，肌纤维间隙缩小，灶性空泡明显减少，其中以 C 组和 G 组明显。

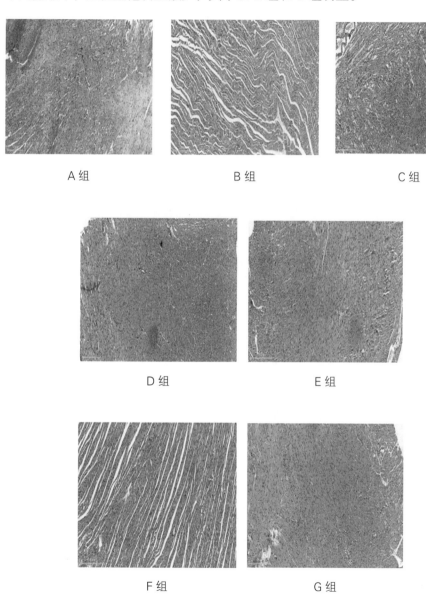

图 2-1　各组大鼠心肌组织 HE 染色图（2X）

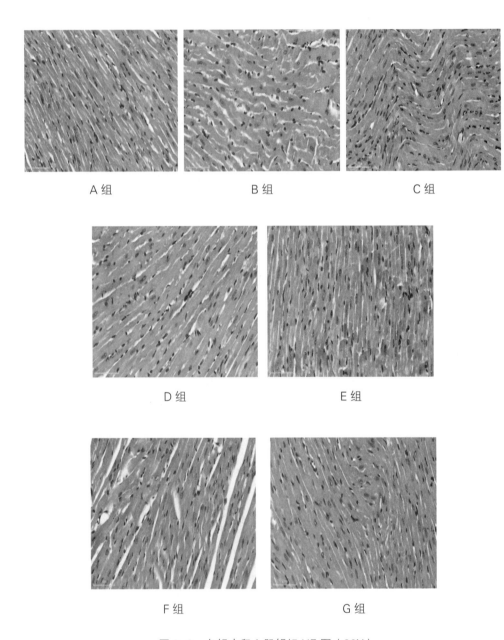

A 组　　　　　　　　　B 组　　　　　　　　　C 组

D 组　　　　　　　　　E 组

F 组　　　　　　　　　G 组

图 2-2　各组大鼠心肌组织 HE 图（20X）

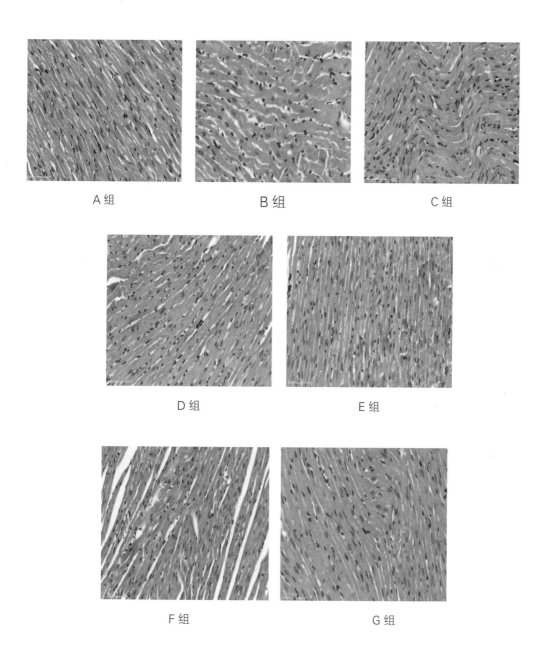

图 2-3 各组大鼠心肌组织 HE 图（40X）

二、不同海拔低氧环境及增压对心肌组织形态的影响

各组相比，以在模拟海拔 4 500m 低氧环境训练后自然恢复组（F 组）大鼠心肌组织出现的局部熔解坏死断裂、肌纤维间隙增大、炎性细胞浸润和细胞肿胀等变化程度最严重，这与宋佳卉等人的研究结果一致 [5-6]，提示随着海拔高度的增加和低氧程度的加深，在高原低氧环境中运动会加重大鼠心肌组织形态的损伤。在模拟海拔 4 500m 低氧环境训练后应用 0.2MPa 增压恢复 1h 的 G 组，与 F 组相比，其心肌组织出现的肌纤维间隙增大、局部熔解坏死断裂、炎性细胞浸润和细胞肿胀等变化程度有所降低，提示采用增压方法有助于缓解高海拔地区运动造成心肌组织形态的损伤。

三、不同增压方式对心肌组织形态的影响

同是进行增压恢复的 C 组、D 组、E 组相比，三个组别大鼠心肌组织形态相似。提示不同时间、不同压力的增加方式对大鼠心肌组织形态没有明显的区别。

第二节　骨骼肌

一、增压对骨骼肌组织形态的影响

骨骼肌是机体运动的动力器官，在承受大运动量训练后，常常会出现超微结构的"损伤性"变化，在电子显微镜下表现为维持肌肉正常结构的细胞骨架破坏、肌肉收缩蛋白扭曲、肌丝排列混乱、Z 线消失等肌肉微损伤症状。进行高强度跑台运动的大鼠骨骼肌细胞发生溶解，肌纤维变粗或出现断裂，排列紊乱 [7]。

本研究中，光镜下可见（图 2-4、图 2-5 和图 2-6）A 组大鼠骨骼肌肌纤维形态正常，纤维排列规则，横纹整齐清晰，胞核明显，肌细胞形态无异常。B 组和 F 组大鼠骨骼肌纤维萎缩变细，细胞间隙增大，肌纤维间炎性细胞浸润增多，细胞核固缩，肌纤维断裂、排列紊乱，横纹不清或消失，出现局部熔解坏死并以 F 组情况比较严重。采用增压恢复措施的 C 组、D 组、E 组和 G 组大鼠骨骼肌细胞排列比较整齐，肌纤维间隙缩小，横纹清晰，肌纤维断裂减少、胞核较明显，

细胞浸润程度减轻，其中以 C 组和 G 组明显。

　　研究者证实低氧以及高原训练时大鼠的心肌、骨骼肌出现萎缩、排列紊乱或消失，部分肌丝出现断裂、溶解等 [5、6、8]，从而造成运动能力的降低 [9]。本研究中，同样是在高原低氧环境下进行疲劳性运动，而采取增压恢复的 C 组、D 组、G 组与自然恢复的 B 组大鼠相比，骨骼肌细胞排列相对较整齐，肌纤维断裂减少，细胞浸润程度减轻，肌纤维间隙缩小，灶性空泡明显减少，表明增压可迅速改善组织供氧，细胞功能和结构得以保持，减轻了缺氧缺血对组织细胞的损害 [10]。

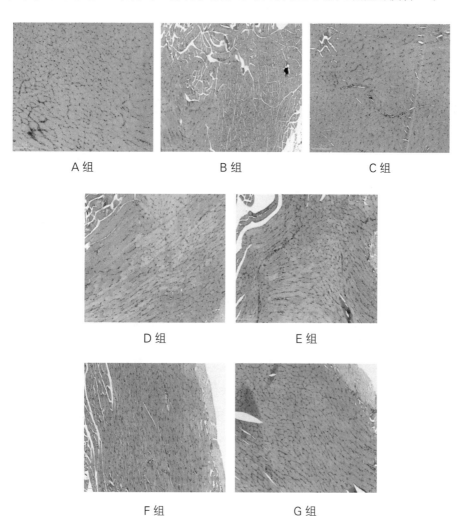

图 2-4　各组大鼠骨骼肌 HE 形态图（2X）

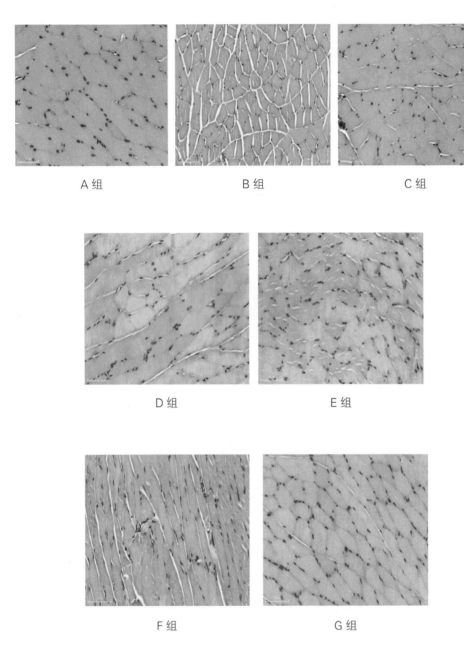

A 组   B 组   C 组

D 组   E 组

F 组   G 组

图 2-5 各组大鼠骨骼肌 HE 形态图（20X）

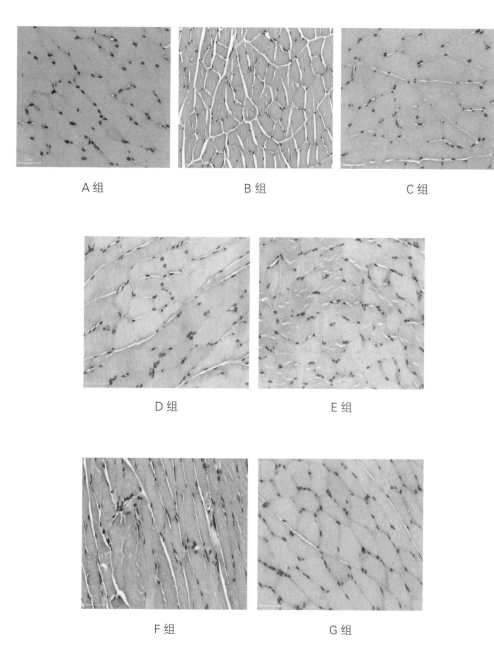

A 组　　　　　　　　　　B 组　　　　　　　　　　C 组

D 组　　　　　　　　　　E 组

F 组　　　　　　　　　　G 组

图 2-6　各组大鼠骨骼肌 HE 形态图（40X）

二、不同海拔低氧环境及增压对骨骼肌组织形态的影响

与心肌组织形态的变化一致，F 组骨骼肌组织形态病理变化程度最严重。与 F 组相比，以 0.2MPa 增压恢复 G 组骨骼肌组织出现的肌纤维萎缩变细断裂、细胞间隙增大，肌纤维间浸润增多，肌纤维排列紊乱等变化程度减少（图 2-4、图 2-5、图 2-6），表明采用增压对高海拔地区运动性造成骨骼肌组织形态的不良变化有所减缓。

三、不同增压方式对骨骼肌组织形态的影响

同是进行增压恢复的 C 组、D 组、E 组大鼠的骨骼肌组织形态接近，说明不同时间、不同压力的增加方式对大鼠骨骼肌组织形态的影响没有明显的不同。

综上所述，高原低氧环境进行大负荷强度运动训练，使大鼠产生运动性疲劳，对大鼠的心肌和骨骼肌的组织形态结构造成一定程度的损伤，表现为肌纤维断裂，局部熔解坏死，肌纤维萎缩变细且间隙增大，肌纤维间炎性细胞浸润增多等病变，并且随海拔高度增加而加重。采用增压恢复措施后，大鼠组织的形态改变程度得到减弱和缓解。

参考文献

[1] 魏源．运动性骨骼肌微损伤的特征 [J]. 中国组织工程与临床康复，2007，11（19）:3842-3845.

[2] 赵世飞．肌肉运动与骨骼肌细胞的凋亡 [J]. 中国组织工程与临床康复，2010，14（11）：2030-2034.

[3] 侯振海，余斌，汪志忠．急性低氧及低氧复合运动对骨骼肌及代谢酶活性的影响 [J]. 中国临床康复，2004，8（5）:902-903.

[4] 孙红梅．不同运动负荷对大鼠心肌超微结构及一氧化氮与一氧化氮合合酶的影响 [J]. 北京体育大学学报，2008，31（7）:936-938.

[5] 宋佳卉，牛楠，朱明星，等．缺氧对大鼠心肌细胞损伤的影响及机制 [J]. 中国老年学杂志，2017，37（3）:1044-1047.

[6] 金其贯，金爱娜，潘兴昌，等．模拟高原训练对大鼠心肌线粒体的影响

及小麦肽的干预作用 [J]. 体育科学，2013，33（9）:64-69.

[7] 朱天宇. 跑台运动强度对大鼠骨骼肌细胞凋亡的影响及机制 [J]. 基因组学与应用生物学，2020，39（6）:2785-2790.

[8] 伍淑凤，黄丽英. 低氧运动对 SD 大鼠骨骼肌超微结构与 LPO 水平的影响 [J]. 军事体育学报，2015，34（2）:97-101.

[9] 杨静，程九华，吕强，等. 短期低压与常态缺氧预处理对小鼠急性高空缺氧所致协调运动能力下降防护作用的比较 [J]. 空军医学杂志 .2017.33（1）:1-5.

[10] 高博，任为，张彦，等. 大鼠缺血再灌注损伤肢体骨骼肌形态和组织中细胞因子变化及高压氧的干预 [J]. 中国组织工程研究与临床康复，2008，12（20）:3874-3878.

第三章　增压对低氧相关因子的影响

一定的氧气浓度是生命体生存的根本，当环境中的氧分压下降时，动脉血氧分压也会随之下降，机体氧感受器就会感知这种变化，并通过一系列的生理反馈和调节使机体内环境保持稳态[1]，通过对细胞代谢的调整和许多抗低氧因子诱导从分子水平上来适应低氧环境（周兆年等，2002）[2-3]。其过程也会影响低氧诱导因子（HIF）等介导因子的变化，从而启动体内携氧和运氧的代偿机制，促进体内缺氧状况的缓解和改善，以适应氧环境的变化。

目前研究表明低氧诱导因子（HIF）、血管内皮生长因子（VEGF）、促红细胞生成素（EPO）、诱导型一氧化氮合酶（iNOS）、钙/钙调素依赖性蛋白激酶（CaMK Ⅱ）、脑尿钠肽（BNP）、脯氨酸羟化酶（PHD）和过氧化物酶体增殖物激活受体（PPAR）等与低氧刺激和适应有关[4-5]，本研究对这些低氧相关因子在高原低氧环境复合大强度训练产生运动性疲劳后及应用增压方法疲劳恢复过程中的变化规律进行研究，为揭示高原训练疲劳的产生机制及评估疲劳恢复方法的有效性提供依据。

第一节　低氧诱导因子

一、低氧诱导因子概述

哺乳动物和人体内细胞存在着一类介导低氧反应的转录因子，它能激活许多与低氧有关的基因及其蛋白表达，发挥生物学效应，以维持低氧下机体内环境稳态。由于这些因子可被降低的氧分压激活，并在维持低氧条件下氧稳态而发挥着关键性作用，故称低氧诱导因子。1992 年，SEMENZA 和 WANG 首次提出了低氧诱导因子（hypoxia inducible factor，HIF）概念，研究证明[6]，低氧诱导因子是一种氧依赖性转录激活因子，在介导机体低氧应答中起重要作用。HIF 的激活影响下游一系列因子活动，包括促红细胞生成素、血管内皮生长因子、活性氧等因子，调节无氧糖酵解和氧化磷酸化过程，在细胞的各种生命活动中发挥重要作用。作为一种异二聚体，HIF 参与多种低氧反应的形成，它是由感受氧分子的 HIF-α 亚基与结构型表达的 HIF-β 亚基组成，分为 HIF-1、2、3 亚型[7]。

HIF-1 通过与低氧反应基因（hypoxia responsive genes，HRG）上的低氧反应元件结合，引发下游低氧应激基因的转录。低氧应激条件下，HIF-1 作为低氧应答的全局性调控因子，可以在多种组织细胞中广泛表达，如心、脑、肺、肾及许多细胞体系，能够激活 100 多种低氧适应性基因的表达，对基因表达调节的广泛作用涉及血管发生、血管重塑、红细胞生成、糖酵解等各个方面，因此 HIF-1 是机体对氧浓度改变的一系列自适应反应中最重要的调节因子，是低氧应答基因表达调控的中心环节[4-8]。而在低氧训练中，HIF-1 对机体的氧运输能力、低氧适应能力、新生血管的产生以及物质的氧化代谢等都有积极作用[9]。HIF-1 通过对靶基因低氧反应元件的作用来调控相关基因的表达，参与红细胞生成、缺血／缺氧后细胞凋亡和增殖等过程，引起细胞一系列缺氧反应，从而保持机体氧浓度的稳定，并且可能促进糖代谢、增加通气量、增强肌肉缓冲能力及骨骼肌氧气利用率，通过血液学的积极适应和非血液学机制共同作用的结果为低氧训练提高运动能力提供基础[10]。

HIF-1 是由 HIF-1α 和 HIF-1β 两个亚基组成的异二聚体，其中 HIF-1α 蛋白的表达及活性调节受很多因素的影响，氧是最关键的因素。HIF-1α 为专一受 O_2 调节的亚基，是组织细胞缺氧条件下的一个主要的调节因子，在组织、细胞处于缺血、缺氧状态时，通过诱导 GLUT-1、VEGF 及糖酵解酶等靶基因的表达，继而增加葡萄糖的转运和糖酵解，有助于组织细胞对缺血、缺氧的耐受性。本研究各组大鼠骨骼肌 HIF-1α 和 GAPDH 内参蛋白表达条带图见图 3-1 所示，HIF-1α 蛋白表达水平见表 3-1 和图 3-2。

二、增压对 HIF-1α 的影响

与安静对照 A 组相比，各组大鼠骨骼肌中 HIF-1α 蛋白表达量除 C 组高于 A 组外，其他组均低于 A 组，并以 B、F 和 G 组（$P < 0.05$）降低较多；不同组

别相互比较，C组HIF-1α蛋白表达量显著高于除A组外的其他组（P < 0.05）；D组和E组接近，并且均高于B组;F组和B组接近,都高于G组(表3-1、图3-2)。

A组　B组　C组　D组　E组　F组　G组

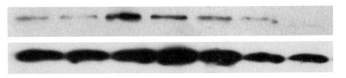

HIF-1α（120KD）

GAPDH 内参

图 3-1　各组大鼠骨骼肌 HIF-1α 和内参蛋白表达条带图

表 3-1　各组大鼠 HIF-1α 和 VEGF 蛋白表达水平统计（ M±SD ）

组别	HIF-1α	VEGF
A 组	$0.223 \pm 0.176^{\&}$	$1.196 \pm 0.413^{\diamond \triangle \approx \square \#\&}$
B 组	$0.068 \pm 0.003^{*\triangle}$	$0.623 \pm 0.099^{*}$
C 组	$0.364 \pm 0.150^{\diamond \approx \square \#\&}$	$0.547 \pm 0.125^{*}$
D 组	$0.119 \pm 0.059^{\triangle}$	$0.722 \pm 0.191^{*}$
E 组	$0.115 \pm 0.001^{\triangle}$	$0.419 \pm 0.129^{*}$
F 组	$0.078 \pm 0.042^{\triangle}$	$0.405 \pm 0.12^{2*}$
G 组	$0.040 \pm 0.025^{*\triangle}$	$0.439 \pm 0.146^{*}$
F	4.539	5.732
P	0.009	0.003

注：*表示与A组比较差异显著（P<0.05）；◇表示与B组比较差异显著（P<0.05）；△表示与C组比较差异显著（P<0.05）；☆表示与D组比较差异显著（P<0.05）；□表示与E组比较差异显著（P<0.05）；#表示与F组比较差异显著（P<0.05）；&表示与G组比较差异显著（P<0.05）。

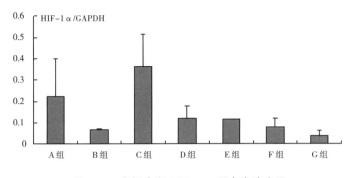

图 3-2　各组大鼠 HIF-1α 蛋白表达水平

目前国内外学者对运动训练影响骨骼肌 HIF-1α 蛋白表达有着不同的观点，Hoppele[11] 发现未经训练的健康人在低氧状态下进行 6 周耐力训练后，骨骼肌 HIF-1α mRNA 出现明显的上调，并导致内皮生长因子 mRNA、肌红蛋白 mRNA 表达增加，但 HIF-1α mRNA 表达增加不依赖于运动训练的强度。赵鹏[12] 的研究表明 HIF-1α mRNA 表达主要是受低氧的影响，和运动训练的关系不大。张幸等（2006）发现不同强度运动会在一个相应的时间段内造成大鼠骨骼肌 HIF-1α 表达增加，而反复的高强度运动会对骨骼肌细胞造成损害，抑制 HIF-1α 表达。Richardson 等（1999）证实由于低氧和训练的双重负荷作用，低氧训练可以使胞内氧分压下降的更低，从而加大对细胞的损伤程度。另外，研究表明 HIF-1α 基因的表达受到低氧刺激诱导，一次离体低氧刺激造成的应激在复氧后很快消失，多次重复的低氧环境刺激可以造成肌肉细胞应激的积累产生适应[13]。

我们的研究发现，在高原环境进行大强度运动后自然恢复的 B 组骨骼肌 HIF-1α 蛋白表达出现下降趋势（图 3-2），推测原因是由于持续超负荷的高强度运动会对骨骼肌线粒体和毛细血管等结构造成损害，抑制了 HIF-1α 的表达，或使部分受损骨骼肌丧失 HIF-1α 的表达能力；另一个原因是由于 HIF-1α 的半衰期非常短（T<5min），运动刺激强度过大，造成 HIF-1α 容易被泛素蛋白酶等所降解的缘故。此外，B 组与 A 组同在海拔 2 260m 低氧环境中，但运动强度较大，由于 HIF-1α mRNA 表达增加不依赖于运动训练的强度，而且反复的高强度运动会对骨骼肌细胞造成损害抑制 HIF-1α 表达，加之对多次低氧运动刺激的适应，从而使 B 组的骨骼肌 HIF-1α 表达减少，这也是高原低氧环境下疲劳

产生和堆积的表现和原因之一。

学者认为以 HIF-1 为核心的氧信号通路可从多个方面导致机体的缺氧适应发生，例如提高血液的携氧能力、增加缺氧局部的血液供应、引发细胞的缺氧耐受等。这些改变促进了组织与细胞对缺氧的适应能力，使其在变化的环境中保持相对稳定的生理功能。也有学者证实[14]应用高压氧能通过促进血管新生相关因子 HIF-1α、VEGF 蛋白的表达，促进大鼠脑出血损伤组织血管的新生，促使行为能力恢复和机体康复。研究表明[15]高压氧反复暴露使小鼠脑内 HIF-1α 含量增加，在其调控下，可使 EPO 表达增多并发挥其较强的神经营养和保护作用，增强脑组织低氧耐受性，从而可以增强机体的低氧耐受能力，并认为这可能是高压氧诱导低氧耐受能力的重要机制之一。与以上研究结果相同，本研究中进行增压恢复的 C 组、D 组和 E 组的骨骼肌 HIF-1α 表达较 B 组都有所增加，其中以 C 组明显（P<0.05），提示进行运动性疲劳训练后，采取增压方式有利于骨骼肌 HIF-1α 的蛋白表达，以提高机体的低氧适应和抗疲劳能力。

三、不同海拔低氧环境及增压对 HIF-1α 的影响

在海拔 2 260m 和模拟海拔 4 500m 进行疲劳训练的 B 组和 F 组大鼠 HIF-1α 骨骼肌组织蛋白表达接近，而在模拟海拔 4 500m 进行疲劳训练后进行增压恢复的 G 组大鼠 HIF-1α 骨骼肌组织蛋白表达却低于 F 组，其中的原因是否与不同组别表达量数据离散程度的不同所致有关，还是由于在较高海拔低氧环境中疲劳性运动刺激较深、增压恢复时间和压力安排过低影响 HIF-1α 蛋白表达有关，还有待于进一步探究。

四、不同增压方式对 HIF-1α 的影响

同在海拔 2 260m 低氧环境大强度运动的 C 组、D 组和 E 组的骨骼肌 HIF-1α 表达比 B 组都有所增加，其中以 C 组明显（P<0.05）（表 3-1）。研究证实 HIF-1α mRNA 在低氧训练后明显增加可以有助于细胞的适应，抵消缺氧时氧供给减少对细胞的影响[16]，如诱导 EPO 增加红细胞数，提高血红蛋白的含量，从而导致血中氧的运输能力提高；通过转录编码 VEGF 基因而刺激血管新生，更有利于组织氧和营养成分的供给，降低由于慢性缺氧对组织生长和体重的负面影响，

增强机体的体能；能激活低氧反应性元素的其他相关基因，如 GLUT-1、糖酵解酶基因及相关的氧化酶基因，有利于低氧训练时增加葡萄糖的转运和氧化，增强大脑和骨骼肌对糖代谢的利用率等。C 组、D 组和 E 组均为采取增压恢复措施，提示在大强度运动训练后，采取增压方式有利于骨骼肌 HIF-1α 的表达，以提高骨骼肌糖的有氧代谢酶的活性和低氧适应能力，起到增强机体运动功能和保护骨骼肌的作用，一定程度缓解骨骼肌的疲劳和损伤，有利提高氧的运输能力，增强物质的氧化代谢，促进新生血管的产生等，最终提高运动耐力，其中以 C 组 0.2MPa1h 的增压方式效果明显。

第二节　血管内皮生长因子

一、血管内皮生长因子概述

血管内皮生长因子（vascular endothelial growth factor，VEGF）是一种由内皮细胞和平滑肌细胞合成和分泌的生长因子，具有促进内皮细胞有丝分裂，新生血管形成，增加血管通透性的作用，也称血管通透因子、促血管因子、血管调理素。VEGF 的生物学特性和功能主要表现有：增加微血管的通透性；与特异性的血管内皮细胞受体结合，促进血管内皮细胞的分裂和增殖，进而导致新生血管的生成；刺激血管内皮细胞分泌一氧化氮，以维持血管的正常功能，并改善血流动力学；对神经细胞的保护作用等 [17]。

二、增压对 VEGF 的影响

本研究中，各组大鼠肺组织 VEGF 和 GAPDH 内参蛋白表达条带图见图 3-3 所示，VEGF 蛋白表达水平和比较见表 3-1 和图 3-4。7 个组别大鼠肺组织中 VEGF 蛋白表达有所差别，与 A 组（安静对照组）相比，其余各组 VEGF 蛋白表达都有所降低（$P<0.05$），其中以 E 组、F 组和 G 组较低，C 组低于 B 组，D 组稍高于 B 组，G 组稍高于 F 组。

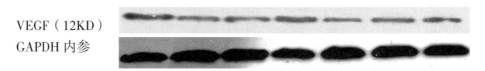

图 3-3 各组大鼠 VEGF 和内参蛋白表达条带图

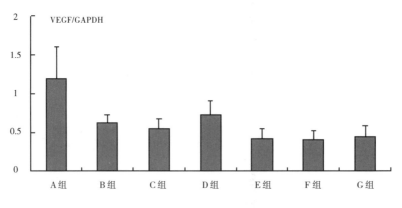

图 3-4 各组大鼠 VEGF 蛋白表达水平

VEGF 是低氧敏感因子之一，研究表明低氧应激能迅速上调多种组织和体外培养细胞的 VEGF 水平。短时间低氧或运动即可使多种组织和细胞的 VEGF mRNA 和 VEGF 蛋白表达水平显著升高，急性低氧或运动引起的有关 VEGF 表达的促血管生成反应亦已得到实验证实[18]。学者发现在缺氧的情况下 VEGF 可促进血管新生，增加心肌毛细血管密度，改善心肌的缺血缺氧，从而改善整个机体的供氧。运动作为一种外界刺激可以影响机体不同组织 VEGF 的表达[19]，低氧和运动训练可增加骨骼肌组织 HIF-1α 蛋白和 VEGF mRNA 含量，而低氧训练骨骼肌组织 HIF-1α 蛋白表达的增加对 VEGF 基因转录具有促进作用。模拟高住低训使小鼠肺组织 VEGF mRNA 和碱性成纤维细胞生长因子（BFGF）mRNA 表达水平都呈上升的表现，促使肺组织毛细血管增生，改善肺组织的低氧状态，提高呼吸系统功能[20]。Breen 等（1996）发现低氧结合运动可引起骨骼肌 VEGF mRNA 更高幅度的升高，并认为低氧与运动对 VEGF mRNA 水平的提高具有协同作用。

然而也有研究者有着不同的发现，在慢性缺氧过程中处于静息状态下的大鼠，骨骼肌毛细血管并没有真正增生，VEGF 的量也未见明显变化。有人认为低氧运动诱导的骨骼肌血管内皮细胞生长因子蛋白和基因表达，及毛细血管新生反应都属于速发效应 [21]，而慢性低氧和低氧训练均可抑制运动对 VEGF mRNA 上调的表达效应。2001 年 Olfert 等发现，正常和缺氧条件下的运动可引起 VEGF 下降，常规运动组大鼠 VEGF mRNA 下降 4.1 倍，而缺氧运动组大鼠下降 2.7 倍。陆彩凤等 [22] 研究结果表明一次力竭性离心运动后大鼠腓肠肌 VEGF 蛋白表达较对照组增加，2h 达到峰值（P<0.01），3h、4h、1 天、3 天时保持高表达（P<0.05），5 天和 10 天时基本恢复至基础水平，肌纤维间血管增生滞后于 VEGF 蛋白表达升高。低氧 1d、2d 大鼠腓肠肌 VEGF 非常显著高于常氧安静组，而低氧 6d 基本恢复到安静水平。提示短期的低氧可诱导大鼠腓肠肌 VEGF 表达升高，如延长低氧时间 VEGF 表达将受适应性负反馈调节，使之表达恢复到基础水平。刘秀娟 [23] 研究发现力竭运动使得大鼠小脑及下丘脑 VEGF、eNOS 的表达显著降低，可能抑制脑血管的生长，阻碍微循环，损伤神经组织，从而诱发中枢疲劳的过早发生。

　　低氧诱导的表达属早期反应，这与低氧基因表达产物可反馈抑制 HIF-1 的活性而导致 VFGF 水平下降有关。常氧环境下的急性运动可提高人和大鼠骨骼肌及其受体的 mRNA 水平，但随着训练时间的延长，VEGF 对运动应激的反应削弱，说明运动诱导的 VEGF 水平升高可对训练产生适应：在训练初期，VEGF 的增加对血管新生和随之产生的氧的吸收、氧的转运、血流和 VO_{2max} 的增加是必需的因素。但在训练过程中，上述因素的增强使 VEGF 的升高减弱，提示了负反馈现象的存在。另外，有研究表明缺血缺氧组织局部形成氧梯度，是 VEGF 表达升高的先决条件。一旦这种氧梯度不存在或消失，VEGF 就不会表达或是表达上调的 VEGF 开始下降。

　　本研究中，在高原低氧环境中进行运动的各组大鼠肺组织中的 VEFG 蛋白表达均呈现出下降的变化均势（表 3-1），其中在海拔 2 260m 自然环境和海拔 4 500m 模拟环境的高原低氧环境和运动训练复合缺氧的 B 组和 F 组的 VEGF 与 GAPDH 内参蛋白表达比值分别较 A 组显著降低（P<0.05），推测这是低氧环境联同大负荷运动刺激大鼠而产生的负反馈的原因。组织缺血缺氧氧浓度的梯度变化是诱导合成 VEGF 的先决条件，VEGF 在缺血 30min 时即出现表达，3h 左右达到

高峰，一旦这种氧梯度不存在或消失，VEGF 就不会表达或是表达上调的 VEGF 开始下降，局部缺血缺氧组织在血氧供应恢复正常后，表达上调的 VEGF 一般在 24h 内降至正常。大鼠初到低氧环境中进行运动训练，环境和运动复合缺氧刺激可提高 VEGF 表达，以增加对血管新生和随之产生的氧的吸收、氧的转运能力，改善体内氧不足状况。当运动持续 6 天后，随着 VEGF 表达的增加，以及其诱导下游因子数量的增多并发挥其反馈功能和负向调节，体内缺氧环境得到一定程度缓解，同时随着训练时间的延长，VEGF 对运动的反应削弱，从而引起 VEGF 表达的减少。然而 VEGF 表达的下降则意味着肺组织毛细血管增生能力和末梢血液循环能力的减弱和组织对氧运输能力的下降，这对应对机体低氧环境是不利的，从而影响器官功能产生疲劳。研究发现长期的低氧、运动可削弱运动诱导的 VEGF mRNA 表达，持续的低氧缩短大鼠骨骼肌对运动的适应时间，同时可能还与低氧基因表达产物可反馈抑制 HIF-1 的活性而导致 VEGF 水平下降有关。此外，毕业等 [24] 指出不同强度的运动训练对不同类型骨骼肌 VEGF 基因表达影响并不一致，运动强度是决定腓肠肌组织 VEGF 基因表达量的主要因素、诱导因素，腓肠肌 VEGF 基因表达水平只在小强度运动组有显著升高，而在中等大强度组和大强度组中显著下降。研究 [25] 发现不适宜的持续大负荷运动训练会抑制 VEGF 表达，并使受损心肌部分丧失 VEGF 表达，出现 VEGF 表达的明显降低。可见，B 组和 F 组 VEGF 下降表明其血管内皮细胞和新生血管的生成功能的减弱，对局部组织氧供给产生困难，这可能是高原低氧环境疲劳运动所致的表现。

研究表明 [26]VEGF 基因和蛋白表达的增强，势必使 VEGF 分泌增加，一方面与其血管内皮细胞上特异性受体相结合，发挥剂量依赖性输血管作用，建立动脉侧枝循环以改善组织血供，减少缺血面积，从而达到保护组织的作用；另一方面可通过自分泌、旁分泌途径作用于自身或周围组织内皮细胞，发挥增强血管通透性等一系列生物学效应，对于缓解疲劳具有积极的意义 [27]。本研究中，采用增压措施的 D 组大鼠肺组织中的 VEGF 有所增加，表明增压措施有助于大鼠体内 VEGF 的表达和含量的提升，利于血管增生和运氧能力的增强，提高氧供给的能力，达到消除疲劳和缺氧的作用。

三、不同海拔低氧环境及增压对 VEGF 的影响

本研究中，分别在海拔 2 260m 和 4 500m 低氧环境中进行大强度运动的 B 组和 F 组大鼠肺组织中 VEGF 蛋白表达均较 A 组有所下降，其中 B 组下降 47.90%、F 组下降 66.38%（P<0.05），以 F 组的下降幅度较大，说明作为低氧环境中大负荷运动后的运动性疲劳表现，大鼠肺组织 VEGF 蛋白表达出现下降，而且随着海拔高度的增高这种变化越明显和深刻。这与宋凯实验发现低氧、运动以及低氧运动都能使大鼠血清 VEGF 含量减少，而且随着缺氧程度的加深，VEGF 含量呈逐渐下降趋势的变化相同。

G 组大鼠肺组织 VEGF 蛋白表达较 F 组稍有增加，提示在 4 500m 低氧环境中进行大强度运动后，应用 0.2MPa1h 增压方式，可使大鼠组织 VEGF 蛋白表达有所提高，以促进体内血管新生和改善运氧能力，有助于保持较高的运动性疲劳恢复和抗缺氧能力。

四、不同增压方式对 VEGF 的影响

与 B 组对比，进行增压恢复 D 组的肺组织 VEGF 蛋白表达有所增加，表明大鼠在 6 天的低氧环境中进行运动训练后，采运增压措施有助于体内 VEFG 的增加，提示增压对大鼠体内氧环境的改善作用，而其中以 D 组 0.2MPa2h 的增压方式对肺组织 VEGF 表达增加的效果较显著。在缺氧的情况下 VEGF 的上调有可促进血管新生，增加心肌毛细血管密度，改善心肌的缺血缺氧，从而改善整个机体的供氧，这种上调作用对于提高机体适应低氧环境或（和）大强度运动具有重要意义，提示增压手段可促进大鼠血清中 VEFG 浓度增加，利于疲劳的恢复和改善，并以 D 组 0.2MPa2h 的增压方式较明显。

第三节　促红细胞生成素

一、促红细胞生成素简介

促红细胞生成素（erythropoietin，EPO）的生物学效应主要是促进骨髓造血干细胞的分化，促进红系细胞的生长与分化，加快血红蛋白的合成，增加红细胞的

数量，提高血液的携氧能力，并且有抗氧化、稳定红细胞膜、改善心脏功能、提供神经营养等多种作用。缺氧、激素、pH 值变化等都可影响 EPO 的生成，急性缺氧 1-2h，循环 EPO 即显著升高，而 pH 值下降则会抑制 EPO 的分泌 [28]。EPO 是调控红细胞生成的主要生长刺激因子，对体内红细胞和血红蛋白的含量具有调节作用。EPO 含量与运动能力密切相关，它通过促进骨髓造血系统造血，加快红细胞的生成，提高红细胞的生成率，使成熟红细胞数量及血红蛋白含量增加，提高红细胞携氧量及运输氧的能力，促使氧离曲线右移，促进氧释放和组织对氧的利用率，进一步提高机体的运动能力。为探讨高原低氧环境以及疲劳性运动训练对携氧和供氧能力的影响，本研究中对大鼠血清 EPO 含量进行测定，各组大鼠血清 EPO 值及比较见表 3-2 和图 3-5，结果表明除 F 组略低于 A 组外，其他组别都明显低于 A 组（P<0.05），C 组、D 组和 E 组略低于 B 组，G 组低于 F 组。

表 3-2　各组大鼠血清 EPO 统计（M±SD）

组别	EPO（IU/L）
A 组	2.306 ± 0.148
B 组	2.110 ± 0.198*
C 组	2.073 ± 0.162*
D 组	2.093 ± 0.141*
E 组	2.044 ± 0.193*
F 组	2.213 ± 0.239 □
G 组	2.057 ± 0.211*
F	2.645
P	0.024

注：*表示与 A 组比较差异显著（P<0.05）；□表示与 E 组比较差异显著（P<0.05）。

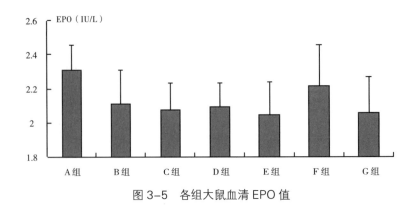

图 3-5　各组大鼠血清 EPO 值

二、增压对 EPO 的影响

低氧是影响 EPO 生成的主要刺激因素，只要血氧浓度下降 4h 以上，就会激发体内 EPO 合成数量的增强，继之血清 EPO 增加，而这种生理应激可使机体的缺氧状态得到一定的改善。低氧刺激促进红细胞的生成是机体对低氧适应的重要机制，也是低氧训练重要生理基础之一。有文献报道 [29]，重组人促红细胞生成素（recombinant human erythropoietin, rhEPO）不仅可以减少机体在热环境和高原环境下的运动性疲劳，提高骨骼肌的工作效率，还可使运动中机体有氧代谢供能的比例升高，无氧代谢供能的比例下降，脂肪供能增加，减少肌糖原的利用，从而使机体有氧工作能力得到提高，对运动员的运动能力具有较好的促进作用。李卫平 [30] 等人研究证实模拟高住低练训练可以提高血清 EPO 和血红蛋白，并具有明显的后效应，对运动能力可产生良好的影响。

然而在高原上，虽然低氧是 EPO 的主要影响因素，海拔高度越高缺氧程度越大，但 EPO 水平与海拔高度并不是呈直线关系，哈恩于 1992 年提出，EPO 受海拔高度的影响，一般适宜的高度为海拔 1 600m~2 500m。如果在高于海拔 6 000m 的高原上 EPO 上升速度显著下降，原因可能是 EPO 活性在血氧饱和度小于 60% 时显著降低，也可能是 EPO 受体饱和，抗体浓度上升，pH 值降低造成的。另外，EPO 的变化规律除了受高原缺氧环境的影响外，也受到运动员训练计划和内容的影响。因此有学者指出低氧训练后 EPO 变化有着不同结果的，这可能是不同的海拔高度、不同的训练时间和不同的训练方法会对在高原低氧中获得的 EPO 持续效应造成了不同的影响。冯连世等人 [31] 进行了在不同模拟高度低压氧舱中运动训练对大鼠 EPO 表达影响的研究，指出高原训练后大鼠 EPO mRNA 水平均高于平原对照组，在海拔 2 000m 高原上训练 1 周及 2 周后 EPO 的表达较同等高度不训练组增加显著，但在海拔 3 000m 和海拔 4 000m 高原上训练 1 周及 2 周后 EPO 的表达较同等高度不训练组下降，这表明海拔 2 000m 的高度可能是高原训练较为合适的海拔高度，如果高度过高，缺氧的刺激会很强烈，会使 EPO mRNA 在很短的时间内剧烈上升，而对后续的表达产生反馈抑制，不利于运动能力的提高。黄丽英 [32] 等人的研究也得出了相似的结果，学者发现运动员在高原训练后血清 EPO 升高 1 周后下降，甚至低于上高原前水平，这种低水平可以一直维持到高原训练结束。Gundersen（2001）让 22 名男女运动员居住于海拔 2 500m 高原，训练在海拔 1 250m 的地方，进行为期 27 天的高住低训后发现上高原 20h 后血清 EPO 即达到高峰，以后逐渐降低。

本研究中，与安静对照组 A 组相比，各组大鼠的 EPO 均呈现下降的趋势（图 3-5）。分析原因是由于高原低氧环境加上大负荷的运动，使大鼠体内物质因为严重消耗而减少，从而使 EPO 的生成受阻；另外体内运动乳酸等代谢产物的堆积，造成体内 pH 环境的变化，也抑制了 EPO 的分泌。林彦山研究表明（2003）大负荷训练可以导致男子长距离游泳运动员的 EPO 降低，并且是一个缓慢的逐渐的降低过程，并指出 EPO 可以用于提前指示运动性疲劳的指标之一。另外与 EPO 的变化一样，本研究中在海拔 2 260m 低氧运动自然恢复的 B 组大鼠骨骼肌中 HIF-1α 和 VEGF 蛋白表达都呈现下降，由此推断，低氧环境中进行大负荷运动后使大鼠体内 HIF-1α、EPO、VEGF 含量出现下降，这也是大鼠运动疲劳的表现和原因，从而使运动能力出现下降。

从本次研究测试结果看，运动后采用增压方法恢复的 C 组、D 组、E 组 EPO 与 B 组相比没有明显差别，提示在海拔 2 260m 环境下增压方法对大鼠血清 EPO 没有影响。

三、不同海拔低氧环境及增压对 EPO 的影响

值得关注的是，同是在低氧运动后自然恢复，模拟海拔 4 500m 运动的 F 组的 EPO 略高于海拔 2 260m 运动的 B 组，这与两组 HIF-1α 和 VEGF 的差别是一致的，推测可能与海拔高度增加的刺激有关。有研究表明 [33] 海拔 4 000m 低氧运动训练后，大鼠血清 EPO 浓度与其肾脏 EPO 基因表达并不完全一致，大鼠血清 EPO 出现升高现象，可能是 4 000m 海拔高度缺氧的刺激过于强烈。学者认为生物体内很多因子的合成与分解本身有其自身的调节机制（反馈调节），从而使其维持在一定水平，所以外界因素如低氧和训练等虽然可改变其体内水平，但是不能不考虑其自身的调节作用的。因此，关于刺激 HIF-1α、VEGF 和 EPO 大幅度表达和增加的海拔高度阈值问题还需要深入研究。

同在模拟海拔 4 500m 运动的 G 组 EPO 值低于 F 组，说明在海拔 4 500m 低氧训练后采用加压，使体内氧含量有一定的提高，缺氧程度得到缓解，减少对

EPO增加的要求，从而使EPO含量降低，提示随着海拔高度的升高，增压措施对机体缺氧的缓解作用更加明显，致使体内氧含量增加，表现为EPO水平和减少，但其形成机制还有待研究。

四、不同增压方式对EPO的影响

采用不同增压恢复方式的C、D、E组的EPO与B组相比没有明显变化，表明在海拔2 260m大鼠EPO的变化与增压的时间和压力无直接的关联作用。

第四节　诱导型一氧化氮合酶

一、一氧化氮概述

一氧化氮（nitricoxide，NO）作为由血管内皮细胞产生并释放的血管舒张因子，兼有第二信使和神经递质作用，对运动系统、心血管系统、神经系统以及免疫系统等都具有非常重要的生理作用。NO是一种自由基，左旋精氨酸（L-Arg）与活性氧分子为底物，在一氧化氮合酶（nitric oxide synthase，NOS）的催化作用下，最终生成左旋瓜氨酸（L-Cit）并同时生成NO。NOS是NO生成的关键酶，NOS有3个亚型，即：神经元型一氧化氮合酶（neuronal nitric oxide synthase，nNOS）、内皮型一氧化氮合酶（endothelial nitric oxide synthase，eNOS）以及诱导型一氧化氮合酶（inducib nitric oxide synthase，iNOS），iNOS在病理状态下被激活，高浓度NO的产生与iNOS密切有关[34]。iNOS主要存在于平滑肌、血管内皮细胞和心肌细胞中，血液中的炎性细胞因子大量合成和释放时，可以促进心肌、血清中iNOS基因的转录和表达。血浆中NO前体L-Arg可诱导激活iNOS，超负荷运动会引起L-Arg生成增加，同时提高iNOS活性，进而使NO合成过量，过量NO可产生过多的NO^-，NO^-作为一种自由基和气体信使分子，可以自由通过细胞膜，从而攻击细胞膜，最终造成细胞损伤。

本研究中，各组大鼠肺组织iNOS和GAPDH内参蛋白表达条带见图3-6，iNOS蛋白表达水平见表3-3和图3-7。与安静对照组A组相比，进行疲劳性运动的大鼠，除E组外，B组、C组、D组iNOS蛋白表达显著增加（$P<0.05$），其

中 B 组增加幅度 246.15%，采取增压恢复的 C 组、D 组和 E 组增加幅度分别为 176.92%、461.53% 和 7.69%，C 组的增加幅度低于 D 组和 B 组，E 组 iNOS 蛋白表达明显低于 B 组、C 组、D 组（P<0.05），基本与 A 组持平；进行模拟海拔 4 500m 低氧环境训练 F 组 iNOS 蛋白表达明显降低于其他各组（P<0.05），而采取增压恢复的 G 组 iNOS 表达却较 F 组增加（P<0.05），但仍低于 B 组、C 组、D 组（P<0.05）。

图 3-6　各组大鼠 iNOS 和内参蛋白表达条带图

表 3-3　各组大鼠肺组织 iNOS 蛋白表达水平统计（M±SD）

组别	表达水平
A 组	0.13 ± 0.001 ◇△☆#&
B 组	0.45 ± 0.004* △☆□ #&
C 组	0.36 ± 0.005* ◇☆□ #&
D 组	0.73 ± 0.007* ◇△□ #&
E 组	0.14 ± 0.001 ◇△☆ #&
F 组	0.06 ± 0.003* ◇△☆□ &
G 组	0.29 ± 0.222* ◇△☆□ #
F	647.15
P	0.000

注：＊表示与 A 组比较差异显著（P<0.05）；◇表示与 B 组比较差异显著（P<0.05）；△表示与 C 组比较差异显著（P<0.05）；☆表示与 D 组比较差异显著（P<0.05）；□表示与 E 组比较差异显著（P<0.05）；#表示与 F 组比较差异显著（P<0.05）；&表示与 G 组比较差异显著（P<0.05）。

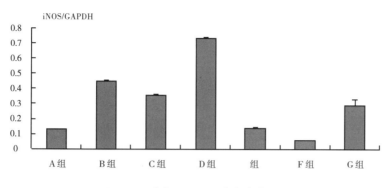

图 3-7　各组 iNOS 蛋白表达水平

二、增压对 iNOS 的影响

运动性疲劳与 NO 有密切的关系，运动中机体血流量和血管切应力增大是 NO 合成的主要刺激因素，在外周组织中 NO 能扩张骨骼肌血管，保证骨骼肌血流量的提高，降低氧消耗，维持较高的氧摄取率，有利于延缓运动疲劳产生；而在中枢神经系统中，NO 能降低较强运动负荷引起的脑组织 ET-1mRNA 的表达，从而改善大脑局部缺血、缺氧反应，有利于调节中枢疲劳的产生。NO 可以经过依赖于 cGMP 和非依赖于 cGMP 两种机制，通过直接调节肌质网上的 Ca^{2+} 释放通道蛋白等方式调节骨骼肌的收缩功能[35]。运动使骨骼肌血管内皮释放的 NO 增加，高水平 NO 可以扩张骨骼肌血管，保证骨骼肌血流量和氧运输量的提高，NO 供体可提高骨骼肌对葡萄糖转运和利用，有利于 ATP 能量的产生；同时，巨噬细胞等产生的 iNOS 通过与三羧酸循环中的乌头酸酶、线粒体电子传递链中复合体 I、复合体 II 的铁中心反应形成硝酸基复合体而使之功能改变，影响线粒体的功能，降低运动中的氧消耗，维持骨骼肌较高的氧摄取率，提高肌肉的工作效率。因此，长期适量的运动训练可以提高血浆 NO 水平，有助于机体运动能力的提高[36]。

但也有研究认为运动过程 NO 具有两面性，既有保护性又有一定的毒性[37]。大强度或过度训练会导致机体 NO 生成过量，从而导致机体在运动后的恢复缓慢，甚至发生运动性疲劳。任文君等[38]研究证实适量负荷运动能够增强 NOS 活性，改善心血管功能；而大强度的运动所引起的 iNOS 活性升高，可能是不利于心血管功能的因素。疲劳训练可诱导主动脉血管内皮细胞（VEC）产生过量的 NOS

进而产生大量的氮自由基，引起 VEC 的损伤和血管平滑肌细胞（VSMC）的增殖，这可能是疲劳训练引起心血管功能降低的生物学因素之一[39]。此外，内源性一氧化氮可以通过几种途径导致肌组织损伤，包括一氧化氮和 O^{2-} 相互作用生成有潜在毒性的化合物—过氧亚硝酸盐、过氧化氢以及一氧化氮脂质过氧化的终产物。肌肉细胞 DNA 受到一氧化氮有关的自由基损伤可能是由于与内生性亚硝胺产生的亲电子体相互反应、核酸直接被亚硝基化及与来自一氧化氮代谢产物的次级自由基反应所致。

研究证实在长期的运动训练后，机体骨骼肌组织会出现暂时性供血不足，大强度训练中可能使 iNOS 过度激活。iNOS 在基态下不起作用，但 iNOS 被诱导后活性可持续 20 小时，合成 NO 较 cNOS 合成的 NO 浓度约高 1 000 倍。随着 NO 的大量合成，底物 L- 精氨酸大量消耗，NOS 催化生成超氧离子，超氧离子进一步与 NO 作用生成 OONO，而 OONO 为强氧化剂，与 H^+ 生成 HNO_3，HNO_3 在 pH 为 7 时代谢出许多毒性产物，对机体组织器官造成损伤。另外，在大强度运动过程中大量致炎细胞因子的产生，可诱导基因表达而产生大量的 iNOS，并引起细胞免疫抑制[40]。生理状态下，iNOS 在机体内部不存在大量的表达，而肿瘤坏死因子（TNF）、白介素 –1（IL-1）和白介素 –2（IL-2）等炎性细胞因子的释放可促进巨噬细胞、血管平滑肌和心肌细胞中 iNOS 基因的转录和表达，从而促进 NO 的大量合成和释放，一方面引起强烈的血管舒张和血压降低，抑制心脏功能；另一方面产生细胞毒性而损伤组织。

此外研究发现高原急性缺氧可诱导 HIF-1α 和 iNOS 的表达上调，发挥生理调节和炎症反应的双重作用。缺氧可激活 iNOS 使其表达增加[41]，而 iNOS 增加又进一步加重肺组织损伤，急性缺氧可导致大鼠肺组织发生病理改变，使 iNOS 表达增多，而表达的范围和强度与缺氧时间和肺组织的损伤程度呈正相关，因此 iNOS 可以作为缺氧程度和肺组织损伤程度的标志之一。

在海拔 2 260m 进行疲劳模式运动的 B 组大鼠肺组织中的 iNOS 表达明显增加。力竭性运动可引起精氨酸酶活性增加，L-Arg 分解加速，血中 L-Arg 供给不足使 iNOS 活性出现上升，同时大强度运动可以使细胞因子 IL-2、IL-1、IL-6、TNF、INF 等大量增加，可诱导 iNOS 基因表达，导致 NO 产生增多，增强巨噬细胞的毒性作用，引起血管内皮细胞的损伤，提高机体的非特异性免疫力，并抑制特异性免疫机能，使机体的免疫机能出现下降。提示，高原环境运动训练后大鼠肺组织中 iNOS 表达明显增加是运动与低氧复合造成运动性疲劳的表现之一。

疲劳运动后采取增压方法恢复的 C 组、D 组和 E 组相互比较，其中 C 组和 E 组大鼠肺组织中 iNOS 蛋白表达低于 B 组，并以 E 组非常明显。iNOS 蛋白表达的下降提示大鼠肺组织 NO 毒性作用的降低和损伤程度的减轻，表明采用 0.2MPa1h 和 0.3MPa1h 的增压恢复方法，有助于减少 iNOS 蛋白表达，减缓 NO 毒性作用，有利于运动性疲劳的消除。

三、不同海拔低氧环境及增压对 iNOS 的影响

值得注意的是，本研究中进行模拟海拔 4 500m 低氧环境训练后自然恢复组 F 组大鼠肺组织 iNOS 蛋白表达明显降低，这与以往的研究结果不同[42]，低氧刺激下，内源性 NO 合成及释放障碍可导致 NO 水平下降；另外，底物 L-Arg 分解加速、血中 L-Arg 供给不足以及超氧阴离子 O_2^- 与 NO 快速作用，可使大量 NO 失活。低氧可抑制 NOS 的活力，从而抑制 NO 的产生和释放。谢印芝等[43] 观察到低氧时脑、肺组织的 NO 含量和 NOS 活力均下降，以急性低氧时下降最为明显。潘同斌等[44] 在模拟海拔 4 000m 高原的低氧舱（氧浓度为 12.7%）内每天训练 1 小时，4 周后大鼠血清 NO 和 NOS 均较高氧训练组有所下降，提示某些情况下低氧刺激导致 NO 水平下降，说明在高原环境下进行训练，低氧及运动两种因素对 iNOS 的效应并非是简单叠加，也可能出现相互抵消，其机制有待进一步研究。本研究中，进行模拟海拔 4 500m 低氧环境训练后自然恢复的 F 组大鼠肺组织中 iNOS 蛋白表达明显降低，应用增压恢复的 G 组大鼠肺组织 iNOS 出现增加趋势，提示，在海拔 4 500m 低氧环境下，对于低氧训练后应用增压恢复对 iNOS 蛋白表达产生一定的影响，但运动与低氧对于肺组织 iNOS 蛋白表达与调节的主导因素起到作用，以及对不同组织中 iNOS 代谢变化造成的影响等还需进一步探究。

四、不同增压方式对 iNOS 的影响

在采取不同增压方式的 C 组、D 组和 E 组 3 组中，C 组和 E 组大鼠肺组织中的 iNOS 呈下降变化，其中以 E 组下降非常明显。iNOS 表达的下降提示大鼠肺组织 NO 毒性作用的降低和损伤程度的减轻，表明采用 0.2MPa1h 和 0.3MPa1h 的增

压恢复方法，对大鼠肺组织的 iNOS 表达有一定的下调作用，并以 0.3MPa1h 方式明显。研究表明随着吸氧浓度的升高、时间延长，肺泡上皮细胞 iNOS 表达增强，高浓度的氧可诱导的 iNOS 表达。由于 D 组采用的是 0.2MPa2h，加压时间较长，大鼠机体相对氧的供给时间较长，氧气可增加组织的氧供，改善细胞能量代谢，然而过氧可产生大量氧自由基，引起 iNOS 表达和细胞氧化损伤。因此，0.2MPa2h 的增压方式不利于 iNOS 表达下降和运动性疲劳的消除。

第五节　钙 / 钙调素依赖性蛋白激酶 Ⅱ

一、钙 / 钙调素依赖性蛋白激酶 Ⅱ 概述

心肌细胞内钙 / 钙调素依赖性蛋白激酶 Ⅱ（calcium/calmodulin–dependent protein kinase Ⅱ，CaMK Ⅱ）是主要表达于心脏的一种多功能苏氨酸 / 丝氨酸蛋白激酶，通过磷酸化与 Ca^{2+} 调节相关的蛋白影响心肌的兴奋收缩耦联及细胞钙稳态，它是心室肌细胞 Ca^{2+} 稳态调节及心肌收缩力的关键蛋白之一，主要通过作用于肌浆网（SR）上的兰尼碱受体（RyR）和受磷蛋白（PLB）来调节钙信号[45, 46]，CaMK Ⅱ 信号通路广泛影响心血管系统的生理活动[47]。

CaMK Ⅱ 能调节基因的转录表达，在信号传导和调节心脏功能中的作用与其异构体的亚细胞定位有关。在心动周期中，随着钙浓度改变 Ca-CaM 也相应发生了改变，但激活的 CaMK Ⅱ 可发生自磷酸化而保持功能稳定，从而有助于在较快心率下增加心肌舒张程度。CaMK Ⅱ 是维持心肌钙稳态的重要调节机制之一，其在心脏发挥正常的收缩、舒张功能的过程中具有重要意义，尤其在一些病理条件刺激下，CaMK Ⅱ 通过代偿性的反应途径以维持心肌的正常功能，CaMK Ⅱ 的活性和表达程度在心律失常、心肌肥厚、心肌细胞凋亡的发生中起着非常重要的作用。

此外，研究表明 CaMK Ⅱ 是有氧训练后心脏功能适应性改变的主要机制，对于高强度的有氧训练，心脏适应主要表现在心肌收缩力和 Ca^{2+} 循环的增强，研究证实经过 6 周规律有氧训练的成年大鼠表现出心肌细胞收缩性和舒张期频率提高，同时 Ca^{2+} 瞬变的幅度及频率均增加，这些心脏功能的适应性改变主要是通过

CaMK Ⅱ[48]，而且 CaMK Ⅱ 所介导的信号通路，能有效地调节运动引起的肌肉细胞 GLUT4 的基因表达[49]。运动可使钙离子通路被激活，钙调素依赖性蛋白激酶 CaMK Ⅱ 信号被活化，通过 CaMK Ⅱ 活性的改变使增高的 Ca^{2+} 浓度降低，从而调节 Ca^{2+} 释放与吸收的再平衡，同时促进葡萄糖的摄取量，为心肌细胞能量代谢由脂肪酸为主向糖代谢为主的转换提供可靠的基础，对保持细胞能量代谢平衡起到非常重要的作用。

CaMK Ⅱ 不仅是细胞内酸中毒后心肌收缩力恢复的关键因素，也参与了间歇性高海拔缺氧介导的心脏和脑组织的保护作用[50]。慢性缺氧可导致肺高压，使右心后负荷增加，同时由于组织供氧不足，导致无氧代谢增加，可使组织长期处于酸中毒情况下。细胞内酸中毒可使心肌内 CaMK Ⅱ 活性增强，通过作用于 RyR 和 CaATPase 使钙离子释放和重吸收加快，避免钙在心肌细胞内堆积。研究报道，通过吸入低浓度含氧气体（FiO2：10%）建立慢性缺氧 SD 大鼠动物模型，缺氧大鼠心肌细胞内 CaMK Ⅱ 的 mRNA 和蛋白表达均升高，有利于稳定细胞内的 Ca^{2+} 循环，维持心脏正常的收缩与舒张。在心肌缺血缺氧等病理条件下，心肌细胞钙离子循环出现异常，CaMK Ⅱ 通过代偿性活性改变起到维持 Ca^{2+} 稳态及心肌保护效应。已有研究表明[51]，间歇性低氧可通过上调 CaMK Ⅱ 活性表达，降低缺血再灌注心肌功能损伤的程度，保护心脏功能。慢性缺氧可使心肌细胞内 CaM 和 CaMK Ⅱ mRNA 转录增加，这种变化可能是机体的一种代偿性改变，以避免在慢性缺氧情况下，心肌细胞内钙转运异常，从而维持心脏活动的稳定。

本研究中，各组大鼠心肌 CaMK Ⅱ 和 GAPDH 内参蛋白表达条带图见图 3-7，CaMK Ⅱ 蛋白表达水平比较表 3-4 和图 3-8。与 A 组相比，B 组和 G 组均略有下降，C 组稍有增加，D 组、E 组和 F 组均明显下降（P<0.05），下降幅度分别为 40.68%、44.91% 和 40.68%；CaMK Ⅱ 蛋白表达水平 G 组高于 F 组（P<0.01）。

二、增压对 CaMK Ⅱ 的影响

与不运动的对照 A 组相比，在海拔 2 260m 低氧环境下进行疲劳训练的 B 组大鼠心肌 CaMK Ⅱ 蛋白表达稍有下降，而应用 0.2MPa 增压恢复 1h 的 C 组大鼠心肌 CaMK Ⅱ 蛋白表达增加（表 3-4），平均比 A 组增加 18.64%、比 B 组增加 30.84%，可见应用增压方法可使在海拔 2 260m 低氧环境下进行运动性疲劳训练的大鼠心肌 CaMK Ⅱ蛋白表达增加，从而维持 Ca^{2+} 稳态及心肌的正常功能，增加疲劳恢复的能力。

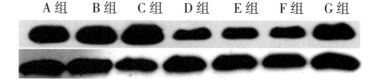

图 3-7　各组大鼠心肌 CaMK Ⅱ和内参蛋白表达条带图

表 3-4　各组大鼠 CaMK Ⅱ和 BNP 蛋白表达水平（M±SD）

组别	CaMK Ⅱ	BNP
A 组	1.175 ± 0.170 ☆□#	0.286 ± 0.057 △☆□&
B 组	1.071 ± 0.128 □	0.290 ± 0.009 △☆□&
C 组	1.396 ± 0.217 ☆☆□□&&	0.533 ± 0.005* ◇☆□#&
D 组	0.697 ± 0.110* △△	0.410 ± 0.006* ◇△#&
E 组	0.650 ± 0.068** ◇△△	0.419 ± 0.013* ◇△#&
F 组	0.702 ± 0.037* △△	0.297 ± 0.020 △☆□&
G 组	1.02 ± 0.066	0.199 ± 0.112* ◇△☆□#
F	14.772	22.146
P	0.000	0.000

注：＊表示与 A 组比较差异显著（P<0.05），＊＊表示与 A 组比较差异非常显著（P<0.01）；◇表示与 B 组比较差异显著（P<0.05）；△表示与 C 组比较差异显著（P<0.05），△△表示与 C 组比较差异非常显著（P<0.01）；☆表示与 D 组比较差异显著（P<0.05）；□表示与 E 组比较差异显著（P<0.05），□□表示与 E 组比差异非常显著（P<0.01）；#表示与 F 组比较差异显著（P<0.05）；&表示与 G 组比较差异显著（P<0.05），&&表示与 G 组比较差异非常显著（P<0.01）。

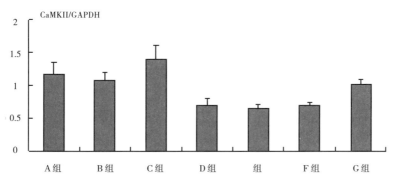

图 3-8　各组大鼠心肌 CaMK Ⅱ 蛋白表达水平

三、不同海拔低氧环境及增压对 CaMK Ⅱ 的影响

本研究中，模拟海拔 4 500m 低氧环境训练的 F 组（低氧训练自然恢复组）、与安静对照组（A 组）和自然恢复组（B 组）相比，F 组心肌 CaMK Ⅱ 表达较低（P<0.01），这与以往研究缺氧大鼠心肌细胞内 CaMK Ⅱ 的 mRNA 和蛋白表达均升高的结果不同。有研究发现[52]慢性持续性低氧可使大鼠海马组织内 CaMK Ⅱ 活性下降，并抑制该蛋白的正常表达。推测原因，F 组心肌 CaMK Ⅱ 表达下降与海拔 4 500m 低氧环境的持续刺激有关。通过增压恢复后，G 组的心肌 CaMK Ⅱ 表达高于 F 组（P<0.01），提示在海拔 4 500m 低氧环境训练运动后采取增压氧的恢复措施，可以增加大鼠心肌 CaMK Ⅱ 活性，有利于心脏功能维护。

四、不同增压方式对 CaMK Ⅱ 的影响

各组大鼠 CaMK Ⅱ 蛋白表达相比，C 组值（0.2MPa 增压 1h 恢复组）高于安静对照组（A 组）和自然恢复组（B 组），表明在运动后采取增压氧的恢复措施，可以促进大鼠心肌分泌 CaMK Ⅱ 增加，利于稳定心肌细胞内的 Ca^{2+} 循环和稳态，维持心脏正常的收缩与舒张，从而有助于疲劳的消除。然而，同为训练后采取增压氧的恢复措施，D 组（0.2MPa 加压 2h 恢复组）和 E 组（0.3MPa 加压 1h 恢复组）的心肌的 CaMK Ⅱ 表达要明显的低于 C 组（P<0.01），提示在不同增压方案中，采用 0.2MPa 增压 1h 恢复更有利于心肌 CaMK Ⅱ 提高和心功能的恢复改善。过高的增压强度和过长的增压时间是否对大鼠心肌的 CaMK Ⅱ 表达有不利的影响，其

产生的原因机制还有待进一步研究。

第六节　B 型尿钠肽

一、B 型尿钠肽与运动

B 型尿钠肽又称脑尿钠肽（brain natriuretic peptide，BNP），是由心肌细胞合成具有生物学活性的天然激素，当受到低氧、运动等刺激时，心室组织会快速合成释放入血，有助于调节心脏功能。BNP 在 1988 年首次从猪脑中分离出来，但人们随后发现它主要由心脏产生，它与心房利钠肽（atrial natriuretic peptide，ANP）、C 型利钠肽（c-type natriuretic peptide，CNP）等同属利钠肽家族。BNP 是在心室壁受到扩张或牵拉时由心脏合成的一种肽类激素，心肌细胞所分泌的 BNP 先以 108 个氨基酸组成的前体形式存在，当心肌细胞受到刺激时，在活化酶的作用下裂解为由 76 个氨基酸组成的无活性的直线多肽和 32 个氨基酸组成的活性环状多肽，释放入血循环，分别被称为 NT-proBNP 和 BNP。心肌张力是刺激 BNP 和 NT-proBNP 释放的主要因素，心肌缺血、激素和细胞因子的调节也是重要的影响因素。

BNP 作为心脏的循环激素，其生理功能多样，包括利钠利尿、血管扩张、降低前负荷和降低交感神经张力，增加肾脏血流，从而抑制 RAAS 系统（肾素 - 血管紧张素 - 醛固酮系统）和交感神经的过度反应，参与调节血压、血容量及水盐平衡及血管渗透性，通过中枢神经作用调节水电解质平衡，在肾脏直接作用于肾小球和髓质内的集合管从而抑制肾素的释放和醛固酮的分泌，排钠利尿[53]。此外，BNP 有抑制成纤维细胞增殖作用，对心室重构起重要作用；BNP 还可抑制血管平滑肌细胞的增殖和血管内皮表达因子及纤溶酶原激活抑制物，从而可预防血栓形成。

目前在医学方面关于 BNP 的临床研究主要集中在心力衰竭、心肌梗死、急性冠脉综合征、高血压性心脏病的诊断，并用于估测冠心病及其他心血管疾病的预后等方面[54]，调查表明青海高原地区老年人心力衰竭患者 BNP 水平呈现出不同程度的增高[55]。但也有研究表明急性缺氧时[56]SD 大鼠心肌中的转化生长因子

β1（TGF-β1）和 BNP 的增加可拮抗由白细胞介素 -6（IL-6）介导的炎症反应，从而减轻缺氧引起的心肌组织损伤。

近年来，BNP 在运动训练领域的研究与应用也逐渐开展，BNP 可以作为运动员心功能生化检测指标，用以运动机能评定和医务监督。聂晶等[57]对耐力训练过程中大鼠心组组织心钠素、脑钠素基因的表达研究后发现，耐力训练过程中心室 BNP 基因表达出现增强，并且表达上调呈现出一定的时相性，提示脑钠素可能在运动性心肌肥大发生发展过程中起着一定的作用。Motoyuki 等（2002）研究发现，进行 8 周游泳训练的大鼠左心室 BNPmRNA 表达显著高于同龄安静组，显示心脏 BNP 的基因表达在运动诱导的心肌肥大过程中进一步增强。对完成 50km 超长马拉松的男子运动员运动前、后测试血液 BNP 和 cTnT 浓度后发现，所有运动员血清 BNP 浓度显著升高（由 3.33±2.9lfmol/mL 增至 l8.80±l3.33fmoL/mL，P<0.01），并发现 BNP 浓度增量与运动员成绩呈反向关系，即运动时间越短的运动员其血清 BNP 浓度越高，表明运动强度与血清 BNP 浓度呈正向关系，运动强度是促心室分泌 BNP 的因素之一。此研究还认为运动促使心肌 BNP 分泌的增加，血清 BNP 浓度随之上升，从而发挥利钠、降低肺循环及周围循环的血管张力作用，增加心脏指数及每搏输出量指数，以改善心肌做功环境，从而保持运动能力。因而，运动后 BNP 浓度的升高是机体受到运动应激和疲劳恢复的表现和需要。

二、增压对 BNP 的影响

本研究中，对在高原低氧环境中实行 6 天大负荷运动训练，并应用增压进行运动性疲劳恢复大鼠的心肌 BNP 蛋白表达进行测定，各组大鼠心肌 BNP 和 GAPDH 内参蛋白表达条带图见图 3-9 所示，BNP 蛋白表达水平见表 3-4 和图 3-10。其中 A 组、B 组和 F 组表达相同，C 组、D 组和 E 组心肌 BNP 蛋白表达增加（P<0.05），C 组、D 组和 E 组平均增加 82.76%、41.38%、44.83%，以 C 组显著，而 G 组稍有下降。

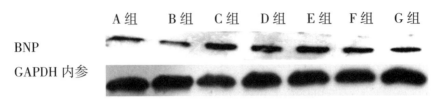

图 3-9　各组大鼠心肌 BNP 和内参蛋白表达条带图

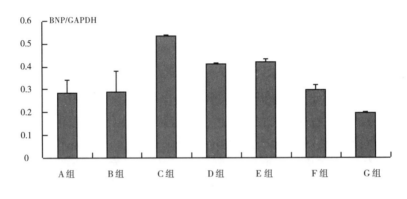

图 3-10　各组大鼠心肌 BNP 蛋白表达水平

对研究结果分析表明，采取增压舱恢复的 C 组、D 组和 E 组心肌 BNP 蛋白非常显著的高于安静对照组（A 组）和自然恢复组（B 组）（P<0.01），其中以 C 组的 BNP 蛋白表达最高。BNP 水平升高能改善心肌舒张功能，并通过扩张血管、减轻水钠潴留、抑制肾素－血管紧张素－醛固酮系统的抗利尿作用而减轻心脏负担，降低外周阻力的血压，同时促进心肌细胞和结构重构，有利于心脏功能的改善和恢复。可见，在高原低氧环境运动后采取增压的恢复措施，可以促进大鼠心肌分泌 BNP 量增加，有利于运动性疲劳的消除和运动能力的恢复。

三、不同海拔低氧环境及增压对 BNP 的影响

模拟海拔 4 500m 低氧环境训练的 F 组（低氧训练自然恢复组）、G 组（低氧训练增压恢复组）与安静对照组（A 组）和自然恢复组（B 组）相比，4 个组大鼠心肌 BNP 蛋白表达基本相同，并且以 G 组略低。运动强度是促心室分泌 BNP 的因素之一，分析原因可能与 F 组、G 组只在模拟海拔 4 500m 低氧环境训练 1 小时，并且运动负荷安排低于海拔 2 260m 运动训练组（B 组），运动性疲劳产生的程度

与 B 组接近，因而表现出与 B 组相近的 BNP 蛋白表达。

四、不同增压方式对 BNP 的影响

在采用不同加压负荷恢复的 C 组、D 组和 E 组中，大鼠的 BNP 蛋白表达以 C 组较高（$P<0.01$），而 D 组和 E 组相近，表明采用 0.2MPa 加压 1h 的增压恢复方案对于促进大鼠心肌分泌 BNP 量增加的效果，好于 0.2MPa 加压 2h 和 0.3MPa 加压 1h 的增压恢复方案。

第七节　脯氨酸羟化酶

一、脯氨酸羟化酶的功能

哺乳动物细胞对缺氧的适应性调节是通过改变一系列基因表达实现的，调控这些基因表达最重要的转录因子是缺氧诱导因子 –1（HIF–1）。脯氨酰羟化酶（proline hydroxylase domain，PHD）是调节 HIF–1 的关键分子，它是一种双加氧酶的氧感受器，能够直接感受氧分压，通过氧依赖性途径催化缺氧诱导因子特定的脯氨酸残基发生羟化反应，介导缺氧诱导因子降解，对缺氧诱导因子转录活性产生影响，从而调节 HIF 的稳定性和转录活性，参与调控氧供与氧耗、能量代偿与能源补充、氧顺应性与缺氧耐受力等代谢保护机制 [58]。PHD 表达受多种途径调控，其活性受分子氧、二价铁、抗坏血酸、活性氧自由基、一氧化氮、缺氧诱导因子羟化酶相关蛋白、三羧酸循环中间产物等多种因素影响。

PHD 作为细胞氧感受器，其活性受氧浓度的调节，在周围空气氧浓度由 20% 降至 0 时 PHD 活性进行性降低。在缺氧状态下 PHD 活性下降，羟基化 HIF-lα 反应受阻，胞浆内 HIF-lα 积聚增多并转移入核，与 HIF-lβ 结合形成 HIF-1 异二聚体，HIF-lα 的 C-TAD 结构域进一步与多种缺氧反应基因（HRG）的启动子 / 增强子中的缺氧反应元件（hypoxia response element，HRE）结合，启动 HRG 的转录，诱导靶基因表达，形成缺氧反应调节通路 [59]。

PHD 是细胞内缺氧应答反应通路的氧感受器，HIF-α 脯氨酸残基的羟基化是其降解的关键，而催化此过程的 PHD 便是全过程的限速酶。PHD 能够直接感

受氧分压，作为氧感受器的一种双加氧酶，它是调节 HIF-1 的关键分子[60]。细胞缺氧时，脯氨酰羟化反应受阻，从而阻止了 HIF-1α 的降解，促进其下游缺氧反应基因的转录，PHD 通过调节 HIF-1α 的积聚 / 降解来改变 HIF-1α 蛋白水平。因此，HIF-1 与 PHD 形成一个有效的负反馈体系，缺氧前后 PHD 表达的变化决定着其对 HIF-1α 调节能力的大小。缺氧时 PHD 的活性下降，HIF-1α 在组织中蓄积，增高的 HIF-1α 反过来诱导 PHD 的表达。在氧浓度不太低时，PHD 表达升高将增力 HIF-1α 的降解，使细胞内 HIF-1α 的含量控制在一定水平[61]。因而，PHD 是氧稳态调节的信号途径中的重要组成部分，它作为氧感受器使得 HIF 与机体氧浓度变化直接相关联。PHD 通过调节缺氧诱导因子的稳定性在多种缺血缺氧性疾病中均发挥重要作用。目前临床研究发现抑制 PHD 可加强 HIF 信号通路，可增加缺血组织血液与氧气供给，促进血管新生，促进红细胞生成，通过升高细胞 SOD 活性，加速氧自由基清除、降低细胞脂质过氧化反应[62]。

二、增压对 PHD 的影响

对高原低氧环境下疲劳运动训练和应用增压恢复各组大鼠血清中的 PHD 测定结果及其比较见表 3-5 和图 3-11。进行 6 天疲劳性运动训练后，相比对照 A 组，B 组 PHD 有所增加（P<0.05），采取增压恢复的 C 组、D 组和 E 组较 B 组有所下降，其中以 D 组和 C 组降低幅度较大，但仍高于 A 组；模拟海拔 4 500m 低氧环境运动训练的 F 组和 G 组都较 A 组和 B 组增加（P<0.05），并且 G 组有低于 F 组的趋势。

表 3-5　各组大鼠血清 PHD 和 PPARα 测定结果（M±SD）

组别	PHD（pg/ml）	PPARα（ng/L）
A 组	223.035±28.750	86.983±11.077
B 组	246.337±23.453*	94.692±10.272
C 组	237.599±21.019	96.302±10.600
D 组	228.861±27.002	98.373±12.980*
E 组	242.592±27.054	96.054±12.058
F 组	256.194±41.837*☆	97.725±12.281
G 组	253.210±14.542*☆	93.886±21.862
F	2.384	0.950
P	0.036	0.465

注：*表示与 A 组比较差异显著（p<0.05）；☆表示与 D 组比较差异显著（p<0.05）。

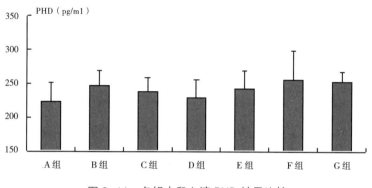

图 3-11 各组大鼠血清 PHD 结果比较

在海拔 2 260m 进行 6 天疲劳性运动训练后自然恢复 B 组和模拟海拔 4 500m 低氧环境运动训练自然恢复 F 组的 PHD 均有所增加趋势，由于 PHD 参与介导缺氧诱导因子的降解，它的活性增加使 HIF 分解增加，在胞内积聚减少，而 HIF 是组织细胞遭受缺氧时的重要调节因子，它可通过调控约 100 多种基因的表达提高组织对缺氧的耐受力，被认为是内源性保护机制的始动因子和共同途径[63]。PHD 活性增强，致使 HIF 表达的下降，引起机体耐缺氧能力的下降。有人发现剧烈运动导致的神经损伤往往会影响骨骼肌的功能，失神经支配后的骨骼肌中 Na^+-K^+-ATP 酶 Ca^{2+}-ATP 酶的活性和肌糖原含量随失神经时间的延长而降低，而脯氨酸 -4- 羟化酶的含量和活性都有提高，亚细胞结构变得杂乱无序。可见，在高原低氧中进行大强度运动后，大鼠血清中 PHD 浓度得增加不利于 HIF 的调节表达，是低氧环境运动性疲劳的一种表现。而应用增压恢复的 C 组、D 组、E 组和 G 组血清中 PHD 浓度较 B 组和 F 组有所减少，意味着 HIF 分解减少和在胞内积聚和增加。缺血 / 缺氧预适应与 HIF-1 的活化表达密切相关，增加局部 HIF 的表达可明显减轻脏器损伤。HIF 对基因表达调节的广泛作用涉及血管发生、血管重塑、红细胞生成、细胞存活、细胞凋亡、细胞活动力、细胞骨架结构、细胞黏附、细胞增殖、糖酵解、核苷酸代谢、离子代谢以及 pH 调节等各方面，HIF 表达的增加有利于机体对低氧环境的适应，从而提高机体耐疲劳和恢复能力。因此，在高原低氧运动中应运增压恢复手段可使大鼠的 PHD 浓度下降和 HIF 表达增加，有利于促进疲劳恢复。

三、不同海拔低氧环境及增压对 PHD 的影响

F 组血清 PHD 稍高于 B 组，分析由于高原海拔高度环境的增加，加大了低氧和疲劳性运动对大鼠 PHD 产生的影响，出现血清 PHD 的增加，加重了运动性疲劳的程度。而应用增压恢复的 G 组血清 PHD 稍低于 F 组，但仍高于 B 组。表明在海拔 4 500m 低氧环境进行大强度运动后用增压方法可以助于减少血清 PHD 的产生，对疲劳恢复有促进作用。

四、不同增压方式对 PHD 的影响

采用不同增压方式恢复的 C 组、D 组、E 组血清 PHD 均较 B 组有所下降，其中以 D 组的幅度较大，提示不同增压方式中以 D 组 0.2MPa2h 方式对血清 PHD 浓度降低效果最明显。

第八节　过氧化物酶体增殖物激活受体 α

一、过氧化物酶体增殖物激活受体 α 概述

1990 年伊斯曼（Issemann）和格林（Green）发现一种固醇类受体，它需要被脂肪酸类过氧化物酶增殖剂激活才能发挥作用，因此命名为过氧化物酶体增殖物激活受体（peroxisome proliferator-activated receptor，PPAR）。PPAR 是细胞核激素受体超基因家族成员，是一种可以管理和调节不同基因活动的基因，相当于基因中的管家，可调控多种核内基因的表达。由于 PPAR 在脂肪细胞分化及脂质代谢中起着重要作用，能加快人体新陈代谢，加速脂肪燃烧，所以又称为"脂肪控制开关"基因。此外，PPAR 在各种病理及生理过程中起着重要的调节作用[64]，参与慢性疾病如糖尿病、动脉粥样硬化和癌症等疾病的形成过程。PPAR 有 3 个亚基，分别为：PPARα、PPARβ（又称：PPARδ）和 PPARγ，其功能是共同调节糖 / 脂代谢平衡，影响脑组织、骨组织、皮肤组织的生长与分化。其中 PPARα 和 PPARγ 在脂类代谢和体内平衡过程中起重要作用，可通过调控心肌、肝、骨骼肌等组织线粒体脂肪酸氧化、提高细胞对胰岛素的敏感性来控制脂代谢

的平衡，活化的 PPARγ 还能促进葡萄糖载体 GLUT21 和 GLUT24 的表达。

PPARα 含有 468 个氨基酸残基，主要分布在线粒体脂肪酸氧化效率比较高的肝脏、骨骼肌、心脏、肾脏和棕色脂肪组织中[65]，PPARα 主要配体为长链不饱和脂肪酸、支链 / 聚合和氧化型脂肪酸、烷类化合物、白三烯 B4、贝特类降脂药等。PPARα 激活后与 PPAR 反应元件（PPRE）结合，通过刺激脂肪酸转运蛋白和乙酰辅酶 A 合成酶的表达，激活肌肉型肉毒碱酯酰转移酶 –1（CPT–1）、从而增强 β - 氧化，降低脂肪酸的合成，提高肝脏对游离脂肪酸的摄取和氧化。因此，PPARα 是脂类代谢的调节因子，在促进组织的脂肪酸氧化、调节脂代谢的平衡是担当重要角色。

生物学和医学研究表明[66]，PPARs 在调节脂肪酸氧化酶活性、促进脂代谢、改善血脂及抗氧化、抗炎、抗凋亡等方面作用广泛，其与运动能力之间关系密切。Luquet（2003）建立了 PPAR 骨骼肌转基因小鼠模型，发现骨骼肌中 PPAR 过量表达可导致肌纤维类型向更多的氧化型肌纤维的转化，肌肉的氧化代谢能力得到提高。PPAR 的升高可加强脂肪组织的动员，这对于调整有氧供能系统的主要底物有重要意义，而适度降低糖的消耗加强脂肪的动员可以延缓运动性疲劳的产生，从而有效地增加耐力储备。而且，PPAR 表达在促使中胚层的骨髓间充质干细胞（mesenchymal stem cells，MSC）向成肌细胞方向分化，对于提高有氧耐力水平方面也有重要意义，肌肉对运动的适应性反应中 PPAR 起到了重要的调控作用[67]。PPARα 作为一个重要的脂质调节因子，在运动改善血脂中发挥着积极的作用[68, 69]。运动可有效改善血清脂质水平和促进脂肪酸的利用，可使机体 PPARα、CPT–l 表达量在转录和翻译水平上均有所提高，增强了机体的氧化能力，降低了脂质紊乱发生的可能，有效改善了血脂状况。

训练引起骨骼肌中 PPARα 升高的机制可能有两方面原因，一是作为 PPARα 主要配体的长链不饱和脂肪酸氧化增加，直接刺激了 PPARα 的表达；二是机体在长期运动中所释放的糖皮质激素是刺激 PPARα mRAN 表达的潜在因素。此外，PPARα 可调节肌肉内脂肪酸氧化相关酶如 MCAD 和 VLCAD 的表达，以达到增加线粒体氧化酶含量、提高骨骼肌脂肪酸氧化能力的目的。Jeffrey（2000）等人的研究提示耐力训练提高了骨骼肌中 PPARα 的表达，从而使线粒体脂肪酸氧化酶的活性增加，并且强调了 PPARα 参与基因调控的路径是由运动激活的。

运动诱导了骨骼肌中 PPARα 的表达，而脂肪酸的增加为 PPARα 提供配体，也直接激活 PPARα 的表达，从而使线粒体脂肪酸氧化酶的活性增加。

二、增压对 PPARα 的影响

本研究中，高原低氧环境下进行疲劳运动训练和应用增压恢复的各组大鼠血清中的过氧化物酶体增殖物激活受体 α（PPARα）测定结果及其比较见表 3-5 和图 3-12。进行 6 天疲劳运动训练后，B 组 PPARα 较对照组 A 组有所增加，但无统计学差异；采取增压恢复措施的 C 组、D 组和 E 组的 PPARα 较 A 组和 B 组均有所增加，其中以 D 组增加幅度较大（与 A 组相比 P<0.05），模拟海拔 4 500m 低氧环境运动训练的 F 组和 G 组的 PPARα 值较 A 组都有所增加，其中以 G 组的增加幅度较小。

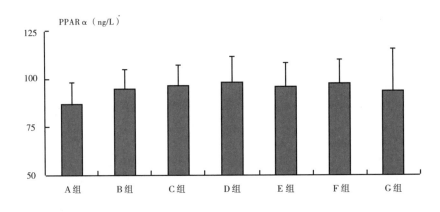

图 3-12　各组大鼠血清 PPARα 结果比较

在低氧环境中，PPARα 受 HIF-α 的调控，其表达水平随细胞缺氧信号的加强而增加。随着缺氧时间的延长，两者的表达水平逐渐升高，在缺氧 24h，两者 mRNA 和蛋白表达开始增高，48h 明显增高，至 72h 达到高峰。在高原低氧环境进行疲劳运动训练的各组大鼠血清 PPARα 的较安静组（A 组）都有不同程度的增加，这是机体对运动训练与低氧环境的复合刺激适应的表现。PPARα 增加不仅有利于机体提高脂肪的利用和氧化能力，而且 PPARα 通过抑制核转录因子（NF-KB）、激活蛋白 -1（AP-1）及 STAT 信号转导发挥抗炎作用[70]，研究证实应用PPARα选择性激动剂Wy14643，可以对大鼠的重要脏器缺血/再灌注损伤具有保护作用，明显增加细胞内SOD活性，减少脂质过氧化生成的MDA，增强细胞的抗氧化能力，起到抗炎和抗氧化作用。有研究发现，大鼠过度疲劳应激可在血管局部以肉碱代谢异常为突出表现，CPT-I和PPARmRNA和蛋白表达降低可能是其机制之一[71]，而力竭运动后PPAR含量及时恢复，对缺氧缺血损伤后心肌免受炎症介质的破坏存在着重要的意义[72]。本研究中，采取增压恢复的C组、D组、E组血清PPARα的增加幅度较B组都高，表明增压恢复措施可以有利于体内PPARα的数量增加，从而更好地发挥抗炎和抗氧化的作用，促进机体的机能改善和疲劳消除。

三、不同海拔低氧环境及增压对PPARα的影响

分别在海拔2 260m和海拔4 500m不同高原低氧环境下进行疲劳运动的B组和F组相比，F组血清PPARα较B组略有增加，提示海拔高度的增加和氧分压的下降对大鼠血清PPARα产生一定的促进作用，但不明显。而在海拔4 500m低氧环境下进行疲劳运动后运用增压恢复的G组血清PPARα较F组略有下降，其中原因有待深入实验和探讨。

四、不同增压方式对PPARα的影响

采取不同增压方式的C组、D组、E组大鼠血清PPARα与B组相比，其中以D组PPARα增加幅度最大，并且显著高于A组（P<0.05），提示0.2MPa2h增压恢复手段对大鼠血清PPARα浓度增加的作用最明显。

综上所述，在高原海拔低氧环境进行疲劳运动训练并实施增压方式恢复，对大鼠低氧适应因子的影响呈现以下规律：

1.在海拔2 260m和4 500m高原低氧环境中进行大强度运动后，大鼠骨骼肌中HIF-1α蛋白表达下降、肺组织VEGF出现降低、iNOS增加、心肌组织中的CaMKⅡ减低、血清中EPO减少而PHD增加，从而降低了大鼠对机体缺氧的适应和耐受能力，形成大鼠产生运动性疲劳的表象和原因，而大鼠心肌中BNP和血清的PPARα没有明显变化，提示其不受低氧复合运动的影响。

2.在高原低氧环境中进行疲劳运动后应用增压方式恢复后，除血清EPO没

有变化外，大鼠骨骼肌 HIF-1α 蛋白表达增强、肺组织 VEGF 提高、iNOS 降低、心肌 CaMK Ⅱ 和 BNP 增加、血清中 PHD 减少和 PPARα 增加，引起机体 HIF-1α 表达增多降解减少，使其诱导的低氧适应能力增加，组织中血管增生并增强对糖和脂肪的利用和供能水平、提升心脏功能、减弱细胞的毒性作用，通过多方面作用改善体内环境，提高机体抗缺氧和抗疲劳能力，表明增压方式对高原低氧环境下运动训练后的疲劳恢复有积极的促进作用。

3. 应用不同的增压氧方式对低氧适应因子的良性变化达到不同的作用效果，0.2MPa1h 的加压方式对增加骨骼肌 HIF-1α 和心肌中 CaMK Ⅱ、BNP 的效果明显，0.3MPa1h 加压方式可明显降低肺组织中的 iNOS 表达、而 0.2MPa2h 的增压方式可使肺组织 VEGF 表达增加、血清中 PHD 下降和 PPARα 增加明显。

4. 在海拔 2 260m 和 4 500m 不同的高原低氧环境中进行疲劳运动及应用增压恢复措施后，HIF-1α、VEGF、EPO、iNOS、BNP 变化呈现出不一致的变化，因此对于不同海拔高度、不同运动负荷对不同组织低氧适应因子影响规律和机制、以及启动低氧适应因子大幅变化的海拔高度和运动强度阈值等问题还需进一步研究探讨。

参考文献

[1] 梁楚婷，郭炜骅，谭理，等. 低氧诱导因子 -1：细胞适应氧供应改变的关键蛋白 [J]. 生理化学与生物物理进展，2019，46（11）:1041-1049.

[2] 韩树鑫，苟潇，杨舒黎. 动物低氧适应的生理与分子机制 [J]. 中国畜牧兽医，2010，37（9）:29-34.

[3] 郝伟明，李菁.2019 年诺贝尔生理学医学奖：机体细胞感受氧变化及适应反应的机制 [J]. 生理学报，2019，71（6）:946-949.

[4] 熊正英，张怡，李峰. 低氧训练与低氧诱导因子 -1 研究进展 [J]. 四川体育科学，2006，（2）:37-41.

[5] 李静，杨明飞. 高原低氧适应与基因研究进展 [J]. 湖南中医药大学学报，2018，38（3）:284.

[6] 顾霞，赵敏，王平义，等. 低氧诱导因子 1α 与低氧相关疾病信号通路的关系 [J]. 中国组织工程研究，2021，25（8）:1284-1289.

[7] 沈安然，王彬，刘必成．氧感受与适应机能的研究进展 [J]．生理学报，2020，72（5）:660-666.

[8] 余小燕，马福海．低氧诱导因子 -1 在高原低氧训练中的研究现状与进展 [J]．辽宁体育科技，2010，32（2）:19-21.

[9] 潘秀清．低氧诱导因子 -1 在低氧训练中表达的研究综述 [J]．当代体育科技，2015，5（18）:44-45.

[10] 徐飞，胡扬．高原或低氧训练提高平原运动能力非血液学机制的思考 [J]．西安体育学院学报，2011，28（6）:704-709.

[11] Hoppeler H, Voget M.Hypoxia training for sea-level performance. Training High-living low.[J].Adv Exp Med Biol, 2001, 502:61-73.

[12] 赵鹏，路瑛丽，冯连世，等．低氧训练对大鼠骨骼肌 HIF-1α 基因表达的影响 [J]．山东大学学报（理学版），2009，44（5）:1-9.

[13] M.Vogt, A.Puntschart, J.Geiser, etal.Molecular adaptations in human skeletal muscle toendurance training under simulated hypoxic conditions[J].J Appl Physiol, 2001, 91:173-182.

[14] 张树新，彭争荣，闫斐．高压氧对脑出血大鼠脑内血管新生因子的影响研究 [J]．中国航海医学与高气压医学杂志，2014，21（5）:306-311.

[15] 杜晶．高压氧诱导机体低氧耐受机制的初步研究 [D]．青岛大学，2005，30-31.

[16] 刘建红，周志宏，欧明毫，等．低氧诱导因子 -1 与低氧训练 [J]．中国运动医学杂志，2003，22（6）:600-602.

[17] 潘明，李仪．运动对血管内皮生长因子的影响及其机制 [J]．中国组织工程与临床康复，2007，11（10）:1930-1933.

[18] 毛杉杉，潘同斌，王瑞元．急性低氧力竭运动对骨骼肌 VEGF、HIF-1a 基因表达与毛细血管新生反应的影响 [J]．沈阳体育学院学报,2006(3):277.

[19] 刘秀娟．力竭运动对大鼠骨骼肌 VEGF、bFGF、TGF-β1 的影响 [J]．体育科技，2015，36（6）:58-61.

[20] 谷婧，李世昌．模拟高住低训对小鼠肺组织血管内皮细胞生长因子（VEGF）、碱性成纤维细胞生长因子(BFGF)的影响 [J]．吉林体育学院学报，

2011, 27（3）:80-81.

[21] 王维群, 姜文凯. 低氧运动与骨骼肌血管内皮细胞生长因子[J]. 武汉体育学院学报, 2007, 41（2）:52-57.

[22] 陆彩凤, 王维群, 李道鸿, 等. 一次力竭性离心运动对大鼠骨骼肌 VEGF 表达、血管增生和形态学结构的影响[J]. 中国运动医学杂志, 2008, 27（1）:36-39.

[23] 刘秀娟, 王斌. 雌激素与力竭运动对大鼠脑部 VEGF、TGF-β1、eNOS 表达的影响[J]. 南京体育学院学报, 2015, 14（4）:1-6.

[24] 毕业, 陈文鹤. 运动对骨骼肌血管形成相关因子基因表达影响的研究[J]. 体育科学, 2008, 28（3）:58-62.

[25] 王雪冰, 路瑛丽, 冯连世, 等. 低氧运动对大鼠肾皮质 HIF-1、VEGF 基因表达的影响[J]. 体育科学, 2009, 29（2）:59-64.

[26] 宋凯, 丁宁炜. 低氧运动对大鼠血清 VEGF 含量及心肌 VEGF 基因和蛋白表达的影响[J]. 南京体育学院学报（自然科学版）,2012,11（6）:23-27.

[27] 甄子朋, 张思源, 张杰, 等. VEGF 对缺氧大脑皮层神经元的保护效应[J]. 成都体育学院学报, 2009, 35（3）:81-85.

[28] 孟志军, 高炳宏. 高原和低氧训练对促红细胞生成素影响的研究进展[J]. 体育科研, 2010, 31（4）:75-79.

[29] 赵咏梅, 熊正英, 杨建雄. 促红细胞生成素与耐力运动的关系[J], 西安联合大学学报, 2003, 6（4）:32-34.

[30] 李卫平, 田中, 郑蔓丽, 等. 模拟高住低练对优秀游泳运动员红细胞生成作用和身体成分的影响[J]. 体育科学, 2005, 25（2）:52-54.

[31] 冯连世, 赵中应, 洪平, 等. 模拟高原训练对大鼠促红细胞生成素（EPO）表达的影响[J]. 中国运动医学杂志, 2001, 20（4）:358-360.

[32] 黄丽英, 温锡全, 徐国琴, 等. 低氧运动对大鼠促红细胞生成素的影响[J]. 广州体育学院学报, 2006, 26（1）:44-47.

[33] 黄丽英, 林文镀, 翁锡全, 等. 低氧运动对大鼠促红细胞生成素的影响[J]. 广州体育学院学报, 2006, 26（1）:44-47.

[34] Ricciardolo FL, Nijkamp FP, Folkerts G.Nitric oxide synthase（NOS）as

therapeutic target for asthma and chronicobs tructive pulmonary disease[J]. Curr Drug Targets, 2006, 7（6）:721-735.

[35] 刘大川 . 一氧化氮和活性氧在骨骼肌收缩过程中的调节作用 [J]. 体育与科学, 2003, 24（2）:49-52, 55.

[36] 余小燕, 李洁 . 一氧化氮与运动训练的研究现状与进展 [J]. 辽宁体育科技, 2008, 30（1）:19-21.

[37]Keynes RG, Garthwaite J.Nitric oxide and its role in ischacmic brain injury[J].Curr Mol Med, 2004, 4（2）:179-191.

[38] 任文君, 张斌南, 宇文展等 . 不同运动方式对大鼠骨骼肌 NO 含量及 NOS 活性的影响 [J]. 体育科学, 2009, 29（1）:66-71.

[39] 田振军, 吴满男 . 运动训练对大鼠主动脉一氧化氮合酶及细胞调亡的影响 [J]. 天津体育学院学报, 2007, 22（1）:6-8.

[40] 毛雁, 韩晓燕, 熊正英, 等 . 黄精提取物对耐力训练大鼠骨骼肌组织 NO-NOS 体系影响的实验研究 [J], 北京体育大学学报, 2008, 31（9）:1225.

[41] 高泽慧, 高伟, 皇甫辉 . 诱导型一氧化氮合酶、一氧化氮与肿瘤的关系 [J]. 肿瘤研究与临床, 2019, 31（10）:714-717.

[42] 吴文明, 张方信, 张盼, 等 . 高原缺氧条件下对大鼠肠黏膜诱导因子 -1α 、诱导型一氧化氮合酶表达的影响 [J]. 解放军医学杂志, 2010, 35（5）:592-598.

[43] 谢印芝, 杨曦明, 马子明, 等 . 低氧大鼠脑、肺组织 NO、NOS 变化及其机理研究 [J]. 高原医学杂志, 2000, 10（1）:4-6.

[44] 潘同斌, 施永凡, 王瑞元 . 慢性低氧及运动训练对大鼠肺血清一氧化氮（NO）及一氧化氮合酶（NOS）活力的影响 [J]. 西安体育学院学报, 2005, 22（1）:83-85.

[45] 常荣, 格日力 .CaMK Ⅱ在细胞钙稳态维持及心肌保护中作用的研究进展 [J]. 生理科学进展, 2011, 42（1）:55-58.

[46] 吴经纬, 王一蓉, 陈伟, 等 . 不同训练方式对大鼠骨骼肌纤维类型转化和 CaMK Ⅱ /MEF2 传导途径的影响 [J]. 中国应用生理学杂志, 2021, 37（7）:75-79.

[47] 武丹，于浩棋，祝德秋．钙离子／钙调蛋白依赖性蛋白激酶Ⅱ在心血管疾病中的作用进展 [J]. 中南药学，2020，18（6）:1021-1026.

[48] Kemi OJ, Ellingsen O, Ceci M, etal.Aerobic interval training enhances eardiomyoeyte contractility and Ca^{2+}cycling by phosphorylation of CaMKII and Thr-17 o fphospholamban[J].Mol Cell Cardiol，2007，43:354-361.

[49] Ojuka EO, Jones TE, Nolte LA, etal.Regulation of GLUT4 biogenesis in muscle:evidence for involvement of AMPK and Ca^{2+}[J].Am J Physiol Endocrinol Metab，2002，282（5）:E1008-E1013.

[50] 李海涛，卜海宁，江君等．低氧预适应保护缺血脑组织效应中 CaMK Ⅱ 的作用机制 [J]. 天津医药，2013，41（2）:142-144.

[51] Yu Z, Wang ZH, Yang HT.Calcium/calmodulin-dependent protein kinase Ⅱ mediates cardioprotection of intermittent hypoxia againsti schemic-reperfusion-induced cardidc dysfunction[J].Am J Physiol Heart Circ Physiol，2009，297（2）:735-742.

[52] 魏征，李天佑．慢性持续低氧对大鼠海马 CaMK Ⅱ 的影响 [J]. 西北农林科技大学学报（自然科学版），2013，41（6）:8-12.

[53] 王敏.B 型尿钠肽的临床应用 [J]. 世界最新医学信息文摘，2017，17（75）:154+156.

[54] 王占胜，胡健，宋占春，等．脑钠肽近 4 年研究热点文献计量学分析 [J]. 医学综述，2012，18（9）:1421-1424.

[55] 李英莲，李维善．青海地区老年人心力衰竭患者血浆 BNP 水平变化与临床观察分析 [J]. 基础医学与临床，2010，30（2）:5.

[56] 夏文静，黄艺仪，何建桂等．急性心肌缺对乳鼠心肌细胞脑钠尿肽表达的影响及其作用机制 [J]. 中国病理生理杂志，2012，28（5）:852-857.

[57] 聂晶，吴纪饶，常芸．耐力训练过程中大鼠心组组织心钠素、脑钠素基因的表达 [J]. 中国运动医学杂志，2005，24（5）:541-545.

[58] 周芳，戴爱国，蒋永亮等．脯氨酰羟化酶在缺血缺氧性疾病治疗中研究进展 [J]. 国际呼吸杂志，2013，33（7）:551-555.

[59] 徐文琳，钱令嘉，张成岗，等．缺氧诱导因子 1 与缺氧信号转导机制 [J].

生理科学进展，2003，32:169-170.

[60] 李佩尧，张成岗.细胞内低氧感受器：缺氧诱导因子-1脯氨酰羟化酶研究进展[J].生理科学进展，2007，38（1）:62-65.

[61]Chen YR，Dai AG，Hu RC，etal.Differential and reciprocal regulation between hypoxia-inducible factor-alphasubunits and their pody lhydorxylases in pulmonary arteries of rat with hypoxia-induced hy pertension[J].Acta Biochim Biophys Sin，2006，38（6）:423-434.

[62] 张晓丽，司徒碧颖，肖婧，等.脯氨酸羟化酶抑制剂对人肾小管上皮细胞缺氧/复氧损伤的影响[J].复旦学报（医学版),2010,37（5）:551-555.

[63]Hewitson KS，Schofield CJ.The HIF pathway as a therapeutic target[J].Drug Discov Today，2004，9（16）:704-711.

[64]Eekh T，KOMer D，LehmannR，etal.Hypoxia-inducible factor-1 is central to cardioprotection：a new paradigm fo rischemic preconditioning[J].Circulation，2008，118（2）:166-175.

[65] 陈娜，吴英良.PPARδ的结构及其生物学功能与疾病[J].中国药理学通报，2006，22（9）:1035-1038.

[66]Feige JN，Gelman L，Michalik L，etal.From molecular action top hysiollgical outputs：peroxisome prolifera-toractivated receptors are nuclearreceptorsat the cross-roads of keycellular functiond[J].Prog Lipid Res，2006，45:120-159.

[67] 王志锋，熊正英，答邦俊.运动与过氧化物酶体增殖物激活受体研究进展[J].中国运动医学杂志，2009，28（1）:105-111.

[68] 田倩倩，杨钦，王茹.HIFs、PPARs及AMPK在低氧训练减控体重中的调节机制[J].生理学报，2018，70（5）:511-520.

[69] 张玥，姜宁，苏丽，等.PPARα与运动改善脂质代谢的关系[J].中国康复医学杂志，2008，23（6）:495-498.

[70] 李庆雯，黄力平，王慧，等.有氧运动对高脂饲料喂养大鼠血脂及骨骼肌PPARα、ABCA1及ApoAⅠmRNA表达的影响[J].中国运动医学杂志，2009，28（2）:172-174.

[71]Kleemann R, Verschuren L, deRooij BJ, etal. Evidence for antiinflammatory activity o f statins and PPARalpha activators in human C-reactive prote in transgenie micein vivo and in cultured human hepatocytes in vitro[J].Blood, 2004, 103（11）:4188-4194.

[72] 魏聪, 韩建科, 王宏涛, 等.疲劳与束缚应激对大鼠主动脉肉碱棕榈酰转移酶-I及5-羟色氨受体的影响[J].中华医学杂志, 2011, 91（13）:915-919,

第四章 增压对骨骼肌能量代谢和运动能力的影响

肌肉的能量代谢是运动能力的基础与核心，而能量储备和代谢水平的下降是运动性疲劳产生的原因之一，因此，本研究对大鼠在高原低氧环境中大负荷运动训练对骨骼中的能量储备和代谢水平相关指标进行监测，以观测运动性疲劳时的变化规律和增压恢复方式对肌肉能量代谢的影响。

第一节 肌红蛋白

肌红蛋白（myoglobin，Mb）作为携氧珠蛋白中的一种，它的主要功能是把氧从肌细胞附近毛细血管的血液通过细胞膜运到肌细胞线粒体中，以氧合肌红蛋白（oxymyoglobin，MbO_2）形式暂时贮氧，并可携带氧在肌肉中运动，在肌肉急剧运动、机体高能量需求时把氧释放出来，从而维持细胞的呼吸作用，以保障肌肉强烈代谢对氧的需求[1]。Mb在机体氧利用中发挥重要作用，肌细胞内Mb含量的差异从一个侧面反映肌肉组织的氧供应情况。

一、增压对Mb的影响

各组大鼠骨骼肌中Mb和GAPDH内参蛋白表达条见图4-1所示，Mb蛋白表达水平见表4-1和图4-2。在高原低氧环境中，运动训练和增压恢复后各组大鼠骨骼肌中肌红蛋白都有一定程度的表达，其中B组和D组相对最低（P<0.01），A组、C组和E组保持相近水平，而F组和G组高于其他组别（P<0.01）并且数值接近。

A组　B组　C组　D组　E组　F组　G组

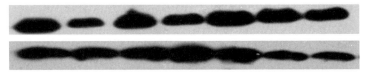

Mb（17KD）

GAPDH 内参

图 4-1　各组大鼠骨骼肌 Mb 和内参蛋白表达条带图

表 4-1　各组大鼠骨骼肌 Mb 蛋白表达水平统计（M±SD）

组别	表达水平
A组	$1.18 \pm 0.03^{\diamond\triangle\, \rlap{\#\&}}$
B组	$0.73 \pm 0.03^{*\,\triangle\square\, \#\&}$
C组	$1.04 \pm 0.01^{*\,\diamond\square\, \#\&}$
D组	$0.67 \pm 0.004^{*\,\triangle\square\, \#\&}$
E组	$1.19 \pm 0.004^{\diamond\triangle\, \#\&}$
F组	$1.77 \pm 0.01^{*\,\diamond\triangle\square}$
G组	$1.6 \pm 0.05^{*\,\diamond\triangle\square}$
F	796.35
P	0.000

注：＊表示与A组比较差异显著（P<0.05）；◇表示与B组比较差异显著（P<0.05）；△表示与C组比较差异显著（P<0.05）；☆表示与D组比较差异显著（P<0.05）；□表示与E组比差异显著（P<0.05）；#表示与F组比较差异显著（P<0.05）；&表示与G组比较差异显著（P<0.05）。

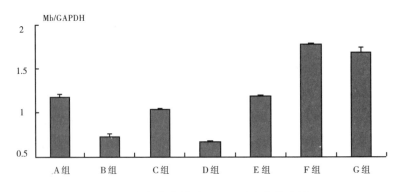

图 4-2　各组大鼠骨骼肌 Mb 蛋白表达水平

机体内氧的结合、转运等过程主要是通过一系列携氧珠蛋白来实现的，其功能是协助将氧分子转运到线粒体中，参与细胞的氧化磷酸化和 ATP 的生成。脊椎动物中有 4 种携氧珠蛋白：血红蛋白（hemoglobin，Hb）、肌红蛋白（myoglobin，Mb）、脑红蛋白（neuroglobin，NGB）和胞红蛋白（cytoglobin，CGB）[2]。它们在机体实现氧转运、氧储存、氧利用及氧清除的过程中发挥重要作用。肌红蛋白作为携氧珠蛋白中的一种，主要在骨骼肌细胞和心肌细胞中表达，尤其是在 I 型肌纤维细胞中高表达，其主要功能是通过可逆性地与氧结合和释放，促进氧从细胞质弥散到线粒体，为肌肉组织储存和转运氧，在机体的氧利用中发挥了重要作用。作为一种必需的氧贮存蛋白，肌红蛋白在心肌和骨骼肌细胞中促进氧的转运和调节一氧化氮（Nitricoxide，NO）内环境稳定等方面发挥着重要的作用[3-4]。在生理条件下，肌红蛋白以很高的氧合状态存在，肌红蛋白的含量随运动量的增加而增高，并与细胞色素氧化酶的含量成正比，肌红蛋白介导的氧向线粒体的传递依赖于电子通过线粒体呼吸链的流动，这一过程加速氧化磷酸化过程，有利于 ATP 的产生。

在缺氧或肌肉急剧运动时，肌肉中肌红蛋白的表达量是显著增高的，体育训练特别是耐力训练会引起骨骼肌中肌红蛋白浓度的增加。受运动强度、运动量和运动状况等因素的影响，进行体育运动时骨骼肌基本代谢发生变化，出现结构和功能上的适应，表现为骨骼肌细胞内的收缩成分、肌糖原、肌红蛋白增多，线粒体体积数量增加，以及毛细血管分布在骨骼肌上的密度加大等，使骨骼肌的有氧代谢能力加强，肌肉收缩效率提高，运动到力竭的时间延长，抗疲劳能力增强。

本研究中，同在海拔 2 260m 的高原环境下进行训练，而采取增压恢复的 C 组和 E 组大鼠的骨骼肌中 Mb 表达较 B 组显著增多（P<0.01），基本与不运动的 A 组一致，表明在疲劳训练后采取增压恢复可增加肌肉中的肌红蛋白，从而改善肌肉氧和能量的供给，提高耐疲劳能力，这与金其贯[5]证实高压氧（HBO）对血清酶和 Mb 的恢复有一定促进作用的研究结果相符。崔建华[6]等研究认为，高原运动后 Mb 升高，是在持续低氧环境下一种代偿性增加，有益于改善组织氧弥散率。

骨骼肌具有较强的运动损伤修复能力，但这种能力具有一定限制性，超过其适应范围，将导致骨骼肌运动损伤 / 修复失衡，进而损害其运动机能，形态特征表现为骨骼肌超微结构损伤严重、蛋白降解占优势，外观特征主要表现为运动力竭时间减少，骨骼肌湿重下降[7]。长期力竭性耐力训练引起骨骼肌蛋白降解增加而导致骨骼肌湿重下降，造成骨骼肌损伤[8-9]。这是由于运动引起的组织缺氧、能量物质耗竭、酸性代谢产物堆积以及儿茶酚胺类激素分泌增加，可使骨骼肌细胞坏死或通透性增加，使部分肌纤维受到损伤，出现变性坏死和分解[10]。本实验中低氧环境中运动训练后自然恢复 B 组大鼠的 Mb 显著的低于其他各组（P<0.01），同时体重的下降幅度也高于其他组别，这是由于低氧和大强度运动的复合刺激，使大鼠机体承受负荷和能量消耗增强，骨骼肌蛋白降解增加，Mb 出现下降，体现出明显的运动性疲劳状况。

二、不同海拔低氧环境及增压对 Mb 的影响

Mb 是肌肉中的储氧载体，在相同氧分压下其结合氧的能力是血红蛋白（hemoglobin，Hb）的 6 倍，Mb 可结合并存储大量的氧以供线粒体利用，因此骨骼肌 Mb 含量直接影响肌肉细胞摄取氧的能力，从而影响机体在缺氧条件下的适应能力。在缺氧或肌肉急剧运动时，肌肉中 Mb 的表达量是显著增高的，Mb 含量增加成为组织对低氧适应的表现[11]。在对高原土生动物低氧适应的研究中发现，肌红蛋白在动物低氧适应中也发挥着重要的作用。研究表明藏羚羊较高的 Mb 含量是其适应高原缺氧环境的分子基础之一[12]，高原鼠兔和高原鼢鼠心肌和骨骼肌中的 Mb 含量明显高于 SD 大鼠[13]，从而以储存大量氧气来满足其氧耗，进一步增强其对低氧环境的适应能力。高原动物和人骨骼肌中 Mb 的含量比平原水平高[14]，而平原居民与平原动物（如大鼠、囊鼠和豚鼠等）经过高海拔（3 100m~5 000m）适应后，骨骼肌中的 Mb 则会显著增加。陈铭[15]证实在模拟海拔 3 500m 低压氧舱 4 周后，大鼠心肌 Mb 含量极显著高于对正常氧分压组（P<0.01）。因此，在低氧分压状态下，机体组织既可以通过肌红蛋白储存氧，同时也促进了氧向细胞内弥散，从而向线粒体供氧，有益于改善组织氧的弥散率，这是低氧生理性适应机制的一个重要环节，Mb 增加也是运动对低氧适应的机制之一[16]。

在模拟海拔 4 500m 低氧环境进行运动的 F 组和 G 组大鼠的 Mb 表达要高于其他组（P<0.01），Mb 在组织低氧时可更有效地贮存氧，在细胞活动时又释放氧供细胞使用，可见海拔 4 500m 的低氧与运动可以刺激促使大鼠 Mb 表达量的增加，从而提高肌肉的携氧和供能能力，一定程度改善机体缺氧状况，提高机体抗疲劳和抗缺氧能力。柴旦等[17]研究发现对体外培养的乳鼠心肌细胞在低氧环境（氧

含量 11%）培养 12、24、48 小时后，心肌 Mb 含量均显著增加，将经过低氧培养的上述心肌细胞分别复氧 12、24 和 48 小时后仍高于常氧对照组。这与本研究中采取增压恢复 G 组的大鼠 Mb 表达稍低于 F 组但高于 A 组的变化一致，提示在海拔 4 500m 的高原环境中，大鼠体内以低氧刺激对肌肉 Mb 影响为主导，但由于增压方式可适当改变大鼠体内的氧环境，因而对肌肉组织 Mb 含量有所影响，出现小幅度的下降。

三、不同增压方式对 Mb 的影响

同为采取增压方法恢复的 C 组、D 组、E 组大鼠相互比较，骨骼肌 Mb 表达量 D 组低于 C 组，而且基本与训练后自然恢复的 B 组持平，而 E 组高于 C 组并且与 A 组接近，分析原因与 D 组增压恢复时间为 2h 有关，长时间的加压方式有可能引骨骼肌 Mb 蛋白表达的增加减少或破坏加剧。提示，在不同增压恢复的方式中，增压时间为 1h 的增压方式对大鼠骨骼肌中 Mb 的恢复比较有利。

第二节　葡萄糖转运体

一、葡萄糖转运体概述

肌肉运动对能量的需求主要是对葡萄糖摄取和利用的增加，而葡萄糖进入骨骼肌细胞须由细胞膜上的葡萄糖转运体介导，也是糖代谢的主要限速步骤[18]。葡萄糖转运体（glucose transporters，GLUT）是用于促进葡萄糖顺浓度梯度对细胞膜渗透的蛋白质分子，它是体内葡萄糖吸收、转运的重要调节蛋白质，可在一些特定的组织如肌肉和脂肪组织中表达。目前已知的葡萄糖转运体有 14 个，其中葡萄糖转运体 1（glucose transporters1，GLUT1）和葡萄糖转运体 4（glucose transporters 4，GLUT4）最具代表性[19,20,21]。

GLUT1 广泛分布于全身各种组织，它承担着全身葡萄糖的基础转运且不受胰岛素的调节，是 GLUT 家族中最基本的成员并在基础代谢过程中在许多细胞中广泛表达。GLUT4 分布在胰岛素敏感的组织（骨骼肌、心肌、脂肪）细胞内，是骨骼肌细胞中最重要的葡萄糖转运体，受胰岛素调节，主要对胰岛素和肌肉收

缩等刺激因素引起的葡萄糖转运起作用，以满足肌肉运动时向骨骼肌细胞快速提供能量。当受到胰岛素等信号刺激后，胰岛素与其受体结合，再促使胞浆内的含有葡萄糖转运体的囊泡向细胞膜移动并与膜融合，细胞膜上的葡萄糖转运体含量增加，转运葡萄糖的能力就增加。除胰岛素因素外，其他许多刺激如运动、低氧、各种化学物质等也能促进 GLUT4 向细胞膜的转移 [22]。

二、增压对 GLUT 的影响

本研究中，各组大鼠骨骼肌 GLUT1、GLUT4 蛋白表达和 GAPDH 内参蛋白表达条见图 4-3 所示，GLUT1 和 GLUT4 蛋白表达水平见表 4-2 和图 4-4。与 A 组（安静对照组）相比各组的 GLUT1 均显著增加（P<0.05），其中以 F 组和 G 组增加幅度最高；GLUT4 蛋白表达除 G 组显著高于 A 组外（P<0.05），其他组显著低于 A 组（P<0.05）。C 组和 B 组的 GLUT1 和 GLUT4 蛋白表达比较接近，而 D、E 组 GLUT1 蛋白表达显著低于 B 组（P<0.05）、GLUT4 蛋白表达显著高于 B 组（P<0.05）；G 组与 F 组相比，GLUT1 蛋白表达没有不同，而 GLUT4 蛋白表达 G 组高于 F 组（P<0.05）。

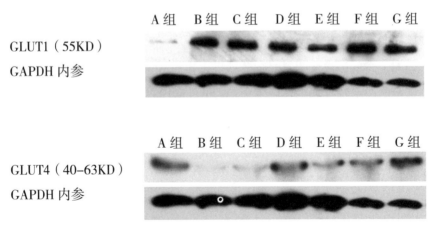

图 4-3　各组大鼠骨骼肌 GLUT1、GLUT4 和内参蛋白表达条带图

表 4-2　各组大鼠骨骼肌中 GLUT1 和 GLUT4 蛋白表达水平统计（M±SD）

组别	GLUT1	GLUT4
A 组	0.059 ± 0.003 ◇△☆□ #&	0.686 ± 0.020 ◇△☆□ #&
B 组	0.838 ± 0.076* ☆□ #&	0.126 ± 0.016* ☆□ #&
C 组	0.815 ± 0.039* ☆□ #&	0.107 ± 0.005* ☆□ #&
D 组	0.615 ± 0.028* ◇△□ #&	0.420 ± 0.037* ◇△□ #&
E 组	0.492 ± 0.006* ◇△☆ #&	0.326 ± 0.015* ◇△☆ #&
F 组	1.363 ± 0.095* ◇△☆□	0.538 ± 0.020* ◇△☆□ &
G 组	1.322 ± 0.015* ◇△☆□	1.258 ± 0.050* ◇△☆□ #
F	255.246	640.825
P	0.000	0.000

注：*表示与 A 组比较差异显著（P<0.05）；◇表示与 B 组比较差异显著（P<0.05）；△表示与 C 组比较差异显著（P<0.05）；☆表示与 D 组比较差异显著（P<0.05）；□表示与 E 组比较差异显著（P<0.05）；# 表示与 F 组比较差异显著（P<0.05）；&表示与 G 组比较差异显著（P<0.05）。

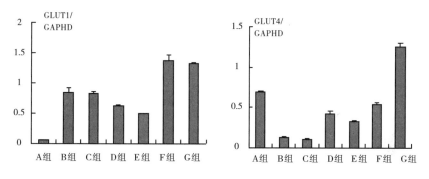

图 4-4　各组大鼠骨骼肌 GLUT1 和 GLUT4 蛋白表达水平

葡萄糖经载体跨膜转运入细胞内是多数细胞糖代谢的限速步骤，GLUT1 和 GLUT4 在骨骼肌细胞中的含量、分布及对葡萄糖跨膜转运功能的改变，对肌细胞葡萄糖代谢有重要意义，不仅会对能量供给和运动能力产生作用，而且也会受运动适应的影响[23]。研究表明，不同方式的耐力运动后骨骼肌细胞 GLUT4 含量可增加 30% 至 2 倍不等，GLUT4mRNA 增加约 2 倍。耐力运动可增加骨骼肌细胞内 GLUT4 基因表达和转录水平，促进骨骼肌细胞内 GLUT4 从内膜向细胞外膜转位，从而提高骨骼肌细胞对葡萄糖的摄取和利用，而长期中等强度运动可增加骨骨骼肌 GLUT-1、GLUT-4mRNA 的表达，其机制可能与上调骨骼肌 HIF-1α mRNA 表达有关[24]。

低氧环境以及缺氧环境中的多种运动方式等都会引起骨骼肌中 GLUT 的变化。龚豪杰等[25] 通过对 GLUT4 表达及肌糖原含量的影响研究，发现低氧及低氧训练均能引起骨骼肌 GLUT4 表达的增多，且低氧和训练引起的 GLUT4 表达的增多可能有叠加效应。赵鹏等[26] 对 120 只 6 周龄雄性 SD 大鼠进行低氧训练研究发现，高住高练组骨骼肌 GLUT1（1.71 倍）和 GLUT4（1.54 倍）mRNA 水平表达与低住低练组（GLUT1：0.54 倍；GLUT4：0.61 倍）都明显增强（P<0.01），高住低练组 GLUT（1.33 倍）mRNA 表达与低住低练组显著增强（P<0.05），而高住低练组 GLUT4（0.92 倍）和低住高练组（GLUT1:0.92；GLUT4:0.52 倍）变化不明显，高住高练后复氧训练 GLUT1（0.54 倍）和 GLUT4（0.65 倍）mRNA 表达水平非常显著性降低（P<0.01），高住低练后复氧训练 GLUT1（0.66 倍）mRNA 表达水平非常显著性降低（P<0.05），表明高住高练比高住低练和低住高练更有利于提高葡萄糖转运能力。黄缄等[27] 在对缺氧习服大鼠骨骼肌葡萄糖转运体特点的研究中发现，缺氧组大鼠骨骼肌葡萄糖含量增加、葡萄糖摄取率增强，骨骼肌细胞膜、细胞内质膜上葡萄糖转运体密度均非常显著地高于对照组。GLUT1、GLUT4 在细胞膜、细胞内质膜上的表达量较对照组显著增加。谢康玲等证实[28] 运动时间为 1h/ 次、频率为 5d/ 周持续 12 周的长期中等强度运动可导致小鼠体重增长、肌纤维增粗、线粒体数目增多，VEGF-AmRNA 表达增强，增加骨骼肌 GLUT1、GLUT4mRNA 的表达，其机制可能与上调骨骼肌 HIF-1α mRNA 表达有关。HIF-1α 是组织细胞缺氧条件下的一个主要的调节因子，在组织、细胞处于缺血、缺氧状态时，HIF-1α 通过诱导 GLUT1、VEGF-A 等靶基因表达，继而增加葡萄糖的转运和糖酵解，有助于组织细胞对缺血、缺氧的耐受性[29]。HIF-1α mRNA 可以通过与 GLUT-1 的基因中的低氧反应元件（HRE）上的结合位点结合，诱导 GLUT1 的转录、表达。此外，骨骼肌细胞供能方式从有氧转换到无氧时，为了维持代谢平衡，葡萄糖的转运也相应地增加，HIF-1α 可以诱导 GLUT 表达增多[30]。

本研究中，在高原低氧环境中疲劳性运动训练后进行增压恢复的 C 组、D 组、E 组 GLUT1 蛋白表达较 B 组有所下降，而 GLUT4 蛋白表达较 B 组则有所升高，其中以 D、E 组明显（P<0.05），G 组 GLUT4 蛋白表达较 F 组也显著增加（P<0.05）

（表4-2）。细胞膜与细胞内质膜上转运体密度均增加是缺氧习服后大鼠骨骼肌葡萄糖转运体的变化特点，这是缺氧习服后骨骼肌葡萄糖摄取能力增强的重要原因之一。研究证实海拔5 000m低压舱内30d缺氧后大鼠骨骼肌葡萄糖含量增加、葡萄糖摄取率增强，骨骼肌细胞膜、细胞内质膜上葡萄糖转运体密度均非常显著地高于对照组，GLUT1、GLUT4在细胞膜、细胞内质膜上的表达量较对照组显著增加，缺氧组葡萄糖转运体4mRNA显著高于对照组。研究认为由于GLUT1主要负责基础状态下的葡萄糖摄取，缺氧组细胞内池中GLUT1增加可能是由于缺氧刺激后基因表达加强所至，提示缺氧习服后GLUT1表达量增加可能与转录后调节有关，细胞内池中GLUT1表达量增多的意义在于增加葡萄糖摄取能力的贮备。GLUT4在静息状态下，主要贮存于细胞内微粒体等小囊泡的膜上，当机体处于应激状态时，细胞内池中的GLUT4将转位于细胞膜表达，介导葡萄糖摄取，从而使缺氧习服后机体在葡萄糖转运体介导的葡萄糖摄取能力方面有更多的贮备和供能。低氧环境运动使GLUT4在细胞内质膜上的表达量显著提高是组织缺氧习服的又一重要特点，当机体处于更严重程度缺氧时，机体可以动员这一部分贮备，GLUT4表达增加有利于增强骨骼肌的葡萄糖转运能力。有研究表明[31]为了延缓疲劳的产生，肌肉刺激GLUT4从细胞内膜向细胞外膜转位。龚云等[32]研究证实2周低氧及低氧训练均能引起野生小鼠骨骼肌GLUT4表达的增多，这是由于运动疲劳后大鼠能量基本耗竭、通过非胰岛素途径迫使机体以上调骨路肌纤维GLUT4mRNA和蛋白表达来应激，以此延搁由能量衰竭所引起的级联反应，从而形成一种适应性保护反应来减缓运动性外周疲劳的发生。

本研究中，在高原低氧环境疲劳运动后采取增压恢复的C组、D组、E组和G组出现GLUT1下降、GLUT2增加的变化趋势，并以D组、E组和G组明显。原因可能是增压使体内氧溶解和氧弥散能力提高，一定程度上增加了氧的供给，使体内低氧环境得到缓冲，从而使与氧浓度的较敏感的GLUT1有所下降，而且随加压时间和负荷的增长而明显，而GLUT4有所增加，可增加骨骼肌氧及能量物质的供应，可以促进机体在高原低氧环境下大强度训练后的疲劳恢复，这种提高在G组（海拔4 500m加压恢复组）表现更明显。

三、不同海拔低氧环境及增压对 GLUT 的影响

与安静对照组（A 组）相比，在海拔 2 260m 高强度运动后自然恢复的 B 组和模拟海拔 4 500m 环境疲劳运动后自然恢复组 F 组出现 GLUT1 增加、GLUT4 下降的明显变化（P<0.05）。在低氧对葡萄糖转运体的研究中，学者发现[33] 缺氧条件下（1%O_2）培养的正常大鼠肝细胞中 GLUT1 蛋白表达增加，并随缺氧时间的延长而愈加明显，8h 达到高峰，16h 仍保持较高水平。与正常氧环境（21%O_2）的脂肪细胞相比，暴露到低氧（1%O_2）24h 的脂肪细胞，引起了葡萄糖转运体 1、3、5mRNA 表达水平的升高，并且 GLUT1 的蛋白表达也增加，但葡萄糖转运体 4、10、12 的表达未发生变化[34]。Basra 等（1992）在 3%O_2 浓度下培养 L6 肠细胞 48h 时发现葡萄糖摄取增加，但 GLUT4 蛋白表达没有发生变化。刘晓莉[35] 对低氧组与正常对照组比较，肝脏 GLUT1 蛋白表达水平显著增加（P<0.001），而骨骼肌 GLUT4 蛋白表达水平无统计学差异（P>0.05），并得出急性低氧时大鼠 GLUT1 表达水平影响显著，是机体对糖代谢改变的一种适应性机制；骨骼肌 GLUT4 蛋白表达水平无统计学差异，可能与糖代谢改变无关。可见，在暴露低氧时间较短时（16h，24h，48h）GLUT1 表达明显增加，而暴露低氧时间较长（2 周以上）时 GLUT4 的表达才明显升高，显示出 GLUT1 对低氧暴露的反应较为敏感，而 GLUT4 则较为迟缓。本研究中低氧环境适应和运动时间共为 2 周，而且训练负荷的较大刺激，B 组较 A 组出现了 GLUT1 蛋白表达增高而 GLUT4 蛋白表达降低的现象。虽然随着海拔高度的增加，F 组的 GLUT1 和 GLUT4 的都较 B 组有增加，但变化趋势相同。表明在高原低氧环境中进行大强度运动会引起大鼠骨骼肌 GLUT1 表达增加和 GLUT4 表达下降，而 GLUT4 表达的缺少可能造成细胞膜上转运葡萄糖能力的不足，使运动能力下降，产生疲劳。刘无逸报道[36] 对 27 只 9 周龄 SD 雌性大鼠进行 9 周过度训练的研究发现，大强度运动组比安静对照组肌膜 GLUT4 升高，过度训练组肌膜 GLUT4 明显低于 B 组。因此，可以认为本研究大鼠骨骼肌 GLUT4 表达水平较低是低氧环境中产生的疲劳的表现和原因之一。而哺乳动物细胞在处于低氧分压、葡萄糖浓度低等代谢压力的情况下，通过 GLUT1 摄入的葡萄糖将会急剧增加。这种适应性的反应使得细胞得以获得更多的能量，以供代谢之需[37]。骨骼肌在运动时需要的葡萄糖大量增加，在通过

GLUT4 转运的葡萄糖不能完全满足代谢的需要时，GLUT1 的表达量增加，使细胞葡萄糖摄入增加，增加骨骼肌葡萄糖的供给。这也是本研究中 B 组大鼠骨骼肌 GLUT1 表达较高和 GLUT4 表达较低的另外一个原因。因而，不同海拔低氧训练对骨骼肌不同葡萄糖转运体表达影响及其作用还有待系统探讨。

同在海拔 4 500m 进行低氧环境运动训练的 F 组与 G 组比较，用增压恢复的 G 组的 GLUT4 表达较高，表明更有利于提高葡萄糖转运能力，提高抗疲劳能力。

四、不同增压方式对 GLUT 的影响

在海拔 2 260m 加压恢复 C 组、D 组、E 组中，以 D 组较 B 组骨骼肌 GLUT1 表达下降幅度较少而 GLUT4 增加幅度较多，提示 0.2MPa2h 的加压方式对提高骨骼肌葡萄糖转运体的作用较为有效。

第三节　葡萄糖代谢酶

一、增压对葡萄糖代谢酶的影响

众所周知，骨骼肌中葡萄糖的分解是机体运动时提供能量的主要方式之一，而葡萄糖的供能分为有氧氧化和无氧酵解两种形式，是在有关酶的条件下催化进行。乳酸脱氢酶（lactate dehydrogenase，LDH）是糖酵解供能系统的关键酶之一，可在辅酶 I（NAD）或还原型辅酶 1（NADH）的存在下，完成丙酮酸与乳酸的互相转化，骨骼肌中产生的丙酮酸在 LDH 催化下还原成乳酸，才能使糖酵解产生 ATP 的途径得以顺利进行。而乳酸经血液运送至肝脏后又必须在 LDH 的作用下氧化成丙酮酸方可进入线粒体进行三羧酸循环。LDH 几乎存在于所有组织中，主要催化丙酮酸生成乳酸，从而完成葡萄糖的无氧酵解过程，释放少量 ATP 分子为缺氧组织在短暂缺氧时提供能量。LDH 是无氧氧化的标志酶，其活性大小可用来评价机体无氧代谢能力的高低，运动医学界通常用 LDH 活性的高低来评价骨骼肌等的无氧代谢能力[38]。剧烈运动，间歇性低氧训练，递增负荷训练均可导致乳酸脱氢酶活性增加，其机制与运动引起的组织缺氧，儿茶酚胺激素分泌增加，及运动中部分肌纤维损伤，变性坏死有关[39]。

琥珀酸脱氢酶（succinate dehydrogenase，SDH）是细胞有氧代谢的常用标志

性酶，它是由4个铁原子和4个硫原子组成的铁硫蛋白，位于线粒体内膜，是三羧酸循环中惟一与膜结合的酶，直接与电子传递链相连，催化琥珀酸脱氢生产延胡索酸的反应。SDH是三羧酸循环中的重要酶之一，其活性高低及含量决定三羧酸循环速度，由于机体主要依靠细胞有氧氧化和线粒体氧化磷酸化产生的ATP作为生存和各种活动的能量来源，所以有氧代谢酶活性的变化能迅速地反映有氧代谢能力的水平。SDH在糖的有氧代谢过程中起着重要作用并直接影响机体的有氧供能，对其活性的测定可用于评价运动员有氧氧化能力的高低及运动训练对有氧运动能力的影响。

为测评高原低氧环境进行大强度运动以及应用增压对大鼠骨骼肌中葡萄糖代谢的影响和规律，本研究对大鼠腓肠肌中LDH和SDH活性进行了检测。各组大鼠骨骼肌LDH和SDH检测值和组间比较见表4-3和图4-5。与A组相比，除F组LDH下降外，其他组别的LDH和SDH都增加，其中以G组LDH增加明显（P<0.05）；与B组相比，C组、E组和G组呈现LDH增长、SDH减小的趋势，D组LDH和SDH有下降趋势；G组的LDH高于F组（P<0.05）但SDH却低于F组。

表4-3　各组大鼠骨骼肌LDH、SDH结果（M±SD）

组别	LDH（mU/ml）	SDH（umol/L）
A组	15.1 ± 6.6	3.8 ± 1.3
B组	20.4 ± 1.7	19.6 ± 24.1
C组	26.5 ± 8.4	9.0 ± 6.2
D组	17.9 ± 9.5	17.3 ± 18.6
E组	23.8 ± 4.9	7.2 ± 1.1
F组	9.9 ± 8.1 △□	25.7 ± 13.8
G组	27.9 ± 1.5*#	5.7 ± 0.7
F	2.930	0.874
P	0.46	0.539

注：*表示与A组比较差异显著（P<0.05）；△表示与C组比较差异显著（P<0.05），□表示与E组比较差异显著（P<0.05），#表示与F组比较差异显著（P<0.05），。

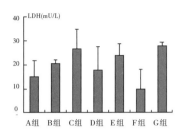 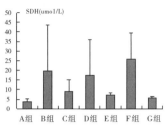

图 4-5　各组大鼠骨骼肌 LDH、SDH 比较

　　国内外大多数学者都认同低氧运动促使血清或组织内 LDH 水平上升的观点，研究表明[40]通过低氧耐力训练可增加肌纤维收缩速度，同时增加氧化酶和糖酵解酶的活性。汤强等[41]对低氧高强度训练下大鼠骨骼肌糖酵解酶活性和 HIF-1α表达的变化研究发现，高强度间歇性低氧训练可以提高无氧糖酵解关键酶的活性，但对于磷酸原系统和三羧酸循环代谢酶的作用较弱。王荣辉等[42]模拟 4 000m海拔高度低氧训练 3 周后，大鼠骨骼肌 LDH 活性有显著性的提高，但返回平原后 LDH 活性显著性下降。李世成[43]的研究结果表明在模拟海拔（2 300±50）m高原训练期间，小鼠骨骼肌乳酸脱氢酶同工酶谱向 M 型偏移，表明糖酵解能力即无氧能力增强，预示高原训练提高了骨骼肌代谢能力。贾磊[44]发现高海拔低氧环境条件下适度高原低氧环境诱导对 LDH 酶的活性也有一定的促进作用。

　　学者发现不同模式的运动训练后，骨骼肌中 SDH 活性也是增加的[45]，低氧环境下运动训练可促使肌肉组织中 SDH 活性上升[46]。任超学[47]发现高住低练和间歇性低氧训练后大鼠 SDH 活性在运动后即刻和运动后 3h 显著增加。毛彬彬等[48]在模拟海拔 4 000m 中等强度高住低训 4 周（跑台坡度 10%，跑速 20m/min，1 次／天，1h/次，5 次／周）后，骨骼肌 SDH 活性显著升高（P<0.001），且在第 28 天时较对照组高约 2 倍，预示低氧复合常氧训练能提高骨骼肌有氧代谢潜能。代毅等[49]研究发现，经低氧训练后大鼠心肌和骨骼肌的线粒体氧化酶 SDH 和有氧代谢酶细胞色素氧化酶（CCO）活性明显高于平原对照组和平原训练组，低氧训练后的大鼠运动时间延长。王茂叶[50]在间歇性低氧训练对小鼠 CCO 和 SDH 含量的影响研究中报道，低氧训练组中股四头肌 SDH 的含量最高，与对照组和运动组有非常显著性差异（P<0.01）。研究[51]发现缺氧 10d 小鼠肺组织中 SDH 活性即已升

高，并且缺氧期间一直维持在较高的水平。路瑛丽等[52]对30只雄性SD大鼠进行不同低氧暴露实验研究发现，持续低氧能显著提高大鼠腓肠肌SDH活性，同时提高机体运氧能力和骨骼肌氧化能力，可以充分提高机体有氧代谢潜能。

与以上研究结果类同，本研究中经过高原低氧环境下大负荷运动训练后，B组的LDH和SDH以及F组的SDH呈现出增长的变化。运动训练期间骨骼肌LDH活性的变化可以反映该组织无氧与有氧供能比例的改变，同时LDH活力升高既有利供能，又可减少乳酸在肌肉中的积累，对机体缺氧状态下运动时能量的生成、供应及乳酸代谢有着十分重要的意义。

在低氧环境中进行运动训练，机体对骨骼肌中葡萄代谢产能的需求不断增加，促进LDH和SDH活性的增加以满足对运动能量的需要，同时，低氧环境与运动应激使HIF-1α表达增加，引起由其介导的供能系统能力的改善，使LDH和SDH活性的提高，表明骨骼肌在缺氧状态下的糖酵解能力和有氧供能的增强。低氧训练状态下HIF-1α通过调节LDH、ALD和PK的表达，增加糖酵解，提高无氧代谢能力，满足机体代谢需要，进而提高机体无氧代谢能力[53]。

高压可增加血氧含量，提高血氧分压，增加缺血、缺氧组织内血浆中物理溶解氧，能加速组织、血管、细胞的再生和修复[54]。庞阳康等[55]对38只雄性SD大鼠进行4周低氧训练后，吸高浓度氧对大鼠骨骼肌SDH和苹果酸脱氢酶（MDH）活性的影响研究发现，高氧恢复干预组大鼠的SDH活性要比单纯运动或低氧运动组大鼠的活性高。本研究中，实施运动后增压恢复的C组、D组、E组和G组大鼠骨骼肌中LDH活性较B组和F组有所增加，而SDH活性差别不大。LDH是无氧代谢的标志酶，其活性的增高可直接反应供能机体无氧酵解供能水平，LDH催化乳酸与丙酮酸之间的可逆反应，能够有效清除无氧代谢产生的乳酸，降低疲劳[56]，LDH活力显著提高有助于运动疲劳的解除[57]。石路等研究证实[58]在海拔4 000m经高压氧（HBO）后，人体血中LDH活性明显升高，提示加强了高原体力负荷后和BLA清除能力，从而推迟运动性疲劳的产生和提高运动能力。

本实验研究表明在高原低氧环境中进行大强度训练后施加增压方法有助于骨骼肌LDH活性的提高，使得肌肉在短时间缺氧时获得能量的供应同时也可以减少乳酸在肌肉内的堆积，从而达到促进机体疲劳恢复的目的。

二、不同海拔低氧环境及增压对葡萄糖代谢酶的影响

本研究中模拟海拔 4 500m 低氧环境中运动的 F 组 LDH 活性较 A 组和 B 组出现了下降。由于 LDH 主要是通过促进糖酵解为机体快速运动提供能[59]，因此其活性与组织细胞内的氧分压密切相关。有研究[60]认为低氧运动干预使骨骼肌 LDH 活性有所下降，王荣辉等在低压氧舱内分别模拟 2 000m、3 000m、4 000m 海拔高度进行与平原同一方式的为期一周的耐力训练后发现，在海拔 2 000m 高度低氧训练组 LDH 活性显著降低 17.4%（P<0.05），在 4 000m 高度低氧不训练组 LDH 活性比平原下降 25.7%（P<0.05）而低氧训练组下降 31.9%（P<0.05），说明随海拔的升高，低氧刺激的加深，运动强度对机体也产生了较大的影响，造成骨骼肌无氧代谢能力降低。由于 B 组在海拔 2 260m 的低氧环境中运动，而 F 组在海拔 4 500m 的低氧环境中进行运动，海拔的增加、运动负荷加深了对大鼠的机体刺激，使 F 组大鼠出现 LDH 活性的下降和无氧供能水平的降低，从而不能维持一定的运动能力而产生疲劳。可见，骨骼肌 LDH 活性的下降是大鼠高原低氧环境中大负荷运动后疲劳的原因和体现之一。值得一提的是，同在海拔低氧环境中进行运动，B 组的 LDH 出现增加而 F 组出现降低，这可能是不同海拔高度低氧环境影响的结果，那么在什么低氧环境刺激下骨骼肌 LDH 活开始下降呢，是否存在着骨骼肌 LDH 活性下降的海拔高度阈值，这些问题的答案待进一步的研究与证实。

同在海拔 4 500m 的低氧环境中进行疲劳运动，与 F 组相比，经增压恢复的 G 组 LDH 增加（P<0.05）、SDH 下降，提示骨骼肌无氧代谢能力的增强。

三、不同增压方式对葡萄糖代谢酶的影响

采用不同增压方式的 C 组、D 组和 E 组中，C 组和 E 组较 B 组 LDH 增加、SDH 下降幅度较大，而 D 组的变化幅度较低，提示以 C 组 0.2MPa1h 和 E 组 0.3MPa1h 的加压方式对改善骨骼肌 LDH 活性效果较为明显。

综合来看，在高原低氧环境中大负荷运动训练及增压恢复方式对大鼠肌肉能量代谢的影响变化呈现以下几点：

1. 在高原低氧环境进行大强度负荷运动，可使大鼠骨骼肌中的肌红蛋白表达

下降、葡萄糖转动体 4 表达减少、乳酸脱氢酶活性降低，从而限制骨骼肌运动供能产生运动疲劳。

2. 应用增压方式对疲劳性运动后进行恢复，可使大鼠骨骼中肌红蛋白表达增长，葡萄糖转运体 4 表达增加，乳酸脱氢酶活性提高，提高骨骼肌中的能量储备和代谢供能水平，促进抗疲劳能力的提升。

3. 几种不同方式的增加恢复方式中，采用 0.2MPa1h 和 0.3MPa1h 的加压方式对提高大鼠骨骼中肌红蛋白表达、提升乳酸脱氢酶活性效果较明显，而 0.2MPa2h 加压方式对增加加葡萄糖转运体 4 表达作用较好。

4. 同在低氧环境中进行运动，海拔 2 260m 和海拔 4 500m 运动训练后大鼠骨骼肌肌红蛋白表达和乳酸脱氢酶活性呈现不同的变化趋势，这与不同海拔低氧环境和运动负荷的影响有关，但产生的机制以及是否存在引起其大幅变化的海拔高度阈值等问题还待进一步的研究与证实。

第四节　运动能力

一、体重

体重与机体健康、运动能力和运动成绩关系密切，由于运动训练增加能量消耗，常氧下运动训练会使体重出现下降，机体体重和形态的变化是判定运动性疲劳的主要特征。而在低氧环境下运动，由于低氧暴露抑制机体的合成代谢、促进分解代谢，抑制生长激素、胰岛素样生长因子、雄性激素等合成类激素的分泌，增大下丘脑瘦素（Leptin）受体结合容量，降低下丘脑神经肽（NPY）的分泌，从而抑制体重的生长或降低体重[61-62]。在高原低氧环境下进行运动性疲劳训练时，低氧和运动对身体的刺激加大，势必造成机体物质消耗的大幅增加，最直接的影响是造成体重的下降。本研究实验期间，对大鼠每日运动训练前的体重进行测定，为期 6 天的运动性疲劳训练阶段期间，各组大鼠的体重值及下降情况见表4-4。

（一）增压对体重的影响

除安静对照组（A 组）体重呈逐步增加外，进行运动的其他组别大鼠的体重均表现为下降的变化趋势(表4-4)。经过 6 天的运动性疲劳跑台训练后,B组、C组、

D 组、E 组、F 组、G 组大鼠的平均体重分别下降 6.93%、5.20%、5.25%、8.82%、4.95% 和 3.31%，其中 B 组、C 组、E 组下降明显（P<0.05~0.01）。表明大鼠在高原低氧环境中按照运动性疲劳模型进行训练后，在高原低氧环境和运动负荷的共同作用下出现体重的下降。

各组相互比较，训练后自然恢复的 B 组和 F 组大鼠的体重下降的幅度较大，而采用增压恢复的 C 组、D 组和 G 组的体重下降幅度较少，提示进行运动性疲劳训练后，应用增压方法可对大鼠体内物质代谢产生积极作用，减弱分解提升合成，减少体重的丢失，起到一定的抗缺氧和抗疲劳的作用。

（二）不同海拔低氧环境及增压对体重的影响

B 组和 F 组都是在运动后在高原低氧环境下自然恢复，其中 B 组在海拔高度为 2 260m 的环境下进行运动训练，而 F 组在模拟海拔高度 4 500m 的环境下训练。体重的下降幅度 B 组与 F 组接近，没有出现与海拔高度增加而增长的情况，分析原因可能与运动负荷的安排有关。B 组以 25m/min~35m/min 速度在 0°~10° 坡度的跑台上跑动，F 组以 20m/min~30m/min 速度在 0° 坡度的跑台上跑动，运动的负荷强度 B 组相对 F 组要高，因而其体重下降较多。

同在模拟海拔高度 4 500m 的环境下进行疲劳性运动的 F 组和 G 组，其中 F 组采用自然恢复，G 组应用 1h 的 0.2MPa 增压恢复，G 组大鼠的体重下降幅度（3.31%）略低于 F 组（4.95%）。

（三）不同增压方式对体重的影响

C 组和 D 组同是 0.2MPa 增压恢复，其中 C 组持续时间是 1h、D 组持续时间是 2h，但两组大鼠体重变化率没有差别。

C 组和 E 组同是 1h 的增压恢复，其中 C 组的舱内空气压力为 0.2MPa、E 组的舱内空气压力为 0.3MPa，而 E 组体重减失的幅度（8.82%）大于 C 组（5.20%），分析原因可能与 E 组所加压力（0.3MPa）过大使机体消耗过多有关。

表 4-4　各组大鼠体重值（g）（M±SD）

时间 组别	基础值	第1天	第2天	第3天	第4天	第5天	第6天	第7天	体重变化 率（%）
A组	197.71 ±16.87	194.33 ±15.00	198.13 ±12.90	198.36 ±17.30	198.97 ±16.85	199.64 ±15.86	200.27 ±16.82	203.97 ±15.64	3.16
B组	210.25 ±12.06	205.49 ±12.08	202.69 ±11.76	202.15 ±12.23	197.67 ±11.87	194.13* ±12.46	194.67** ±14.27	195.67* ±14.03	−6.93
C组	208.38 ±4.75	204.86 ±7.13	202.5 ±7.25	200.7** ±5.28	192.39** ±5.22	193.36** ±6.89	194.96** ±5.97	197.54** ±6.26	−5.20
D组	208.00 ±14.33	207.96 ±17.32	201.24 ±15.97	199.18 ±14.99	194.64 ±16.31	194.58 ±16.93	193.28 ±16.66	197.07 ±15.63	−5.25
E组	210.88 ±11.99	205.81 ±12.42	200.90 ±12.72	200.13 ±12.06	192.11** ±10.92	193.29* ±11.77	193.98* ±12.45	192.27** ±11.09	−8.82
F组	212.75 ±12.09	212.65 ±10.06	206.99 ±11.00	205.95 ±14.21	203.78 ±17.88	201.06 ±14.62	202.35 ±16.48	202.23 ±16.02	−4.95
G组	210.50 ±8.53	208.98 ±8.53	204.69 ±9.18	202.16 ±11.72	201.01* ±8.90	202.49 ±8.86	202.85 ±9.52	203.53 ±6.88	−3.31

注：与基础值比较＊为显著差异（P<0.05），＊＊为非常显著差异（P<0.01）。

体重变化率＝（第7天值—基础值）/基础值

二、力竭运动时间

运动至力竭的时间是机体运动能力的综合表现，其不仅反映机体抗疲劳的能力，也反应机体的抗应激能力及对不良环境的适应能力[63]。评估高原低氧中大负荷运动以及采用增压措施对运动能力和抗疲劳能力的影响，本研究对大鼠的力竭运动时间进行了测定，各组大鼠监测结果和比较见表 4-5 和图 4-6。

（一）增压对力竭运动时间的影响

本研究中，训练后自然恢复的 B 组和 F 组大鼠的力竭运动时间分别为（99.00±69.37）min、（69.00±17.72）min，而采取增压恢复的 C 组、D 组、E 组和 G 组的力竭运动时间均比 B 组和 F 组有所延长。张冉等证明大强度训练后应用微压氧恢复能够显著提高大鼠力竭运动时间，增强大鼠的运动能力，彭兆云[64]、郭洋琴[65]、滕进忠等[66]的研究同样发现高压氧预处理可以延长小鼠的游泳力竭时间，提高大鼠运动耐力。与这些研究结果相一致，表明应用增压方式会促进大鼠运动性疲劳的恢复，增强运动能力，能够保持更长的运动时间。

（二）不同海拔低氧环境及增压对力竭运动时间的影响

与其他组相比，F组大鼠的力竭运动时间最短，不仅低于B组，而且与C组和D组差异明显（P<0.05）。F组大鼠在模拟海拔高度4 500m的环境下训练，并且在高原自然环境下进行恢复，说明高原低氧运动对大鼠的运动能力造成影响，使其运动能力下降，抗疲劳能力减弱，并且这种作用随着海拔的增加和氧分压的降低越发明显。同在模拟海拔高度4 500m的环境下训练但进行1h0.2MPa增压恢复G组的力竭运动时间为（126.57±33.51）min，并与F组有非常显著差异（P<0.01），提示随着海拔高度的增加，大鼠的运动持续时间和抗疲劳能力有所下降，而采用增压方法有利于高海拔地区运动性疲劳的恢复，改善运动能力。

（三）不同增压方式对力竭运动时间的影响

C组和D组同是0.2MPa增压恢复，C组持续时间是1h、D组持续时间是2h，C组力竭运动时间为（126.14±59.90）min，略高于D组。C组和E组同是1h的增压恢复，其中C组的舱内空气压力为0.2MPa、E组的舱内空气压力为0.3MPa，C组和E组的力竭运动时间接近。提示不同时间、不同压力的增加方式对大鼠的力竭运动时间没有明显的影响。

表4-5　各组大鼠力竭运动时间统计（min）（M±SD）

B组	C组	D组	E组	F组	G组
99.00 ± 69.37	126.14# ± 59.09	107.71# ± 47.97	133.00 ± 86.37	69.00 ± 17.72	126.57## ± 33.51

注：与F组比较 # 为显著差异（P<0.05），## 为非常显著差异（P<0.01）。

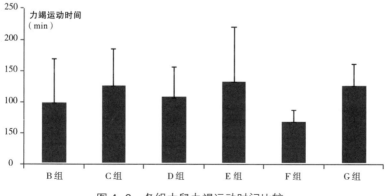

图4-6　各组大鼠力竭运动时间比较

高原环境下增压对运动性疲劳恢复的应用研究

总之，在海拔 2 260m 自然条件和模拟海拔 4 500m 低氧环境下，建立了高原低氧环境下运动性疲劳模型，对大鼠在跑台上进行连续 6 天、每天 1h 的递增负荷运动训练后，大鼠出现机体疲劳体征、跑动能力减弱、体重降低等明显的疲劳特征，而采用增压恢复措施后，大鼠体重减失幅度降低、力竭运动时间延长、运动性疲劳程度有一定的减缓，其中以在模拟海拔高度 4 500m 的低氧环境训练后进行 1h 的 0.2MPa 增压恢复的效果最为明显。

参考文献

[1]Garry DJ，Kanatous SB，Mammen PP.Emerging roles for myoglobin in the heart[J].Trends Cardiovasc Med，2003，13（3）:111-116.

[2]Hoppeler H，Vogt M.Muscle tissue adaptation to hypoxia[J].The Journa lof Experimental Biology，2001，204（18）:3133-3139.

[3] 马兰，格日力.肌红蛋白生物学作用与低氧 [J].青海医学院学报，2011，32（1）:69-72.

[4] 王延庆，韩玉珍，黄立锋.血清肌红蛋白监测的临床意义 [J].实用医学杂志，2019，35（24）:3859-3863.

[5] 金其贯，黄叔怀，方明等.高压氧对力竭性运动后血清磷酸激酶和肌红蛋白恢复的影响 [J].体育科研，1997，18（1）:50-54.

[6] 崔建华，张西洲，张建林，等.海拔5380m富氧室对人体运动血乳酸、血氨及肌红蛋白的影响 [J].临床军医杂志，2002，30（6）:4-5.

[7] Hansen AK，Fischer CP，Plomgaard P，etal.Skeletal muscle adaptation:training twice every dayvs.training once daily[J].JApplPhysiol，2005，98（1）:93-99.

[8] Seene T，Kaasik P，Alev K，etal.Composition and turnover of contractile proteins in volume-overtained skeletal muscle[J].IntSportsMed.2004.25（6）:438-445.

[9] 张学森，王俊霞，王瑞元，等.长期力竭性耐力性训练对大鼠不同类型骨骼肌湿重和 Hsp72 表达的影响 [J].中国运动医学,2008,27（3）:357-359.

[10] 高晓嶙，常芸，康贺群.力竭运动后不同时相大鼠心肌 cTnI、

MbmRNA 与血清 cTnI、Mb 表达 [J].中国运动医学杂志，2009，28（2）:162-166.

[11]Roesner A，MitzS A，Hankeln T，etal.Globins an dhypoxia adaptation in the blodfish，Carassius auratus[J].FEBS J，2008，275（4）:3633-3643.

[12] 马兰，杨应忠，格日力.藏羚羊骨骼肌肌红蛋白含量及乳酸脱氢酶、苹果酸脱氢酶活力的研究 [J].中国应用生理学杂志，2012，28（2）:118-121.

[13] 齐新章，王晓君，朱世海，等.高原鼢鼠和高原鼠兔心脏对低氧环境的适应 [J].生理学报，2008，60（3）:348-354.

[14] 高媛，熊晓毅，谢惠春等.甘肃鼢鼠与 SD 大鼠骨骼肌低氧适应的比较 [J].动物学杂志，2012，47（3）:122-128.

[15] 陈铭，杨欣，周兆年.心肌肌红蛋白含量的生化测定方法 [J].中国应用生理学杂志，1998，14（3）：283-284.

[16] 李庆芬.人与动物呼吸系统对高海拔低氧的适应 [J].生物学通报，1991，（10）:19-31.

[17] 柴旦，周兆年.急性低氧对体外培养乳鼠心肌细胞肌红蛋白的影响 [J].生理学报，1997，49（5）：497-503.

[18] 蒋仲伟，蒋文攻.骨骼肌葡萄糖转运的运动性适应信号机制 [J].中国组织工程研究与临床康复，2009，13（2）:388-391.

[19] 刘晓莉，郭莹，高继东，等.急性低氧对大鼠肝脏葡萄糖转运体 1 及后肢葡萄糖转运体 4 表达的影响 [J].青海医学院学报，2013，34（2）:110-113.

[20] 邢凯，万桓志，魏春，等.葡萄糖转运蛋白家族与转化生长因子 β 的关系 [J].武汉大学学报（医学版），2021，42（2）:322-327.

[21]Mueckler M，Thorens B.The SLC2（GLUT）family of membrane transporters[J].*MolAspectsMed*，2013，34（2-3）:121-138.

[22] 贺道元.葡萄糖转运体 4、肌纤维类型和运动的关系 [J].安徽体育科技，2006，27（4）:34-36.

[23] 蒋仲伟，蒋文攻.骨骼肌葡萄糖转运的运动性适应信号机制 [J].中国组织工程研究与临床康复，2009，13（2）:388-391.

[24] 谢康玲，刘遂心，蔡颖，等.长期中等强度运动对小鼠骨骼肌 HIF-

1α mRNA 的表达及葡萄糖转运的影响 [J]. 中国康复医学杂志，2012，27（6）:514-518.

[25] 龚豪杰，张楠，姚璐，等. 低氧、低氧训练对 AMPKα2 三种不同基因状态鼠骨骼肌 GLUT4 表达及肌糖原含量的影响 [J]. 体育科学，2010，30（5）:41-47.

[26] 赵鹏，路瑛丽，冯连世，等. 低氧训练对葡萄糖转运与利用能力的影响 [J]. 体育科学，2008，28（7）:51-60.

[27] 黄绒，廖卫公，陈建，等. 缺氧习服大鼠骨骼肌葡萄糖转运体特点的研究 [J]. 第三军医大学学报，2004，26（18）:1607-1610.

[28] 谢康玲，刘遂心，蔡颖，等. 长期中等强度运动对小鼠骨骼肌 HIF-1α mRNA 的表达及葡萄糖转动的影响 [J]. 中国康复医学杂志，2012，27（6）:514-518.

[29] Vogt M，Puntschart A，Geiser J，etal.Molecula radaptations in human skeletal muscle to endurance trainingunder simu-lated hypoxic conditions[J].J Appl Physiol，2001，91（1）:173-182.

[30] 王丽艳，张敏，赵晓丽，等. 不同运动形式对大鼠有氧氧化关键酶 - 异柠檬酸脱氢酶和酵解关键酶 - 磷酸果糖激酶 -1 的影响 [J]. 天津医科大学学报，2011，17（2）:170-172.

[31] 杨堤. 运动性疲劳对大鼠骨骼肌能量代谢的影响及其机制研究 [D]. 西北师范大学，2018，45.

[32] 龚云，王超. 运动疲劳对大鼠骨骼肌纤维 GLUT4mRNA 和蛋白表达的影响 [J]. 首都体育学院学报，2017，29（2）:182-187.

[33] 戚华兵，王凤君，汪仕良. 严重烧伤大鼠肝脏葡萄糖转运体 1 蛋白表达的实验研究 [J]. 第三军医大学学报，2003，25（18）:1613-1616.

[34] WoodI S，Wanq B，Lorente-Cebrian S，etal，Hypoxia increases expression of selective glucose transporters and 2-deoxy-d-glucose uptake in human adipocytes[J].Biochem Biophys Res Commun，2007，361:468-473.

[35] 刘晓莉，郭莹，高继东，等. 急性低氧对大鼠肝脏葡萄糖转运体 1 及后肢葡萄糖转运体 4 表达的影响 [J]. 青海医学院学报,2013,34（2）:110-113.

[36] 刘无逸，陆爱云．过度训练对大鼠骨骼肌糖原含量、AMPK 活性及肌膜 GLUT4 的影响 [J]．中国运动医学杂志，2006，25（6）:668-673.

[37]Barnes K，IngramJ C，Porras OH，etal.Activation of GLUT1 by metabolic and osmotic stress:potential involvement of AMP-activated protein kinase （AMPK）[J].J Cell Sci，2002，115:2433-2442.

[38] 孔梅，张翔，叶梅聆．乳酸脱氢酶及其同工酶在运动中的监测和应用 [J]．当代体育科技，2016，6（5）:49，51.

[39] 陈婷，李绪稳．运动对机体血清中乳酸脱氢酶活性的影响 [J]．体育世界(学术)，2015，742（4）:142-143.

[40] 苏艳红，王瑞元．低氧、耐力训练对大鼠代谢酶及肌球蛋白 Ca-ATPase 的影响 [J]．体育科学，2005，25（6）:67-69.

[41] 汤强，姜文凯．低氧高强度训练下大鼠骨骼肌糖酵解酶活性和 HIF-1α 表达的变化 [J]．体育与科学，2009，30（2）:62-67.

[42] 王荣辉，刘桂华，胡琪等．低氧训练对大鼠骨骼肌乳酸脱氢酶和苹果酸脱氢酶活性的影响 [J]．北京体育大学，1998，21（3）:31-33.

[43] 李世成，田野．模拟高原训练对小鼠骨骼肌 LDH 同工酶谱的影响 [J]．武汉体育学院学报.2000，34（3）:74-77.

[44] 贾磊，等．实验性高海拔对犬 SDH、LDH 活性与骨骼肌超微结构的影响及其运动学意义 [J]．吉林体育学院学报，2010，26（1）:60-62.

[45]Fournier M，etal.Skeletal muscle adapation in adolescent boys:spint endurance training and detraining.Med Sci Exere，2006，1（4）:453.

[46] 潘秀清．间歇性低氧训练对有氧代谢能力的影响及其时效性研究 [J]．南京体育学院学报（自然科学版），2006，5（3）:49-52.

[47] 任超学．两种低氧模式对大鼠骨骼肌 SDH 和 CCO 的影响 [J]．中国体育技，2009，45（2）:112-115.

[48] 毛彬彬，王瑞元等．低氧复合常氧训练增强大鼠腓肠肌琥珀酸脱氢酶的活性 [J]．中国临床康复，2005，9（36）:142-144.

[49] 代毅，柯遵渝．间歇性低氧训练对大鼠心肌、骨骼肌有氧代谢酶与运动能力的影响研究 [J]．成都体育学院学报，2003，29（5）:91-93.

[50] 王茂叶.间歇性低氧训练对小鼠机体细胞色素氧化酶和琥珀酸脱氢酶的影响[J].天津体育学院学报,2005,20(6):26-28.

[51] 陈景岗,林文搜,翁锡全.低氧训练对大鼠骨骼肌SDH和MDH活性的影响[J].湛江师范学院学报,2008,29(3):74-76.

[52] 路瑛丽,赵鹏,冯连世,等.不同低氧暴露对大鼠有氧代谢潜能的影响[J].中国应用生理学杂志,2010,26(3):295-301.

[53] 田倩倩,杨钦,马王茹.HIFs、PPARs及AMPK在低氧训练减控体重中的调节机制[J].生理学报,2018,70(5):511-520.

[54] 余小燕,马福海.高压氧及其在运动训练中的研究与应用[J].中国运动医学杂志,2012,31(8):746-748.

[55] 庞阳康.高氧恢复对低氧训练大鼠骨骼肌SDH和MDH活性的影响[J].体育学刊,2009,16(7):110-112.

[56] 李洋洋,石路,张延猛,等.高原低氧运动人体能量代谢及红景天的干预作用[J].西北国防医学杂志,2016,37(6):352-353.

[57] 张献辉,刘蕾,尚宁宁.裂褶菌对有氧性运动疲劳恢复作用[J].中国食用菌,2020,39(2):70-72.

[58] 石路,吴楠宁,张明月,等.高压氧预处理对模拟海拔4000m急性暴露人体能量代谢的作用[J].中华航海医学与高气压医学杂志,2015,22(3):169-172.

[59] 魏登邦,马建宾.高原鼢鼠和小白鼠心肌及骨骼肌红蛋白含量与乳酸脱氢酶活性的比较研究[J].青海大学学报:自然科学版,2001,19(2):20-21

[60] Fechner G,Dederichs F,Schmidt D,etal.Hyperoxia-induced improvement of the in vitro re sponse to gemcitabine in transitional cell carcinoma[J].Anticancer Res,2005,25(5):3413-3418.

[61] Yi Lina,Keishi Kubo,Ge Rili,等.The effect of exposure to normbaric hypoxia on the body weight in rats[J].journal of qinghai medical college,2005,26(30):153-155.

[62] 马延超,张缨,刘花层.不同低氧训练方式对血脂、体重及变化机理的研究[J].中国体育科技,2007,43(5):136-140.

[63] 张冉，袁赵鹏.微压氧对大强度训练大鼠氧化应激的影响 [J].体育科研，
2018，39（1）:89-93.

[64] 彭兆云，杜晶，孙学军，等.高压氧预处理对小鼠运动耐力的影响 [J].
第二军医大学学报，2006，（01）:62-64.

[65] 郭洋琴.高压氧抗大鼠运动性疲劳的效应及机制研究 [D].江西科技师范
大学，2012.

[66] 滕进忠，袁春华，郭洋琴，等.高压氧对疲劳大鼠肾损伤的保护作用研
究 [J].中国运动医学杂志，2013，（06）:525-528.

第五章 增压对抗氧化能力的影响

低氧和运动时体内自由基产生的增加和抗氧化能力的下降是引起运动性疲劳的另一个原因，研究中对大鼠高原低氧复合大强度运动训练后的自由基生成和清除能力指标进行测定，以揭示其在运动性疲劳时的变化规律和应用增压恢复方式对机体抗氧化能力的作用。

第一节 超氧化物歧化酶

一、超氧化物歧化酶与运动

机体自由基是随着新陈代谢而不断生成的，在正常的安静状态下，通过机体抗氧化系统，尤其是机体的一系列抗氧化酶的作用，能有效的将机体中自由基的含量降低到一个较为安全的范围，SOD 就是体内重要的自由基的清除剂之一。超氧化物歧化酶（superoxide dismutase，SOD）是体内重要的超氧自由基的天然清除剂，广泛存在于各个组织细胞内，是细胞膜系统结构和功能完整性的保护酶[1]，具有保护细胞、抗炎、抗病毒、抗氧化、抗辐射、抗衰老等重要作用，是防御内、外环境中超氧离子损伤的一种重要抗氧化酶，具有保护细胞免受氧自由基的攻击的作用，被医学界称之为"人体清道夫"，在医学临床上可以治疗多种疾病[2]。长期的氧化应激可导致骨骼肌细胞内产生大量的氧自由基，这些氧自由基通过不断攻击肌肉细胞及线粒体膜，使其出现广泛性损伤。SOD 作为抗氧化防御系统中的第一道屏障[3]，其活性的高低能间接反映机体清除自由基的能力，当大量自由基出现时 SOD 会将超氧阴离子转化为氧气和 H_2O_2，在 GSH-Px 和过氧化氢酶（CAT）的作用下，H_2O_2 进一步被催化生成水。SOD 活性大小表示清除氧自由基的能力，其数值的下降表明机体清除自由基能力降低和脂质过氧化反应增强。

研究发现，运动时间和强度与自由基的产生密切相关[4-5]，中低强度的慢性运动（运动训练）能增强骨骼肌总抗氧化能力（T-AOC）和抗氧化酶活性，降低骨骼肌自由基水平[6]，可增加肌纤维内SOD活性，改善骨骼肌运动能力[7]。高强度运动训练则降低骨骼肌抗氧化酶活性，使自由基大量生成，造成骨骼肌细胞损伤，是运动性疲劳的主要机制[8-9]。在大负荷强度的运动状态下，机体代谢过程大大加强，造成自由基的生成量呈线性增加，尽管此时机体内的抗氧化系统的作用也大为增强，但仍不能清除机体运动状态下生成的过量自由基，表现为自由基的净生成量大大增多，过多的自由基一旦超出体内清除自由基的能力范围，将进攻生物膜上多元不饱和脂肪酸，产生脂质过氧化物，引起生物膜的功能障碍，表现为膜通透性改变，导致细胞内外离子转运发生紊乱，影响肌纤维的兴奋收缩偶联、红细胞裂解（如溶血）、线粒体功能紊乱、氧代谢能力减弱、三磷酸腺苷生成减少及能量供应不足等诸多生理反应，从而造成脂质过氧化作用加强、膜损伤、组织损伤等一系列破坏行为，从而加重组织损伤，最终造成机体运动能力下降出现运动性疲劳[10-11]。而在低氧环境中，缺氧使SOD活性下降、生成减少，氧自由基增多，体内清除氧自由基能力减弱，且随海拔升高SOD的活性逐渐降低[12]。由于SOD对自由基具有较高的清除作用，提高机体SOD的活性和含量，则可以有效消除体代谢产生的自由基，阻止脂质过氧化反应，维持细胞结构的完整性，从而延缓运动性疲劳的发生和提高耐缺氧抗疲劳能力[13]。研究表明，补充谷氨酰胺后大鼠血清与骨骼肌中SOD水平显著提高（P<0.05），具有缓解运动性疲劳的作用，其机制可能与增强机体抗氧化能力，降低其骨骼肌氧化程度有关[14]。

二、增压对 SOD 的影响

本研究期间，各组大鼠血清中SOD活性检测结果见表5-1和图5-1。与对照组（A组）相比，各组的SOD值出现下降，其中以B组、E组和F组明显（P<0.05），而C组、D组和G组略低于A组，但明显高于B组（P<0.05）。

表 5-1　各组大鼠血清 SOD、TAOC、GSH-Px 指标测定结果（M±SD）

组别	SOD（ng/ml）	TAOC（U/ml）	GSH-Px（pg/ml）
A 组	22.263 ± 3.373	0.562 ± 0.040	4.309 ± 0.507
B 组	17.716 ± 1.565*	0.561 ± 0.043	4.035 ± 0.337## &&

续表

组别	SOD（ng/ml）	TAOC（U/ml）	GSH-Px（pg/ml）
C 组	20.033 ± 2.074$^{◇}$	0.595 ± 0.049	4.160 ± 0.231$^{\#}$
D 组	21.099 ± 2.124$^{◇}$	0.605 ± 0.051	4.160 ± 0.248$^{\#}$
E 组	18.833 ± 2.161$^{*☆}$	0.602 ± 0.040	4.334 ± 0.306
F 组	19.284 ± 1.358*	0.606 ± 0.057	4.483 ± 0.191$^{◇◇△☆}$
G 组	20.236 ± 2.405$^{◇}$	0.605 ± 0.085	4.458 ± 0.205$^{◇◇}$
F	3.589	1.128	2.249
P	0.005	0.36	0.054

注：＊表示与 A 组比较差异显著（P<0.05）；◇表示与 B 组比较差异显著（P<0.05），◇◇表示与 B 组比较差异非常显著（P<0.01）；△表示与 C 组比较差异显著（P<0.05）；☆表示与 D 组比较差异显著（P<0.05）；＃表示与 F 组比较差异显著（P<0.05），＃＃表示与 F 组比较差异非常显著（P<0.01）；＆表示与 G 组比较差异显著（P<0.05），＆＆表示与 G 组比较差异非常显著（P<0.01）。

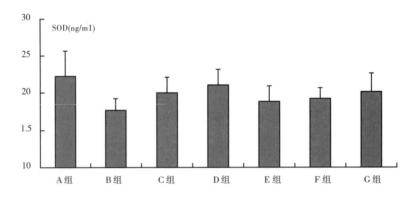

图 5-1　各组大鼠血清 SOD 比较

由于训练所致的运动疲劳，以及高原环境中低氧的双重刺激，海拔 2 260m 和模拟海拔 4 500m 低氧环境运动后自然恢复的 B 组和 F 组 SOD 值均出现下降，表明低氧环境运动性疲劳时体内抗氧化能力的下降，脂质过氧化作用加强。而应用增压氧恢复的 C 组、D 组、E 组和 G 组都明显高于 B 组和 F 组，这说明增压可使体内氧摄取和氧运输的能力得以改善，机体 SOD 的活性提高，清除自由基能力和抗氧化水平提升，以缓解体内的疲劳和缺氧状况。崔建华发现在海拔 3 700m 和 5 380m 负荷运动，口服富氧水后较未服富氧水时 SOD 增高、MDA 下降，富氧水可增加组织对氧的利用,具有耐缺氧、抗疲劳的作用。杨凌等实验[15]表明在海拔 4 000m 体力负荷前后,受试者 SOD 活性和工作效率较海平面对照值均有下降趋势,经高压氧 HBO 预处理后,SOD 活性有升高趋势,促使机体疲劳感降低或消失,提高人体的工作效率。这与本研究结果一致,表明应用增压方法有利于增加机体 SOD,以提高抗缺氧、耐疲劳的能力。

三、不同海拔低氧环境及增压对 SOD 的影响

与在海拔 2 260m 低氧环境运动后自然恢复的 B 组相比,在模拟海拔 4 500m 低氧环境运动后自然恢复 F 组 SOD 值稍有增加但低于 A 组（P<0.05）,分析原因,与 F 组海拔高度高于 B 组但运动负荷低于 B 组有关。而在模拟海拔 4 500m 低氧环境运动后进行 0.2MPa1h 增压恢复的 G 组 SOD 要高于 F 组和 B 组（P<0.05）,表明在模拟海拔 4 500m 低氧环境运动后,增压恢复可使大鼠血清 SOD 有一定的增加,以促进运动性疲劳的减弱和消除。

四、不同增压方式对 SOD 的影响

不同增压方式的 C 组、D 组、E 组和 G 组相比,D 组大鼠 SOD 较 B 组增加较多（P<0.05）,而采取 0.3MPa1h 增压的 E 组 SOD 值较低,推测较高压力的增压方式对 SOD 的负面影响较大,提示 0.2MPa2h 的增压方式对改善 SOD 活性较为有利。

第二节 总抗氧化能力

一、增压对 TAOC 的影响

总抗氧化能力（total anti-oxiygen capacity,TAOC）含量变化可以反映机体清除氧自由基抗氧化的能力,是从整体上反应机体防御体系的抗氧化能力强弱的重要指标[16-17]。TAOC 能够对各抗氧化系统协同完整的抗氧化能力做出综合全面评价,可一定程度地反映运动性疲劳状况。由于运动应激易导致机体产生大量自由基,自由基又可攻击组织使功能下降,因此成为运动性疲劳产生的主要原因

之一[18]。事实表明大强度运动属于强烈的应激刺激，强度大、时间长导致氧自由基产生增多，运动导致体内源性自由基的骤然增加，超出自由基清除能力，TAOC 出现下降，抗氧化能力降低，引起体内出现明显的脂质过氧化与抗脂质过氧化之间平衡的代谢紊乱和脂质过氧化损伤现象。此外，缺氧与自由基的产生增加和抗氧化能力下降密切相关[19]。

本研究中，经过低氧环境下运动训练后各组大鼠血清中 TAOC 的测定结果和比较见表 5-1 和图 5-2，其中 B 组与 A 组基本相同，而 C 组、D 组、E 组、F 组和 G 组都略有增加，但没有统计学意义。低氧环境进行疲劳运动的 B 组和 F 组的 TAOC 与 A 组相近，并没有出现下降，其中的原因还有待于深入探究。

有学者发现[20]，大强度训练可造成骨骼肌氧化应激损伤，造成运动能力下降。微压氧可提高骨骼肌抗氧化酶活性，减少骨骼肌脂质过氧化反应，提高运动能力。本研究中，应用增压恢复之后，C 组、D 组、E 组都比 B 组略有增加，提示增氧使大鼠体内缺氧环境得到了一定的缓解，体内总抗氧化和清楚自由基的能力上升，有利于促进机体疲劳的恢复。

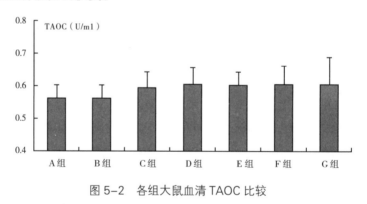

图 5-2　各组大鼠血清 TAOC 比较

二、不同海拔低氧环境及增压对 TAOC 的影响

测试结果显示 F 组 TAOC 稍高 B 组，没有出现随海拔增加而下降的趋势，其中的原因是否与 F 组运动强度较 B 组较低有关还有待于实验研究。而应用增压恢复的 G 组和 F 组 TAOC 基本相同，其中原因还需要深入探讨。

三、不同增压方式对 TAOC 的影响

不同增压方式的 C 组、D 组、E 组相比，以 D 组大鼠 TAOC 较 B 组增加幅度较大，表示 0.2MPa2h 的增压方式对增加 TAOC 较为有效。

第三节　谷胱甘肽过氧化物酶

一、谷胱甘肽过氧化物酶的生物功能

谷胱甘肽过氧化物酶（Glutathione peroxidase，GSH-Px）是体内广泛存在的一种重要的催化过氧化氢分解的酶，能特异地催化谷胱甘肽（GSH）对过氧化氨的还原反应，可使 H_2O_2 或过氧化物（ROOH）与还原性谷胱甘肽反应，生成的氧化型谷胱甘肽，再由供氢使氧化型谷胱甘肽重新被还原。GSH-Px 的主要生物学作用是广泛清除脂质过氧化物和过氧化氢，防止畸变、预防衰老和参与或调节前列腺素和血栓素生物合成等，起到保护细胞膜结构和功能完整的作用。在产生和清除自由基机理中 GSH-Px 起到关键作用，在线粒体及胞浆中所产生自由基主要靠 GSH-Px 清除；在 CAT 含量很少的组织中，GSH-Px 代替 CAT 催化生成水而不经活性氧（HO）环节。GSH-Px 与 SOD 一起是细胞内两种主要的抗氧化酶，代表组织细胞的抗氧化活力，这两种酶可增加自由基的清除，是保持体内自由基平衡的酶性调节剂，可调动或激活机体中的内源性抗氧化系统，有利于预防或减轻自由基损伤，使丙二醛含量降低，从而有助于脂质过氧化程度减轻。研究表明测量 GSH-Px、SOD、MDA、CAT 的含量和活性可以反映运动能力及运动性疲劳的产生 [21-23]。

二、增压对 GSH-Px 的影响

高原低氧环境下运动训练后各组大鼠血清 GSH-Px 测定结果见表 5-1 和图 5-3，与对照组（A 组）相比，B 组最低，C 组和 D 组高于 B 组但低于 A 组，E 组与 A 组接近，F 组和 G 组接近并且均高于 A 组、B 组（P<0.01）。

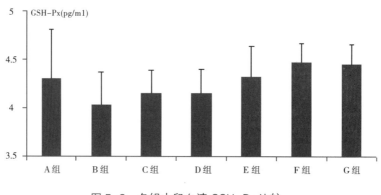

图 5-3　各组大鼠血清 GSH-Px 比较

正常生理和适宜运动负荷情况下，抗氧化酶系通过各自的作用途径使机体自由基的生成与清除处于动态平衡，但当机体进行大强度或力竭运动时，体内自由基的生成速率远远大于机体清除能力，使自身自由基生成与清除动态平衡关系失调，致使机体自由基大量堆积和脂质过氧化水平提高，从而导致脂质、DNA 以及蛋白质的氧化损伤，诱发运动性疲劳。大强度运动时机体摄氧量增加，其中约 2% 转换成了自由基，所以力竭运动时自由基尤其是氧自由基的净生成速率增加，构成了机体损伤并促使疲劳过早出现的一个重要因素[24]。

由于运动训练是对机体的一种应激刺激，使体内氧化和抗氧化系统的平衡体系发生倾斜，亚极量和力竭性运动后血中 GSH-Px 的活性可出现下降，机体清除自由基能力减弱并处于疲劳状态。另外，高原应激环境中，机体存在一定程度的氧自由基代谢紊乱，自由基浓度异常升高，抗氧化酶生物活性降低，导致体内抗氧化能力下降。与平原人群相比，高原人群 GSH-Px 含量和活性明显下降，这是高海拔生活环境可能导致机体抗氧化能力下降的表现[25]。缺氧环境中机体代谢增强，能量消耗过多，细胞不能维持其正常功能，致使体内物质氧化产生增多、自由基过量，从而使清除自由基的 SOD 和 GSH-Px 消耗增加，造成其数量和活性的降低。本研究中，相比 A 组（安静对照组），B 组 GSH-Px 值有所下降，表明海拔 2 260m 低氧环境下的疲劳运动对大鼠造成一定的刺激，致使其消耗增加，体内抗氧化能力出现下降。而对低氧环境中进行疲劳运动后实施增压恢复的 C 组、D 组和 E 组大鼠 GSH-Px 均较 B 组增加，提示应用增压方式恢复有利于大鼠血清中 GSH-Px 含量的提升，促进身体抗氧化和抗疲劳能力的增加。

三、不同海拔低氧环境及增压对 GSH-Px 的影响

值得注意的是，本研究中，在模拟海拔 4 500m 低氧环境下进行疲劳运动的 F 组和 G 组大鼠 GSH-Px 较 A 组有所增加，这与以往的研究结果相同[26]。李洁[27]对不同低氧训练模式对骨骼肌线粒体抗氧化能力影响进行研究，结果显示力竭运动后高住高练（HiHi）和高住高练低训（HiHiLo）不同低氧训练模式组大鼠的骨骼肌和骨骼肌线粒体的 SOD、GSH-Px 活性显著升高，说明低氧训练有助于提高大鼠力竭运动后即刻骨骼肌线粒体抗氧化酶活性以及减轻自由基的损伤，认为这可能是由于长时间低氧和运动双重刺激，机体代偿性地增强线粒体呼吸链功能，增强呼吸链酶活性以提高机体氧利用和缺氧适应能力。另外，有研究[28]表明低住高练 LoHi 和高住低练 HiLo 的低氧训练模式都能使大鼠肝脏 GSH、GSH-Px 活性显著增加（P<0.05），这与机体适应性调节机制有关，低氧诱导活性氧（ROS）适应性增加，激活了氧化还原状态的细胞转录敏感因子 AP-1 和 NF-KB，从而激活了 GSH-PxmRNA 的转录，最终导致 GSH 含量增加和 GSH-Px 活性增加。在本研究中，同在低氧环境中进行疲劳性运动训练，而海拔 2 260m 和 4 500m 的 B 组和 F 组大鼠 GSH-Px 的变化有所区别，这是否与海拔高度的不同、低氧运动刺激方式不同等因素有关还需深入研究。

四、不同增压方式对 GSH-Px 的影响

富氧后机体血液中氧浓度增加，明显促进 SOD、GSH-Px 的活力提升[29]，增强有氧氧化途径，对高原运动造成的自由基损伤有明显的抑制作用，能加速运动后体内自由基的清除，促进疲劳的恢复。对低氧环境中进行疲劳运动的大鼠实施增压后，C 组、D 组和 E 组的 GSH-Px 均较 B 组增加，其中以 E 组增长最多，并与 A 组值基本相同，提示在低氧环境训练造成的疲劳后，应用增压方式恢复有利于大鼠血清中 GSH-Px 的含量的提升，促进身体疲劳的改善，而这种作用以 0.3MPa1h 的加压方式最为明显。

第四节　活性氧

一、增压对 ROS 的影响

需氧生物的生存离不开氧的供应，如果在物质氧化产生能量过程中，氧未被完全还原成水，可导致氧自由基的产生，氧自由基也可转变成一些非自由基氧活性物质，由于功能上的相似性，这些物质被统称为活性氧（reactive oxygen species，ROS）。活性氧是由氧直接或间接转变的氧自由基及其衍生物，即包括氧的单电子反应产物、H_2O_2、OH 及其衍生物和脂质（LH）过氧化中间产物、LOOH 等比氧活泼的物质。ROS 可氧化修饰生物大分子从而调节细胞的分化、增殖、基因表达等，几乎所有的蛋白质或酶均可被活性氧氧化损伤。低浓度 ROS 能有效地刺激多种细胞的增殖；高浓度 ROS 对细胞的作用表现为抑制、细胞毒杀伤或凋亡。

正常情况下，细胞产生的少量 ROS 被内源性抗氧化系统灭活。内源性抗氧化系统包括抗氧化酶和抗氧化物质，抗氧化酶有 SOD、GPX、过氧化氢酶等；抗氧化物质有谷胱甘肽和抗氧化维生素等。病理情况下，当体内 ROS 产生数量超过机体抗氧化能力，ROS 就会损伤蛋白质、DNA、多糖和脂质，这就是氧化应激。作为细胞信号分子，ROS 可参与细胞功能的调节，氧分压改变、激素、细胞因子和化学物质等均可引起 ROS 增加。

本研究中，经过 6 天高原低氧环境下运动训练各组实验大鼠血清 ROS 测定结果和比较见表 5-2 和图 5-4。各组均较安静对照组（A 组）都有所增加，其中以 B 组、D 组、E 组和 F 组增加较多（P<0.05），而 C 且和 G 组稍高于 A 组。

表 5-2　各组大鼠 ROS、MDA 测定结果（M ± SD）

组别	ROS（IU/ml）	MDA（nmol/L）
A 组	125.277 ± 13.843	0.297 ± 0.070
B 组	213.899 ± 26.926*	0.420 ± 0.114*
C 组	149.161 ± 24.651◇	0.314 ± 0.059◇
D 组	212.601 ± 53.715*△	0.335 ± 0.062◇
E 组	172.726 ± 49.357*	0.326 ± 0.066◇
F 组	187.702 ± 58.920*	0.341 ± 0.070◇

G 组	$136.801 \pm 66.132^{\diamond \dotplus \#}$	$0.301 \pm 0.068^{\diamond}$
F	4.822	2.475
P	0.001	0.037

注：★表示与 A 组比较差异显著（P<0.05）；◇表示与 B 组比较差异显著（P<0.05），△表示与 C 组比较差异显著（P<0.05），☆表示与 D 组比较差异显著（P<0.05），# 表示与 F 组比较差异显著（P<0.05）。

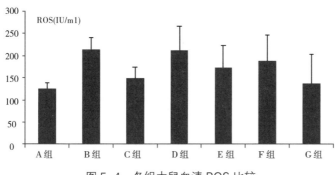

图 5-4　各组大鼠血清 ROS 比较

目前，机体氧化与抗氧化系统的失衡引起运动性疲劳的发生已成为不争的事实 [30-32]。运动可刺激机体产生大量 ROS，且机体运动时间越长，运动强度越大，产生的 ROS 越多 [33]。亚极量负荷和力竭性运动导致血清中 ROS 增多的原因是参与运动的骨骼肌耗能大、耗氧多，肌细胞线粒体负荷重和肌组织相对缺氧以及无氧代谢加强，都可以造成 ROS 产生增多的连锁反应 [34]。另外，剧烈运动时血中白细胞数量明显增多，加速流动的血液和因运动而产生的大量代谢产物及缺氧等均可对白细胞产生较为强烈的刺激，受刺激的中性粒细胞可产生大量的 H_2O_2 和 OH。运动时过多 ROS 产生不仅会导致遗传物质的破坏，蛋白质交联或多肽断裂，一些重要代谢酶因交联聚合而失活，引起一系列病理变化。而且 ROS 还会攻击生物膜上的多不饱和脂肪酸产生脂质过氧化，使生物膜结构和功能改变，表现为生物膜通透性增加、细胞内容物逸出、线粒体膜流动性降低和功能紊乱，造成 ATP 生成下降使能量供应不足，肌浆网受损，不能正常摄取 Ca^{2+}，造成胞浆 Ca^{2+} 堆积；溶酶体膜的破坏释放大量水解酶，从而加重组织的损伤，致使机体工作能力下降，成为产生运动疲劳和成为力竭的原因之一 [35]，对机体的健康和运动成绩造成不利 [36]。自由基是引起运动性疲劳或组织损伤的原因之一 [37, 38]，高强度的运动特别是长期大强度的运动，使自由基的生成增多并且使细胞的脂质过氧化反应加剧，脂质过氧化通过一系列途径，导致线粒体氧化磷酸化耦联程度降低，线粒体功能下降，ATP 生成量下降，造成细胞损伤，进而削弱细胞的代谢能力，最终导致疲劳形成，造成机体的损伤。研究证实急性和慢性运动等能引起人体内的自由基增加。另外，缺氧也会对机体自由基的代谢产生影响，已知缺氧的发生发展过程与 ROS 密切相关。缺氧时电子传递链的复合体 I 与辅酶 Q 之间两位点"电子漏"增加，ROS 形成增加；缺氧 ATP 耗竭，胞内 Ca^{2+} 超载，Ca^{2+} 通过蛋白激酶使黄嘌呤脱氢酶转化为黄嘌呤氧化酶，进一步催化黄嘌呤氧化，生成大量的 O^{2-}。ROS 通过其强烈的氧化作用，对不饱和脂肪酸产生氧化和过氧化作用，从而生成脂质过氧化物，影响到机体抗氧化酶系统，而运动和缺氧这两种因素的叠加就会导致机体的更大氧应激[39]。

与以上研究一致，经过 6 天疲劳性运动的各组大鼠血清 ROS 都有所增加，其中以自然恢复 B 组增加明显。骨骼肌细胞缺氧状态易产生大量的活性氧类物质ROS，致使氧化与抗氧化失衡而导致线粒体及细胞损伤[40]。缺氧作为一种伤害刺激能够导致机体整体直至细胞水平发生相应的反应，对于外界氧分压的变化，氧感受器能够感受细胞内外氧分压的变化，产生的 ROS 增多[41]。急性低氧应激后，大鼠心肌线粒体 ROS 呈上升趋势，并且随海拔高度的增加而增高。有实验发现急性低氧应激与一次急性运动后，线粒体 ROS 剧增，这是低氧应激产生的 ROS与运动产生的 ROS 叠加的结果。因此，在低氧环境中进行运动训练，两种刺激均使机体产生的 ROS 增多，是对低氧和运动引起的运动性疲劳的表现。

由于 ROS 对细胞和机体的毒害作用，在临床和运动实践中应用活性氧清除剂和抗氧化剂[42] 来降低 ROS 来提高抗缺氧和抗疲劳能力。本研究中，应用了增压恢复措施的 C、E、G 组血清 ROS 均较自然恢复的 B 组有所下降，其中以 C 组的下降较多（$P<0.05$），表明大鼠抗缺氧和抗疲劳能力增加，并且以 0.2Mpa1h 的加压方式达到最佳降低 ROS 的效果。

二、不同海拔低氧环境及增压对 ROS 的影响

在模拟海拔 4 500m 低氧环境中进行疲劳训练的 F 组 ROS 较 A 组增加，但低于 B 组。分析原因可能是随着海拔高度的增加，大鼠体内 ROS 多增，因此 F 组

高于 A 组（P<0.05），但由于 F 组的运动负荷强度低于 B 组，其体内 ROS 量低于 B 组。提示，在高原低氧环境中运动，运动负荷对 ROS 的产生影响起到主要作用。在模拟海拔 4 500m 低氧环境运动后应用增压恢复的 G 组 ROS 低于 F 组（P<0.05），表明在海拔 4 500m 低氧环境中运动后进行增压恢复，可使大鼠体内的 ROS 量减少，有利于减轻活性氧的损害，促进运动性疲劳的消除。

三、不同增压方式对 ROS 的影响

不同增压方式的 C 组、D 组、E 组相比，均较 B 组有所下降，其中以 C 组比较明显（P<0.05），表明 0.2MPa1h 的增压方式可有效降低大鼠体内 ROS 水平。

第五节　丙二醛

一、丙二醛与运动

丙二醛（malondialdehyde，MDA）是机体正常代谢产生的一种自由基，是氧自由基氧化细胞膜上磷脂形成的过氧化脂质的稳定存在形式，同时也是脂质过氧化损伤的产物之一。在生理情况下，体内不断产生少量氧自由基，但很快被自由基清除剂清除而不至于造成损害。某些因素导致氧自由基增加及清除酶活性降低，就会造成氧自由基积累从而攻击生物膜，使其中的多不饱和脂肪酸发生脂质过氧化链反应，产生大量 MDA。MDA 是脂质氧化终产物，会加剧细胞膜的受损程度，还可以影响线粒体呼吸链复合物及线粒体内关键酶活性[43]。研究发现[44]MDA 含量增加不仅可引起脂类、蛋白质发生交联、聚集形成脂褐变，还可影响细胞膜上多种酶的空间结构，引起细胞膜功能出现紊乱，造成引起对机体组织的损害[45]。MDA 升高在细胞生物氧化代谢紊乱中起着激发作用，是反映氧化损伤最简单、可靠的指标之一，也是一种脂质过氧化损伤有效标志物[46]，其含量可反映组织内自由基水平及脂质过氧化程度[47]。

目前普遍认为自由基的产生与剧烈运动即刻或运动后的许多细胞、组织、器官水平代谢紊乱有直接关系。过度训练中肌肉能量大量消耗，骨骼肌 MDA 含量明显升高,SOD 活性和总抗氧化能力明显下降,自由基生成加强,抗氧化能力减弱,

引起机体运动源性自由基的生成增加[48]。此时，如果体内的抗氧化能力不能同比例增加，将会产生大量的过剩自由基，造成 MDA 等堆积，它们不仅会损伤生物膜的功能，也可对细胞内的信号转导通路产生影响，由此影响组织能量代谢[49]。动物实验表明[50]大鼠血清、骨骼肌、心肌的 MDA 含量在不同负荷运动后均显著增加，这是由于运动强度很大且持续时间较长，机体消除系统不足以平衡自由基的产生致 MDA 含量急剧增大；而李雷[51]等研究发现不同负荷的训练至疲劳时，MDA 出现增加，SOD/MDA 比值显著减少可以启动细胞凋亡，使细胞凋亡与运动性疲劳同步发生，进一步发展引起相关脏器的损伤和炎症出现并导致疾病的发生。运动训练时机体产生氧化应激，表现为氧摄取和消耗增加，能量代谢加强，体内自由基成比例增加，机体内相对缺氧，细胞内钙离子浓度增加、体温上升、儿茶酚胺水平升高，运动中和运动后 Hb 的自主氧化速度增加；另外，大强度运动消耗机体的抗氧化物质，从而降低机体的抗氧化能力，两方面作用的结果可能使运动疲劳提早发生，降低运动能力，力竭运动后骨骼肌中 MDA 含量明显增加。

二、增压对 MDA 的影响

本研究中，6 天低氧环境运动训练后，各组大鼠血清 MDA 检测结果见表 5-2 和图 5-5。与对照组（A 组）相比，各组 MDA 值出现上升，其中以 B 组最高（P<0.05），但增加幅度以 C 组、E 组和 G 组较低；G 组低于 F 组，并且均低于 B 组（P<0.05）。

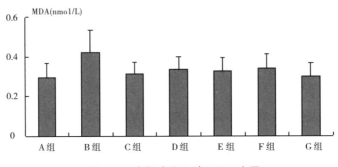

图 5-5　各组大鼠血清 MDA 水平

受高原低氧低气压环境刺激，机体会产生氧化应激反应，造成体内自由基与抗氧化能力的变化。高原低氧环境下，MDA 明显高于平原，且随海拔高度的升高而增高，随高原居住时间的延长而降低。MDA 是氧自由基与生物膜不饱和脂肪酸发生脂质过氧化反应的中间代谢产物，MDA 从膜上产生的位置释放出后，可以与蛋白质、核酸等反应，从而使其丧失功能，进而导致细胞结构和功能的破坏以及机体组织的损伤和器官的病变等，MDA 增加致使细胞膜通透性提高，炎性细胞浸润，损伤细胞功能，降低机体抗氧化能力[52, 53]。

针对低氧环境下造成的自由基等增加现象，目前改善抗氧化能力的方法主要为改善体内的氧环境。学者发现[54]在高海拔地区应用长期氧疗，可以降低慢性高原病患者体内活性氧自由基所介导的脂质过氧化反应产物，降低 MDA 水平，SOD、NO、NOS 升高，改善缺氧造成的重要脏器损伤及保护线粒体氧化呼吸功能，对预防慢性高原病的发生有重要作用，其机制除与提高氧分压，增加氧化酶活性有关外，与平衡氧自由基代谢、改善线粒体氧化呼吸功能有关。崔建华等[13]在海拔 3 700m 和 5 380m 负荷运动中，口服富氧水后较未服富氧水时 SOD 增高、MDA 下降，从而增加组织对氧的利用，达到耐缺氧、抗疲劳的作用。高原激烈运动造成自由基代谢水平提高，自由基生成过多，可能是诱发运动性骨骼肌结构异常和运动性疲劳的主要原因之一[55]。本研究中，采用增压方式恢复的 C 组、D 组、E 组、G 组 MDA 均有所下降，可见通过增加大气环境压力，提高机体对氧的摄取、弥散、运输能力，从而提高体内氧浓度，达到缓解缺氧和运动性疲劳的目的，这与袁海峰等人[56]的研究结果相同。他们发现大鼠游泳运动疲劳后体内活性氧生成增加，血浆中与氧化应激密切相关的酶和生物分子表现 SOD、GSH-Px 活力降低，GSH 水平下降，MDA 含量升高，这些因素综合作用，导致引起氧化损伤，从而造成机体疲劳；而服用参芪口服液显著升高 SOD 活力、显著 MDA 含量，有效保护机体免受氧化应激损伤。

三、不同海拔低氧环境及增压对 MDA 的影响

本实验中，在海拔 2 260m 和模拟 4 500m 低氧环境中进行疲劳运动的 B 组和 F 组 MDA 均有明显增加，这与以前的研究结果一致，表明 MDA 增加是低氧环境运动疲劳的表现特征，低氧和运动的复合刺激可使体内 MDA 增加，出现抗氧化和抗疲劳能力下降。F 组低于 B 组，分析原因可能与 F 组环境的海拔高原高于 B 组，但运动负荷强度低于 B 组有关。G 组 MDA 低于 F 组，提示在海拔 4 500m 低氧环

境运动后，运用增压方法可以降低 MDA 的生成，有益于抗氧化和抗疲劳。

四、不同增压方式对 MDA 的影响

从测定结果来看，采取增压恢复措施的 C 组、D 组、E 组血清 MDA 都低 B 组（P<0.05），并以 C 组较低；模拟海拔 4 500m 运动后采取增压恢复 G 组的 MDA 也低于 F 组（P<0.05），表明采用增压方式可以降低大鼠在低氧环境疲劳性运动后的 MDA，以提高机体抗氧化、抗疲劳、抗缺氧能力。这与先前的研究相同。富氧运动较未富氧运动 MDA 降低，SOD、GSH-Px 升高，提示富氧对高原运动造成的自由基损伤有明显的抑制作用，能加速运动后体内自由基的清除，促进疲劳的恢复，并对于增强有氧氧化途径具有重要作用。同为采取增压恢复措施的 C 组、D 组、E 组相比，其中以 C 组 MDA 的值最低，提示 0.2MPa1h 的加压方式对 MDA 的降低作用效果最为明显。

综上所述，大鼠在高原低氧环境中大负荷运动训练及增压恢复方式对抗氧化能力的影响呈现以下几个特点：

1. 高原缺氧环境下进行疲劳性运动训练，运动与低氧的复合作用对大鼠抗氧化能力造成一定的影响，表现为 ROS、MDA 自由基的增多和 SOD、GSH-Px 的下降，抗氧化能力呈现降低，成为运动疲劳产生机制的因素之一。

2. 在高原缺氧环境下进行疲劳性运动训练后，采取增压辅助训练方式可对大鼠的疲劳状况有一定程度的改善，表现为 SOD、TAOC 和 GSH-Px 增加、ROS 和 MDA 减少，对提高大鼠清除自由基，增加抗氧化能力，促进疲劳恢复有积极作用。

3. 采取不同增压方式对大鼠抗氧化指标的影响出现不同的效果，其中应运 0.2MPa1h 的加压方式，对降低 ROS 和 MDA 有明显作用，应运 0.2MPa2h 的加压方式可明显提高 SOD、TAOC，应运 0.3MPa1h 的加压方式则对 GSH-Px 的增加效果较好。

参考文献

[1] 袁牧，王昌留，王一斐，等. 超氧化物歧化酶的研究进展 [J]. 中国组织化学与细胞化学杂志，2016，25（6）:550-558.

[2] 胡平，吴耿伟，夏青等. SOD 模拟及其抗氧化和抗炎症功能的研究进展 [J].

化学进展，2009，21（5）:873-879.

[3] 杨芳芳.红景天苷对运动疲劳大鼠骨骼肌线粒体自由基代谢及呼吸链功能的影响[J].扬州大学学报（农业与生命科学版），2021，42（5）:61-66.

[4] 闫清伟.SOD在运动人体科学中的研究进展[J].榆林学院学报，2012，22（2）:28-31.

[5] 陈军.不同强度的运动训练对大鼠骨骼肌自由基的影响[J].体育世界学术，2009，11:34-35.

[6]LessardSJ，Rivas D A.Stephenson E J，etal.Exercise training reverses impaired skeletal muscle metabolism induced by artificial selection for low aerobic capacity[J].AmJPhysiol Regal Integr Comp Physial，2011，300（1）:R175-R182.

[7] 陈珍珍，郑建飞，林诚等.运动训练对大鼠运动能力和不同类型肌纤维自由基代谢的影响[J].福建医科大学学报，2013，47（1）:25-28.

[8]Yu S H.Huang H Y，Korivi M，etal.Oral Rg1 supplementation strengthens antioxidant defense system against exerciseinduced oxidative stress in rat skeletal muscles[J]. J Int Soc Sports Nutr，2012，9（1）:23.

[9] 张昕.耐力训练模型大鼠骨骼肌代谢酶与自由基变化[J].中国组织工程研究与临床康复，2011，15（28）:5265-5268.

[10] 万利.自由基的产生对运动疲劳的影响及其恢复机制[J].河北体育学院学报，2004，18（1）:28-31.

[11] 宋海军，刘静霞，蔡国梁.运动性疲劳的分子生物学机制[J].中国临床康复，2005，9（16）:200-202.

[12] 陈斌.高原氧自由基代谢的研究进展[J].高原医学杂志，2009，19（2）:56-61.

[13] 崔建华.高氧水对高原人体耐缺氧抗疲劳作用机制探讨[J].临床军医杂志，2007，35（4）:495-497.

[14] 江涛，韦雪亮，肖书奇.谷氨酰胺对大鼠运动性疲劳的改善作用及其机制[J].中国应用生理学杂志，2021，37（3）:293-297.

[15] 杨凌，石路，刘俊松，等.高压氧预处理对急性缺氧人体劳动能力的影

响 [J]. 临床和实验医学杂志，2014，13（17）:1444-1448.

[16] 孙君志，王东辉，王纯等 . 不同强度跑台运动对大鼠血清总抗氧化能力、超氧化物歧化酶活性及丙二醛含量的影响 [J]. 中国临床康复，2006，10（48）:68-71.

[17] 熊正英，刘军 .Ebselen 对大强度耐力训练大鼠肝脏细胞凋亡及自由基代谢的影响 [J]. 体育科学，2008，28（11）:62-67.

[18] 郭晓秋，徐洁，曾玲等 . 染料木素抗运动性疲劳的实验研究 [J]. 世界最新医学信息文摘，2013，13（10）:56.

[19] 黄丽英，林文，翁锡全，等 . 高住低练对大鼠心肌线粒体活性氧的影响 [J]. 中国运动医学杂志，2005，24（6）:665-667

[20] 张冉，袁赵鹏 . 微压氧对大强度训练大鼠氧化应激的影响 [J]. 体育科研，2018，39（1）:89-93.

[21] 郭文，罗学港，王慧，等 . 降钙素基因相关肽对大鼠运动性疲劳的影响 [J]. 体育科学，2016，36（7）:63-70。

[22]FAN W，WU X，PAN Y，etal.1-（1.3-Benzodioxol-5-yl-carbonyl）piperidine.amodulatorofα-amino-3-hydroxy-5-methy1-4-isoxazole propionic acidr eceptor,amelioratese xercise-induced fatigue in mice[J].Biol Pharm Bull，2014,37（1）:13-17.

[23]YANG Q，JIN W，LV X，etal.Effects of macamides on endurance capacity and an ri-fatigue property in prolonged swimming mice[J].Pharm Biol，2015，9:1-8.

[24] 唐文坤，刘志刚，熊正英 . 大豆总皂甙对运动力竭大鼠心肌抗氧化能力影响的实验研究 [J]. 南京体育学院学报(自然科学版),2014,13(5):42-45.

[25] 张西洲，何富文，康学文等 . 高海拔居住及返回平原后 RBC-SOD 和 GSH-PX 的改变 [J]. 中华内科杂志，1994，33（7）:448.

[26] 黄丽英 . 间歇低氧训练对大鼠氧化应激及其低氧适应机制的研究 [D]. 华东师范大学博士学位论文，2003.

[27] 李洁，张耀斌 . 不同低氧训练模式对大鼠力竭运动后骨骼肌线粒体抗氧化能力及呼吸链酶复合体活性的影响 [J]. 生理学报，2011，63（1）:55-61.

[28] 陈晓彬，林文搜，翁锡全等.常压模拟高住低练和低住高练对大鼠肝脏谷胱甘肽抗氧化系统影响的比较 [J].广州体育学院学报，2006，26（2）:89-92.

[29] 崔建华，张西洲，张建林等.氧浓度增加对 5380m 高原人体运动自由基代谢的影响 [J].航天医学与医学工程，2003，16（5）:377-378.

[30] 孙学军，彭兆云，陈箫莹，等.活性氧对低氧诱导因子的调节 [J].第二军医大学学报，2006，27（6）:660-664.

[31] 万利.黑灵芝多糖提取物对力竭动小鼠的抗疲劳作用 [J].基因组学与应用生物学，2020，39（9）:4339-4344.

[32] 王耀东，邱丽，孙梦佳.壳聚糖通过减少自由基堆积提高对运动训练小鼠抗疲劳能力的实验研究 [J].天津体育学院学报，2020，35（4）:434-438.

[33] 刘宁，王轲，赵歌.递增负荷运动训练对大鼠血清及部分组织 MDA、ROS 含量和 SOD 活性变化的影响 [J].青海医学院学报，2008，29（4）:240-244.

[34] Kon M，Tanabe K，Akimoto T，eta1.Reducing exercise—induced muscular injury in kendo athletes with supplementation of coenzyme Q10[J]. Br J Nutr，2008，100（4）; 903-909.

[35] 黄丽英.线粒体自由基与运动性疲劳产生机制的探讨 [J].生物物理学报，2009，25:391

[36] Atalay M，Lappalainen J，Sen C K.Dietary antioxidants for the athlete[J]. Curr Sports Med Rep，2006，5（4）:182-186.

[37] 杨建昌，续敏.力竭性游泳对大鼠红细胞膜脂质流动性及膜脂质过氧化的影响 [J].西安体育学院学报，2002，19（1）:49-51.

[38] 张钧，邓蜀李.运动对大鼠心肌线粒体功能的影响 [J].北京体育大学学报，2003，26（2）:198-200.

[39] 庞阳康，林文弢，陈景岗，等.高氧恢复对低氧训练大鼠骨骼肌 SDH 和 MDH 活性的影响 [J].体育学刊，2009，16（7）:110-112.

[40] 庞巨涛，张新虎，孙建华，等.维生素 E 联合红景天对低氧复合运动小鼠骨骼肌保护作用的研究 [J].重庆医学，2017，46（14）:1889-1891，

1896.

[41]Kaelin WGJr.ROS：really involved in oxygen sensing[J].Cell M etab，2005，1:357-358.

[42] 张京红，卢健，陈彩珍，等．运动中活性氧与抗氧化剂补充的内稳态研究述评 [J]．体育学刊，2009，16（11）:100-104.

[43]Hempe Jm，Ory·Ascani J．Simultaneous analysis of redueed glutathione and glutathione disulfide by capillary zone eleetrophoresis[J]．Electrophoresis，2014，35（7）：967-971.

[44]Zhou b，Liu H Y，Zhu b l，etal.MicroRNA-141protects PC12 cells against hypoxia/reoxygenation-induced injury via Keap1-Nrf2 signaling pathway[J].J Bioenerg Biomembr，2019，51（4）:291-300.

[45] 翟晓虎，杨海锋，陈慧英，等．丙二醛的毒性作用及检测技术研究进展 [J]．上海农业学报，2018，34（1）:144-148.

[46]Cheng P.F.，Chen J.J.，Zhou X.Y.，Ren Y.F.，Huang W.，Zhou J.J.，andXie P.Do soy isoflavones improve cognitive function in postmenopausal women?A meta-analysis[J].Menopause，2015，22（2）:198-206.

[47] 李海英，赵娟，佟长青．低氧及复合运动对大鼠血清超氧化物歧化酶活性及丙二醛含量的影响 [J]．现代中西医结合杂志,2008,17（5）:2284-2285.

[48] 时庆德，张勇，文立．运动性疲劳的线粒体膜分子机制研究 II．运动性氧自由基代谢途径再探讨 [J]．中国运动医学杂志，2000，19（1）:43-44，55.

[49] 李琳燕．过度训练对大鼠骨骼肌自由基代谢和 MAPK 信号通路 P38 蛋白表达的影响 [J]．沈阳体育学院学报，2011，30（1）:62-64.

[50] 刘宁，王轲，赵歌．递增负荷运动训练对大鼠血清及部分组织 MDA、ROS 含量和 SOD 活性变化的影响 [J]．青海医学院学报，2008，29（4）:240-244.

[51] 李雷，刘丽萍，容仕霖，等．疲劳大鼠肝、肝细胞 Ca2+、S0D/MDA 比值变化与细胞凋亡的实验研究 [J]．北京体育大学学报,2002,25（6）:766-768.

[52] 赵健民，康龙丽.不同海拔不同民族人群机体自由基代谢的比较 [J].西藏大学学报，2002，17（3）:11-12.

[53] 王延玲，尹强，王荣，等.不同海拔缺氧对大鼠心肌 HIF-1α 的影响研究 [J].高原医学杂志，2013，23（1）:5-8.

[54] 崔建华，高亮，邢文荣，等.氧疗在预防慢性高原病中的作用 [J].中国应用生理学杂志，2013，29（5）:391-394.

[55] 崔建华，王引虎，张西洲，等.红景天对高原人体运动后自由基和血清肌酸激酶的影响 [J].航天医学与医学工程，2001，14（6）:448-451.

[56] 袁海峰，马薇娇，李泽龙，等.参芪口服液对运动性疲劳大鼠运动能力及氧化应激的影响 [J].当代体育科技，2018，8（6）:7-10.

第六章　增压对部分免疫指标的影响

免疫能力的降低是运动性疲劳产生的另一个重要原因，本研究中对大鼠部分免疫功能指标进行测定，以了解高原低氧环境下大强度运动对其免疫功能的影响和应用增压恢复措施后的变化。

第一节　C- 反应蛋白

一、C- 反应蛋白概述

C- 反应蛋白（C-reaction protein, CRP）是机体由于创伤或炎症造成各种组织损伤时肝脏合成并释放进入血浆的急性相蛋白，是一种高度灵敏的炎性标志物[1]，具有主要调节器作用，它是机体非特异性免疫功能的重要组成部分，常用作炎症和组织损伤程度的评定指标，也是影响多种疾病的重要危险因素[2]。CRP 是全身急性炎症反应的非特异性标志物之一，它在健康人血清中的浓度极低，一旦机体发生感染或细胞组织受损，肝细胞就会在 IL-6 等细胞因子的诱导下大量合成CRP 并释放入血[3-4]。高浓度的血清 CRP 可通过促进血管内皮细胞增生、迁移、动脉内膜增厚，导致血管重构阻力增加而使血压增高[5]；在血脂代谢异常的患者体内 CRP 水平也有明显升高。

CRP 是炎性淋巴因子刺激肝脏和上皮细胞合成[6]，它是环状五球体蛋白，分子量约为 20KD，由五个不同的单体以非共价键构成。CRP 是组织损伤时急性炎症反应指标之一，白细胞介素 1、白细胞介素 6 以及肿瘤坏死因子是其合成最主要的调节因子。在炎症或急性组织损伤后，CRP 的合成在 4~6h 内迅速增加、36~50h 达高峰，峰值可为正常值的 100~1 000 倍，其半衰期较短（4~6h）。长期以来 CRP 一直被临床看作病毒和细菌感染的炎症反应标志，CRP 的上升和下降都随炎症的变化而变化，作为炎症反应敏感指标，当处于感染、外伤、炎症等反应时，CRP 就会出现急剧上升的现象。

身体活动与体适能水平与 CRP 明显相关[7]，运动对于 CRP 的影响与运动强度以及运动方式有关[8]，单次剧烈活动后 CRP 浓度会升高 5~20 倍并在运动后 24~48h 达最高值；长时间及大负荷运动能够导致大鼠血清炎症因子 CRP 水平升高[9]，而有氧运动训练可明显降低 CRP，具有一定的抗炎效果，从而达到降低心血管等疾病的患病率[10]。高原低氧环境中的应激刺激会造成 CRP 的变化，有研究报道[11]受试者在高原海拔 4 300m 训练 1d 后，血浆中 IL-6 和 CRP 水平上升，说明有炎性反应发生。Hartmann 等（2000）研究显示，在高海拔地区，缺氧条件将增加血液中 CRP 循环，高原低压低氧可能通过上调循环系统中炎性标志物 CRP、IL-6 水平，导致局部炎症，参与高原肺水肿的发病过程。崔建华[12]等观察到汽车兵在海拔 3 700m 的高原，CRP 显著增高（P<0.05），返回平原后 CRP 则出现下降。朱爱琴[13]等人证实，人体血清 IL-1、IL-6、IL-8 和 CRP 水平在高海拔地区显著增高，并指出高原氧化应激、强紫外线等环境因素可能诱导炎症反应的发生。

二、增压对 CRP 的影响

本研究中，各组大鼠血清 CRP 值及其比较见表 6-1 和图 6-1。B 组、E 组和 F 组较对照组 A 组有所增加，其中以 B 组增加幅度较大，C 组、D 组较 B 组有所下降并低于 A 组，G 组较 F 组有所下降也低于 A 组，但均无统计差异。

表 6-1　各组大鼠部分免疫指标测定结果（M±SD）

组别	CRP（ug/L）	IL-2（ng/L）	IL-6（ng/L）
A 组	95.75±4.82	95.05±10.64	10.27±0.24
B 组	99.84±14.64	90.39±11.10	10.05±0.33
C 组	93.51±2.97	98.71±9.47	10.13±0.27
D 组	93.73±1.95	89.84±9.68	9.94±0.44
E 组	96.15±4.64	97.78±10.10	10.16±0.50
F 组	98.91±5.04	88.13±11.66	11.40±2.22
G 组	92.66±2.53	105.53±12.92◇□$	10.05±0.32

| F | 1. 393 | 2.574 | 2.005 |
| P | 0. 236 | 0.031 | 0.083 |

注：◇表示与 B 组比较差异显著（P<0.05），□表示与 E 组比较差异显著（P<0.05），& 表示与 G 组比较差异显著（P<0.05）。

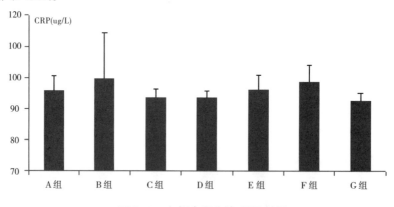

图 6-1　各组大鼠血清 CRP 结果

研究证明 [14] 力竭性运动使机体炎症反应加剧，4 周力竭性运动后大鼠血清 CRP 水平显著升高（P<0.01），学者发现急速进入海拔 3 600m 高原人员第二天 CRP 升高 68.9%，第 6 天较第 2 天降低、而第 15 天时已接近平原值，移、世居两组也非常接近观察组平原值，提示 CRP 是人体对低氧环境的一种应激反应。本研究中，在海拔 2 260m 和模拟海拔 4 500m 低氧环境中进行疲劳训练的 B 组和 F 组大鼠血清 CRP 水平较对照组 A 组均有所增加。表明，在低氧环境中进行高强度的运动刺激，大鼠血清 CRP 增加，使机体炎症反应加剧，出现运动应激损伤加剧情况。采取增压恢复的 C 组、D 组 CRP 低于 B 组，提示在海拔 2 260m 低氧环境下，增压可一定程度减少 CRP 的产生，减缓对身体的损害。这与陈锐勇 [15] 等人的研究发现类同。

三、不同海拔低氧环境及增压对 CRP 的影响

在模拟海拔 4 500m 低氧环境中运动的 F 组 CRP 较 A 组有所增加并与 B 组接近，而应用增压恢复的 G 组 CRP 低于 F 组。研究证实 CRP 直接作用于血管，抑制 HIF-1α 的表达和缺氧组织血管新生 [16]。CRP 水平的下降，有利于缺氧组织

的血管新生和供氧，以增强机能，提高疲劳恢复能力，可见，在海拔 4 500m 低氧环境下应运增压恢复手段可以降低大鼠 CRP 水平，对免疫功能改善和疲劳恢复有一定的促进作用。

四、不同增压方式对 CPR 的影响

不同增压方式恢复的 C 组、D 组血清 CRP 基本一致，而 E 组有所增加，说明 0.2MPa1h 和 0.2MPa2h 加压方式对减低大鼠 CRP 的作用较高。

第二节　白细胞介素

一、白细胞介素与运动

白细胞介素（interleukin，IL）简称白介素，在 1977 年第二届淋巴因子国际会议上被命名的，是指在白细胞或免疫细胞间相互作用的细胞因子，它和血细胞生长因子同属细胞因子，两者相互协调、相互作用，共同完成造血和免疫调节功能。白细胞介素是由白细胞和机体其他细胞在受到各种诱导刺激时所分泌的一类小分子的调节蛋白，作为一种介导传递生物信号的蛋白分子，白细胞介素在传递信息、激活与调节免疫细胞、介导 T、B 细胞活化、增殖与分化及在炎症反应中起重要作用。对于运动后急性期反应研究的较有代表性的细胞因子是白细胞介素 1（IL-1）、白细胞介素 2（IL-2）和白细胞介素 6（IL-6），它们在机体应激情况下，对维持机体生理平衡具有重要作用[17]。

IL-2 又被称为 T 细胞生长因子（TCGF），1976 年 Morgan 等用丝裂原刺激 T 淋巴细胞首次发现了这种细胞因子，其为分子量 1.5 万的精蛋白，主要由 CD4+ 和 CD8+T 细胞产生。作为一种细胞生长因子，IL-2 有多重生物学功能，例如促进 T 细胞生长、增殖及分化；调节 NK 细胞并保持它的自然杀伤力；诱导细胞毒性 T 细胞的增殖和产生；促进 B 淋巴细胞的增殖作用；可以促进免疫球蛋白（immunoglobulin，Ig）的产生，提高 Ig 水平；与其他细胞因子的协同作用等，以激活细胞免疫，具有抗肿瘤、抗感染等生理作用[18]。

IL-6 又称 B 细胞刺激因子（浆细胞生长因子），分子量 2.2~3 万，是 184 个

氨基酸组成的糖蛋白，除作为 B 细胞和 T 细胞的终末分化因子外，还是一种新的调控因子。IL-6 来源于单核巨噬细胞、成纤维细胞、T 细胞等，主要作用是促进 B 细胞增生分化和分泌抗体，对肝细胞、T 细胞、神经组织、造血系统具有广泛效应，也具有抗肿瘤效应，可直接或间接增强大然杀伤细胞（NK 细胞）杀死肿瘤的活性。IL-6 是一种多效性的细胞因子[19]，主要是由免疫细胞产生的细胞因子，可促进淋巴细胞增殖，增强细胞免疫功能。缺氧、自身免疫性抗体、病原微生物等多种因素均可导致 IL-6 表达升高，从而激活炎症细胞和下游的信号转导通路，启动增殖过程和炎症病变，在低氧高二氧化碳环境下 IL-6 表达升高[20]。

运动与白细胞介素的研究是运动免疫方面研究的热点，IL-2、IL-6 是机体在应激情况下，对维持机体生理平衡具有重要作用。不同的运动方式、运动强度对白细胞介素的影响也不尽相同，中等强度适度的运动能激活免疫系统，并提高免疫功能，而大强度的运动则抑制免疫系统，使免疫功能下降，机体患病风险增加[21]。学者认为[22]IL-6 在中小强度运动时发挥抗炎作用，在长期大强度运动时发挥促炎作用。研究表明[23-24]运动强度和血浆 IL-6 水平的增高存在着相关关系，长时间高强度运动骨骼肌会产生炎症因子，运动过程中 IL-6 表达的增加和肌肉发生损伤及炎性反应的程度相关[25]。运动引起的 IL-6 增加与运动的强度及运动持续的时间有关，过度的运动时长及运动负荷则会导致大鼠血清炎症因子 TNF-α 和 IL-6 水平上升。高强度力量训练（HST）后 3h 人体血清 IL-6、CRP 和皮质醇升高（P < 0.05）[26]，非运动员以 200min 间歇性运动至极度疲劳时，可导致血清 IL-1α 和 IL-6、Cor、GLu 和 BLD 显著升高，认为血清 IL-1α 和 IL-6 浓度增加可能是抑制细胞免疫功能的因素之一。

有关运动对 IL-2 浓度影响的文献报道并不一致。中、低强度的运动训练有助于 IL-2 活性提高，大强度训练则抑制 1L-2 活性，力竭运动后 1 小时 IL-2 明显下降，直至 20h 恢复到运动前水平。IL-2 是免疫调节中的重要因子，在大强度急性运动时，IL-2 分泌减少提高免疫抑制，认为短暂剧烈运动后 IL-2 下降可能表明淋巴细胞致免疫的激发能力下降。长期过度训练往往可诱使血浆 IL-2 含量下降，由于 IL-2 直接介导免疫反应，因此过度训练可导致机体免疫机能受抑制。

各组大鼠血清 IL-2 和 IL-6 测定结果及其比较见表 6-1 和图 6-2、图 6-3，其中 IL-2 值 B 组、D 组和 F 组均较 A 组有所下降，C 组、E 组和 G 组都高于 A

组和 B 组，G 组高于 F 组；各组的 IL-6 接近，其中以 D 组较低、F 组较高，G 组略低于 F 组，但都没有统计学差异。

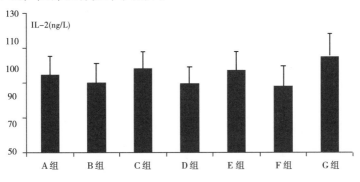

图 6-2　各组大鼠血清 IL-2 结果

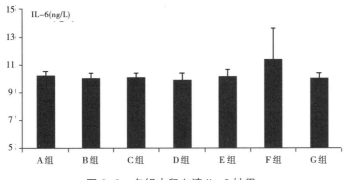

图 6-3　各组大鼠血清 IL-6 结果

二、增压对 IL 的影响

IL-2 和 IL-6 主要是由免疫细胞产生的细胞因子，可促进淋巴细胞增殖，增强细胞免疫功能。研究认为运动后恢复期 IL-6 等致炎细胞因子过量释放，可能是机体免疫机能下降的一种表现。刘铁民等[27] 研究显示过度训练可以导致大鼠血浆白细胞介素 -1 和白细胞介素 -6 明显增加（P<0.05），白细胞介素 2 稍有下降，但无显著性差异。

本研究中，在低氧环境下进行疲劳运动的 B 组和 F 组的 IL-2 出现下降、F 组的 IL-6 有所增加，表明高强度的运动负荷使大鼠的免疫机能受到抑制。这与万鸿亮[28] 发现 IL-2、IL-4、IL-10、IFN- γ 在 4 周高住高练低训后出现下降趋势相同。而应用增压氧恢复后，C 组和 E 组大鼠的 IL-2 出现增加趋势、D 组

IL-6 出现下降，提示机体细胞免疫和抵抗炎症功能的增强，有利于机能和疲劳的恢复。这与王会平[29]和刘洁[30]、吴杨[31]等人显著降低血清 CRP 和 IL-6 含量，减轻炎性反应的研究相同，高压氧治疗可以使提高机体对低氧耐受能力，对缺血缺氧心肌具有一定的保护作用。刘延莹[32]发现亚健康疲劳状态女大学生血清 IL-6 水平升高、IL-2 水平降低，经过 12 周有氧健身操结合健康教育干预，出现 IL-6 水平降低、IL-2 水平，免疫功能得以调节，疲劳程度减轻。

三、不同海拔低氧环境及增压对 IL 的影响

IL-6 是诱导疲劳的主要因子[33]，异常增高的 IL-6 可激活补体及 N 反应蛋白的表达，产生细胞损害，同时可诱导产生黏附因子，还可激活星形胶质细胞、血管内皮细胞引起淋巴细胞活化，进一步导致炎症反应的加剧。低氧环境对 TNF-α、IL-1β 和 IL-6 等机体炎症因子的表达存在不同的影响作用[34]，Klausen 等报道急性及长期高海拔暴露可提高人体血清中的 IL-6 的水平，Yan 等也发现高海拔地区暴露下小鼠的内皮细胞中 IL-6 显著增高。蒲小燕等发现[35]在模拟海拔 2 200m 和 4 200m 低氧环境中暴露 30 天使小鼠血清中的 TNF-α、IL-6 分泌增多。在高原低压条件下，人体运动后 IL-6 和 MMP-9 水平明显增高[36]。

本研究中，在不同海拔高度低氧环境下进行疲劳运动的 B 组和 F 组的 IL-2 出现下降、F 组 IL-6 出现增加，提示随着海拔高度的增加，低氧环境下疲劳状态越深刻。采用增压恢复的 G 组与 F 组相比，IL-2 有所增加、IL-6 出现下降，表明在模拟海拔 4 500m 后应用增压对大鼠的疲劳状况有一定的缓解。

四、不同增压方式对 IL 的影响

不同增压方式的 C 组、D 组和 E 组比，D 组 IL-2 和 IL-6 都有下降，C 组和 E 组 IL-2 有所增加但 IL-6 没有变化，提示 0.2MPa2h 的恢复方式没有 0.2MPa1h 和 0.3MPa1h 的增压方式对于提高 IL-2 的作用明显。

总体而言，在高原低氧环境中疲劳性运动训练及增压方式恢复对大鼠部分免疫指标的影响表现为：

1.6 天高原低氧环境疲劳性运动训练对大鼠部分免疫功能指标产生一定影响，表现为 CRP 和 IL-6 增加、IL-2 下降趋势。

2.应用增压可以促使大鼠高原低氧运动后CRP和IL-6水平下调和IL-2浓度增加,对细胞免疫和抵抗炎症功能有一定的改善,其中以0.2MPa1h和0.3MPa1h的加压方式作用更为显著。

参考文献

[1] 孙磊, 李方晖. 高强度间歇训练对老龄大鼠骨骼肌减少症及某些氧化应激、脂肪细胞因子和炎症因子的影响[J]. 中国运动医学杂志, 2019, 38（8）:691-699.

[2] 张孟雁, 罗勇, 黄健. 健身登山对肥胖中老年人体质水平、血脂、胰岛素抵抗及C-反应蛋白的影响[J]. 广州体育学院学报志, 2020, 40（3）:91-93, 103.

[3] Schmidt-Arras D, Rose-John S.IL-6 pathway in the liver:From physiopathology to therapy[J].Journal of Hepatology,2016,64(6):1403-1415.

[4] Hendrie HC, Hake A, Lane K, etal.Statin Use, Incident Dementia and Alzheimer Disease in Elderly African Americans[J].Ethnicity & Disease, 2015, 25（3）:345.

[5] 王庆博, 王禾. 运动、C-反应蛋白与慢性病[J]. 沈阳体育学院学报, 2007, 26（5）:44-46, 52.

[6] 赵学英 .C-反应蛋白(CRP)在临床中的应用[J]. 中国保健营养,2013,(5): 553-554.

[7] 李水碧, 李志雄. 运动与C-反应蛋白[J]. 中华体育季刊,2009,22(2):11-23.

[8] Stewart LK, Flynn MG, Campbell WW, etal.The influence of exercise rtaining on inflammatory cytokinesand C-reacrovep rotein[J].Med Sci Sports Exerc, 2007, 39（10）:1714-1719.

[9] 韦秀霞 . 不同运动时长及运动负荷对大鼠睾酮及炎症因子影响的研究[D]. 扬州大学, 2018:35-36.

[10] 冉锋 . 不同负荷有氧运动对中老年单纯性肥胖患者有氧能力、体成分和C-反应蛋白的影响[J]. 成都体育学院学报, 2011, 37（3）:87-91.

[11] Hagobian T A, Jacobs K A, Subudhi A W, etal.Cytokiner esponses at high altitude:effects of exercise and antioxidarnts at 4300m[J].Med Sci Sports

Exerc, 2006, 38（2）:276-285.

[12] 崔建华, 张西州, 何富文, 等. 高原汽车兵脂质代谢和体液免疫反应的变化 [J]. 高原医学杂志, 2000, 10（2）:24-26.

[13] 朱爱琴, 滕长青, 娄明远, 等. 不同海拔地区健康人群血清白细胞介素和 C- 反应蛋白水平的初探 [J]. 临床荟萃, 2005, 20（6）:310-312.

[14] 沙继斌, 张成岗. 不同运动方式对大鼠血清与肝脏中 hepcidin 水平及相关调节因素的影响 [J]. 中国运动医学杂志, 2017, 36（7）:586-593.

[157] 陈锐勇, 唐艳超, 仲小玲, 等. 高压氧治疗在重型新型冠状病毒肺炎患者救治中的疗效分析 [J]. 第二军医大学学报, 2020, 41（6）:604-611.

[16] 宋云峰, 吴平生, 赖文岩. C- 反应蛋白抑制缺氧状态下人脐静脉内皮细胞表达低氧诱导因子 -1α [J]. 第一军医大学学报, 2004, 24（7）:746-748.

[17] 赵可伟. 运动对白细胞介素 -1、白细胞介素 -12 与白细胞介素 -6 影响的研究进展 [J]. 首都体育学院学报, 2005, 17（5）:43-45.

[18] 赵定亮, 单凤平. 白细胞介素 -2 最新研究进展 [J]. 微生物学杂志, 2013, 33（4）:77-83.

[19] 简秀群, 张云茜. 白细胞介素 6、超敏 C 反应蛋白与缺血性脑卒中相关性的研究 [J]. 当代医药论丛, 2020, 18（23）:13-16.

[20] 唐巧玲, 商萍, 朱美丽, 等. 慢性低氧高二氧化碳诱导肺动脉高压小鼠肺组织白细胞介素 6 的表达 [J] 中国病理生理杂志 2012,28（1）:100-104.

[21] 何伟. 运动应激所致血清 IL-1β 和 IL-6 浓度增加及其作用研究 [J] 体育科学, 2006, 26（7）:33-35.

[22] 李晨, 李天歌, 王红梅, 等. 艾灸对疲劳大鼠额叶皮层白细胞介素 - 6 / 信号转导及转录激活因子 3 信号通路的影响 [J]. 针刺研究, 2020, 45（6）:468-472.

[23] 刘大川. 运动与白细胞介素 -6[J]. 体育科学, 2004, 24（8）:46-49.

[24] 穆雪梅, 段立公. 白细胞介素 6 与运动性骨骼肌损伤综述 [J]. 首都体育学院学报, 2005, 17（5）:39-42.

[25] Darryns Willoughby, Clesi Vanenk, Lemuel Taylor.Effects of concemric and eccentric conLractIons oD exercise induced muscle injury inflammation, andserumIL6[J].Journal of Exercise Physiology, 2003, 6（4）:8-15.

[26] 汤静.高强度力量训练对青年男性淋巴细胞凋亡的影响及其机制研究 [J].山东体育学院学报，2018，34（6）:91-98.

[27] 刘铁民，邱宗忠.过度训练对大鼠血浆白细胞介素的影响及谷氨酰胺的干预作用 [J].四川体育科学，2008，（2）:16-18.

[28] 万鸿亮.高住高练低训对运动员免疫机能状态的影响 [J].阜阳师范学院学报（自然科学版），2009，26（2）:56-58.

[29] 王会平，夏强，王琳琳，等.白细胞介素 -2 预期处理对缺氧 / 复氧心肌收缩功能的影响 [J].中国病理生理杂志，2005，21（3）:497-501.

[30] 刘洁，王泳，武连华，等.高压氧预处理对小鼠低氧耐受能力的影响 [J].首都医科大学学报 2011，32（5）:670-673.

[31] 吴杨，王水平，程晋成，等.高压氧治疗对急性脑梗死患者血清 C 反应蛋白和白细胞介素 -6 含量的影响及疗效观察 [J].中华航海医学与高气压医学杂志，2013，20（1）:12-15.

[32] 刘延莹，冯庆鲲.有氧运动结合健康教育对亚健康疲劳状态女大学生的影响 [J].南京体育学院学报，2018，（2）:45-55.

[33] Pereira JR，SantosL VD，Santos RMS，eta1. IL-6 sernm levels areelevated inParkinson'S disease patient swith fatigue compared to patient swithout fatigue[J]. J Neurol Sci. 2016，15；370：153-156.

[34] 沈钰琳，路瑛丽，王雪冰，等.低氧训练对肥胖大鼠大脑皮质脑源性经营养因子及酪氨酸激酶受体 B 的调节作用 [J].中国运动医学杂志，2021，40（9）:713-720.

[35] 蒲小燕，胡方杰，李积东，等高原低氧环境对小鼠巨噬细胞杀伤活性及分泌 IL-6、TNF-α 的影响 [J].中国免疫学杂志，2018，34（3）:344-348.

[36] 邹玲莉，吴鸿燕，蔡定军，等.红景天对高海拔缺氧人体白细胞介素 -6 基质金属蛋白酶 -9 的研究 [J].中华航海医学与高气压医学杂志，2017，24（6）:456-458，481.

第七章　高原低氧环境下增压方法对动物运动性疲劳恢复的促进作用

一、高原低氧环境运动性疲劳训练的产生机制

高原低氧环境进行大强度负荷运动训练刺激对大鼠心肌和骨骼肌的组织形态结构造成一定程度的损伤，表现为肌纤维断裂，局部熔解坏死，肌纤维萎缩变细且间隙增大，肌纤维间炎性细胞浸润增多等病变，并且随海拔增加而加重；大鼠心脏、肺脏、骨骼肌和血清中 HIF-1α、VEGF、CaMK Ⅱ等低氧相关因子的蛋白表达和酶活性出现负向变化，降低了机体对缺氧的适应和耐受能力；骨骼肌中的肌红蛋白和葡萄糖转运体表达下降、乳酸脱氢酶活性降低，限制了骨骼肌运动供能水平；机体自由基产生增多、抗氧化酶水平降低、CRP 增加、IL-2 下降，抗氧化和免疫能力出现下降，多方面综合作用使大鼠体重下降、运动能力减弱，形成高原低氧环境下运动性疲劳产生机制。

二、高原低氧环境下增压方法对运动性疲劳恢复的促进作用

高原低氧环境进行大强度负荷运动训练后，采取增压恢复方法，可使大鼠组织的形态改变程度得到减弱和缓解，并且随海拔高度的增加效果越发显著；还可促使大鼠体内 HIF-1α、VEGF、CaMK Ⅱ等低氧相关因子的蛋白表达和酶活性出现良性变化，通过多方面作用改善体内环境，提高机体对缺氧的适应和耐受能力；大鼠骨骼肌中的肌红蛋白、葡萄糖转运体表达和代谢酶活性增加，骨骼肌中的能量储备和代谢供能水平得到提高；机体清除自由基和抗氧化能力增加，免疫能力增强，体重减失幅度降低、力竭运动时间延长、运动能力增强，从而提高大鼠抗缺氧和抗疲劳能力。

三、不同增压方式对大鼠运动性疲劳恢复的影响

在海拔 2 260m 采用的 0.2MPa1h、0.2MPa2h 和 0.3MPa1h 三种不同加压方式，对大鼠体内组织形态、低氧适应因子、骨骼肌能量代谢、抗氧化和免疫功能等多个指标产生不同的改善效果，但综合来看，0.2MPa1h 加压方式对大鼠整体抗缺氧和抗疲劳能力的效果较为明显。

四、研究的不足及建议

本研究是在高原低氧环境复合运动以及应用增压恢复措施后，随着海拔的增加，HIF-1α、VEGF、EPO、iNOS、BNP、Mb 表达变化呈现出不同的变化趋势，这可能是不同海拔低氧环境和运动训练影响的结果，因此对于不同海拔高度、不同运动负荷对不同组织低氧适应因子和能量代谢的影响规律和机制。启动低氧适因子大幅变化的海拔高度和运动强度阈值等问题还需进一步研究探讨。

此外，本研究结果表明高原低氧环境进行大强度负荷运动训练后，采取增压辅助恢复方法可使大鼠低氧相关因子的蛋白表达和酶活性出现良性变化，增强免疫能力和抗氧化能力，提高大鼠抗缺氧和抗疲劳能力，提升运动能力增强，并以0.2MPa1 小时加压方式效果最明显。但是将本研究成果应用于运动员高原低氧训练辅助手段促进疲劳恢复实际中，还应对适用于运动员并且有明显抗疲劳抗缺氧效果的增压的强度和时间进行实践摸索和研究。

| 下篇 |

XIAPIAN

人体应用篇

第八章 增压对人体运动性疲劳恢复的概论

第一节 增压在人体运动训练的应用概述

一、高压氧和增压

高压氧（Hyper baric Oxygen，HBO）是利用相关设备使吸入大气中压力或氧气浓度增加，以使机体的氧气摄入量提高的方法，包含增压、增氧、增压增氧等多种形式。增压是利用高压舱或帐篷，通过增加吸入空气的压力提高机体血氧分压，改善机体缺氧状态的过程。增压可增加血氧含量，提高血氧分压，增加缺血、缺氧组织内血浆中物理溶解氧，从而加速组织、血管、细胞的再生和修复。

二、高压氧在运动训练中的抗疲劳作用

利用高压氧进行治疗疾病和伤后/病后恢复是近年来较为兴起的一种方法，在临床应用和研究中得到了不断的发展和完善，取得了诸多成果[1]。高压氧也被应用于运动训练，有研究认为[2]HBO能提高脑和心肌能量代谢、促进血清酶和肝酶谱活性的恢复，从而调整和提高运动员的机能能力。早在1985年就有学者研究并指出[3]，在运动训练中使用高压氧会对疲劳的快速消除和恢复有促进作用。HBO可纠正机体缺氧状态，有效改善微循环，提高血氧弥散能力，使组织内氧含量和储氧量增加；加速组织、血管、细胞的再生和修复；增加机体血液循环，使机体重要代谢与功能器官细胞的线粒体氧化磷酸化功能恢复正常，阻止氧利用的自由基反应途径和由于丙二醛大量生成破坏生物膜系造成细胞离子的重新分布；减少黄嘌呤氧化酶，阻止自由基的连续生成，使组织的缺血缺氧得到明显改善，加速机体自由基等代谢产物的排泄以消除疲劳等。

但是，高压氧在高原低氧环境下的应用还没有得到充分的认识和研究[4]。尤

其,增压作为运动员高原训练后疲劳恢复和损伤康复手段的研究还不多见。因此,针对运动疲劳的快速消除和高原训练后恢复慢等运动实践中的难点问题,在高原低氧环境下应用增压辅助训练方法促进运动疲劳的恢复,探索具有较佳效果的疲劳恢复方法方式,从而建立高原训练恢复及损伤的康复模式,进而为运动员合理安排训练负荷、快速消除运动疲劳和预防运动损伤,并为进一步提高高原训练的效果和运动员竞技能力提供科学依据与应用参考。

第二节 增压对人体运动性疲劳恢复应用研究的内容和方法

一、研究内容

以世居和久居青海的高原田径中长跑项目男性运动员为研究对象,在海拔2 366m 的青海多巴国家高原体育训练基地进行高原训练期间,应用增压方式对研究对象体育训练后进行恢复,通过运动生化、运动生理、运动训练、运动心理等学科方法对运动员的血液、心肺功能、生理、心理、免疫、抗氧化、运动能力等多项指标进行测试和分析,以观测和明确增压方式对人体运动性疲劳的作用和规律。研究的内容主要包含:1.增压辅助训练对运动员身体机能及运动能力的影响;2.增压辅助训练对运动员自由基代谢指标的影响;3.增压辅助训练对运动员免疫功能指标的影响;4.增压辅助训练对运动员心率变异性的影响;5.增压辅助训练对运动员心理指标的影响。

二、研究方法

（一）实验分组

研究以 16 名世居和久居青海的高原田径中长跑项目男性运动员为实验对象,分为实验组（8 名）和对照组（8 名）,其基本情况见表 8-1。

表 8-1 实验对象基本情况（mean ± SD）

组别	人数	年龄（y）	身高（cm）	体重（kg）
实验组	8	16.25 ± 1.03	174.40 ± 3.29	60.61 ± 6.19
对照组	8	16.38 ± 0.74	169.80 ± 4.64	56.76 ± 1.90

（二）增压方案

1. 增压设施

研究采用烟台冰轮高压氧舱有限公司生产的 RTC 便携式增压氧舱设备对实验对象实施增压恢复。便携式增压氧舱由软体舱体、加减压系统、配套控制系统组成，舱体规格为长 2200mm × 宽 650mm × 高 650mm，直径 650mm，舱体容量 >0.5m^3，电制 220V、50Hz，净重 8Kg，舱内设计压力为 0.035MPa，最高工作压力 0.03MPa。

2. 增压方式

实验组运动员每日运动训练结束后，在晚上 19:00~20:00 进入增压舱内恢复。当受试者躺入软体增压舱后，拉动拉链并密封舱门，启动加减压系统，以 0.001~0.005MPa/min 的增压速度采用不间断连续增压方式开始增压，10min 左右当舱内压力达到 0.02MPa 时，舱体平衡阀开始自动加压直至舱内达到设定压力值 0.03MPa，此时舱内保持空气的动力平衡，气压保持 0.03MPa；持续增压 60min 后，启动加减压系统以 0.001~0.004MPa/min 速度开始匀速减压，15~20min 后舱内压力减至 0.001MPa 时，打开减压阀门减压，直到舱内压力与室内压力一致时，拉动拉链打开密封的舱门，让运动员出增压舱。在增压和减压过程中随时询问舱内受试者的感觉，了解有无异常反应等。

在增压实验过程中，对运动员的血压、血氧饱和度（SpO$_2$）和心率等指标进行监测，血压在进入增压舱前和出舱后即刻监测，SpO$_2$ 和心率在进入增压舱前、中和出舱后即刻测试。其中在增压舱内的监测为每 10min 记录 1 次，即在进舱后 10min、20min、30min、40min、50min、60min 记录。对照组在高原自然环境下恢复。

（三）实验时间

项目研究实验时间共计 6 周，按先后分为增压舱实验阶段（实验阶段）和结束增压观察阶段（观察阶段）两个阶段进行，其中增压舱实验阶段共计 4 周，结束增压观察阶段共计 2 周。实验阶段实验组增压舱恢复安排为每周 1 至周 5 每天晚上进行 1 次，共计 5 次，周六、日在自然条件下休息恢复。

（四）运动训练方案

研究过程中实验组和对照组的运动训练内容主要以有氧能力和身体素质为主，两组均保持一致的训练内容，包括训练强度和训练量。每日训练结束后实验组通过增压方式进行疲劳恢复，而对照组只通过自然休息方式缓解疲劳。实验组和对照组每日的训练负荷方案见表8-2。

（五）研究指标测试方案

实验组和对照组研究测试指标包括基础指标、外周疲劳、中枢疲劳、自由基、免疫功能、递增运动负荷测试实验（1200m×5）血乳酸等，在实验阶段和观察阶段各项测试指标的具体安排见表8-3。

表8-2　实验组和对照组的每日训练内容

时间	训练内容
上午	（一）公路匀速持续跑50min。 （二）行进间徒手操及踢腿练习。 （三）台阶跳150s，抱膝跳×2组。
下午	（一）准备部分50min，包括：1.活动各个关节；2.准备活动2 000m； 　　　3.行进间徒手操及专门练习×2组。 （二）基本部分60min，包括：1.混氧训练，场地匀速持续跑6 000~12 000m； 　　　2 400m×3组；3.慢跑2 000m。 （三）结束部分20min，包括：1.放松操；2.拉伸。

表8-3　研究指标的测试安排

指标 \ 时间			基础测试	实验阶段（共4周）	观察阶段（共2周）
基础指标	心率、SpO₂	晨	测	每日晨起	每日晨起
		舱	测	每晚进舱前、进舱后每隔10min、出舱即刻测试	
	血压		测	每晚进舱前和出舱后即刻测试	每周日下午
	VO₂max		测	增压结束后第1天	增压结束后第2周末
	肺功能		测	每周日下午	每周日下午
外周疲劳	Hb、HCT、RBC、CK、BU、尿十项、体重		测	每周一晨	每周一晨
中枢疲劳	HRV、反应时		测	每周日下午	每周日下午
	5-HT、NOS		测	增压结束后第1天	增压结束后第2周末
自由基	MDA、GSH-Pₓ、SOD、CAT		测	增压结束后第1天	增压结束后第2周末
免疫功能	WBC、NEUT、LY、MNOO		测	增压结束后第1天	增压结束后第2周末

续表：

指标 ＼ 时间		基础测试	实验阶段（共 4 周）	观察阶段（共 2 周）
递增负荷实验（1200m×5）	心率、血乳酸	测	每周 1 次	每周 1 次
	尿 10 项、SpO_2、CK、BU	测	递增负荷实验后、第 2 日晨	递增负荷实验后、第 2 日晨
心率变异性	HRV		每周 2 次	每周 2 次
心理状况	心境状态量表、运动员心理疲劳问卷、反应时		每周 1 次	每周 1 次

（六）测试指标与方法

1. 血液指标

（1）血常规指标，主要有红细胞计数（RBC）、血红蛋白（Hb）、红细胞压积（Hct）、白细胞计数（WBC）等，采用瑞典 SWELAB Auto Counter900+ 血球计数仪进行仪器，于实验期间每周一早晨空腹抽取肘静脉血进行测试。

（2）血生化指标，主要有血清肌酸激酶（CK）、肌酸激酶同工酶（CK-MB）、谷草转氨酶（AST）、乳酸脱氢酶（LDH）、α-羟丁酸脱氢酶（HBDH）、一氧化氮合酶（NOS）、过氧化氢酶（CAT）、超氧化物歧化酶（SOD）、过氧化脂质（LPO）、谷胱甘肽过氧化物酶（GSH-Px）、免疫球蛋白（lgA、lgG）、5-羟色胺（5-HT）、血尿素（BU）等，分别在实验前、实验阶段结束以及观察阶段末期进行监测，共计测试 3 次，测试仪器为日本奥林巴斯 -640 全自动生化仪。

2. 最大摄氧量

最大摄氧量（VO_{2max}）采用德国 Jaeger Mater Screen TMCPX 运动气体代谢和心脏监测系统。在实验前、实验阶段结束以及观察阶段末期共进行 3 次测定。最大摄氧量测试为递增负荷方式，受试者配戴呼吸面罩和心率发射器站立于测试仪上，测试系统监视数分钟，待心肺功能指标正常时，再按照递增负荷运动方式进行实验。运动实验设定 18min 最大极限跑台，准备活动 2min 后开始，每 2min 自动递增负荷至力竭，每 30s 记录，取每级负荷最后 1min 的 3 次采样点平均值作为该级负荷气体代谢值。为保证测试数据的有效性及准确性，在每次实验测试前对设备和分析仪器进行标准气样校队，包括对当前环境温度、湿度、大气压和海拔高度等数值的环境效检，气流容量以及反应时间、差异值、差异度等指标的气流检测，空气和氧气瓶 O_2、CO_2 浓度的准确度进行校正，使运动过程中运动员呼出的气体经呼吸口罩收集输入系统计算机辅助联机的 JAEGEROXYGENPRO 自动气体分析器进行气体分析。实验期间测试均由一人完成。

3. 安静肺功能

采用意大利 COSMED SPIRO METER 肺量计，测试指标包括肺活量（VC）、每分通气量（VE）、最大通气量（MVV）、潮气量（VT）、呼吸频率（RR）、用力肺活量（FVC）、最大呼气流速（PEF）、1 秒流量（FEV1）、时间肺活量 V25%~V75% 等。测试为实验前基础值以及实验阶段和观察阶段每周 1 次，测试安排在每周日下午。

4. 递增运动负荷实验

两组运动员的递增运动负荷实验测试在 400m 田径场跑道上进行，采用 1200m×5 级递增负荷测试法。第 1 级运动负荷为 1.2m/s、第 2 级负荷为 1.3m/s、第 3 级负荷为 1.4m/s、第 4 级负荷为 1.5m/s，第 5 级负荷为 1.6m/s，每级间歇 2min。在完成第 1–4 级运动负荷即刻、第 5 级运动负荷后即刻及第 3 分、5 分、10 分、15 分采指血进行血乳酸（BLA）测定。整个递增运动负荷实验期间运动员佩带心率表监测运动心率。对运动员递增运动负荷实验后和次日晨的尿生化、血清 CK、BU 进行测试。BLA 由美国 YSI1500 乳酸测试仪测定，运动心率由芬兰 POLARS610 遥测心率表监测。

5. 尿液生化

尿生化测试采用日本 MA–4210 尿生化分析仪，测试指标包括尿蛋白（PRO）、尿糖（GLU）、尿潜血（BLD）、尿酮体（KET）、尿胆原（URO）等 10 项。在运动员专项训练课后 15 分及次日晨分别取中段尿 50ml 进行测定。

6. 血氧饱和度、心率

血氧饱和度（SpO_2）和心率（HR）用美国 BCI–3301 血氧饱和度仪进行测试。晨氧饱和度和晨脉在每天运动员晨起前测试；增压恢复时的 SpO_2 和 HR 在运动员进入增压舱前、期间和出舱即刻测试。

7. 血压

运动员增压恢复时的血压用上海鱼跃牌 XJIIDA 台式血压计在进入增压舱前

和出舱即刻测试。

8. 心率变异性

使用 omegawave 测试分析系统采集信号，经心率变异性分析软件 Omega wavesport technology system 对 SDNN、RMSSD、PNN50、VLF、HF、LF、LF/HF 等指标进行处理分析获取原始数据，应用 Excel 等数据处理软件进行指标计算。

测试过程中要求每次只有 2 名受试者在测试现场，一名接受测试，一名等候，接受测试者在连接好导连后平躺休息保证心率平稳再进行测试，等候者同时平躺休息等待测试。受试者保证测试前不服用任何刺激性食物、饮品等。

进行心率变异性基础值测试后，实验阶段实验组每周进行两次心率变异性测试，第 1 次在每周三使用增压恢复前后分别进行心率变异性的测试（保持相同的测试环境，测试均在增压舱内完成）；第 2 次是在每周日（休息日）下午进行测试，对照组每周只进行一次，于每周日下午进行的心率变异性测试。观察阶段实验组和对照组每周日（休息日）下午进行心率变异性测试。

9. 心理状况

测试内容主要为心境状态量表（POMS 量表）、运动员心理疲劳问卷（ABQ 量表）和复杂反应时的测试。其中 POMS 量表和 ABQ 量表于实验阶段和观察阶段的每周三进行测试，复杂反应时在实验阶段结束后第 1 天进行。

第三节　高原环境下人体运动性疲劳的评定

运动学认为人体在不断运动过程中，骨骼和肌肉会反复受力，当这种反复作用的力超过某一生理限度时会使骨或肌肉组织受到损伤，产生疲劳。运动训练中产生疲劳是较正常的生理现象，对人体来说又是一种保护性机制。一般超过 30min 以上有氧运动后都会产生运动性疲劳。有研究发现，运动性疲劳发生后，引起脑区细胞产生同向电流，心率跳动加快，血压、血乳酸、血尿素升高，体重、肌肉张力，以及抗氧化能力下降等变化。

在本研究中，中长跑项目是田径运动中属于以有氧代谢为主的耐力性项目，实验组和对照组均采用中等强度以上的训练负荷，通过监测训练前后心率变异性、心肺功能、生理机能、能量代谢，以及血液生化等指标，监测专项训练后的心率、血压和血乳酸值等指标变化来综合判定运动员疲劳状态。BU 作为评定机能恢复的重要指标，运动员训练课后次日晨起 BU 水平在 8.4mmol/L 以下较为合适，如果 BU 水平上升越明显，说明机体恢复较慢，可能出现疲劳；血清 CK 也是评定运动性疲劳常用指标，当晨安静血清 CK 达到 300U/L（男子）和 200U/L（女子）以上时，可诊断为运动性疲劳的出现；在运动训练中把运动后 PRO 也常作为评定运动身体机能恢复的有效指标之一，当晨尿中 PRO 含量较高或超出正常范围（0.1-2.0g/L，1-2 个加号），说明有过度疲劳或过度训练的可能。

参考文献

[1] 张晓燕，杨金坤.高压氧医学是康复医学中不可缺少的一个分支 [J].现代康复，1999，2（4）：281.

[2] 陈一飞，徐维.运动性疲劳的发生机制与高压氧的应用 [J].中华物理医学与康复杂志，2004，26（3），187-190.

[3] 周伟.大运动量训练吸高压氧的临床观察 [J].中国体育科技，1985，（9）:9-13.

[4] 彭莉.高压氧与运动（综述）[J].中国体育科技，2002，38（4）:11-13.

第九章 增压对携氧能力的影响

一、红细胞

红细胞(erythrocyte/redbloodcell, RBC)是血液中数量最多的血细胞。在人体内，红细胞维持着一定的动态平衡，其作用是运输氧和二氧化碳，缓冲血液的酸碱度[1-2]。RBC 数目可随外界条件和年龄的不同而改变，当 RBC 计数减少时表明机能下降，影响机体氧的运输。一般成年的 RBC 男性为（4.0~5.5）×10¹²/L，女性为（3.5~5.0）×10¹²/L。从事体育运动或经常锻炼的人红细胞数量会较多，红细胞数目因运动而发生变化，其数量变化与运动的种类、运动强度和持续时间有关。

运动员初上高原后，机体对低氧影响的应激反应使储血器官释放红细胞进入血液、脱水使血液浓缩等原因引起红细胞数、血红蛋白、红细胞压积等一过性升高。随后由于缺氧刺激，造成肾脏生成更多的促红细胞生成素释放入血，引起骨髓造血功能增强，生成更多的红细胞，使得血红蛋白、红细胞压积升高。高原低氧环境可以促进红细胞的增多，血液呈现"浓、黏、聚、凝"的变化。在高原低氧环境下剧烈运动使循环血液中的红细胞大量增加，而大量增加的红细胞多处于聚集状态，从而使血液黏度增高。高原剧烈运动使体内自由基反应紊乱，可增加红细胞和血小板的聚集、凝血素的形成，影响血浆黏度，使全血黏度增高。

有研究发现[3]，在海拔 3 700m 的高原建立富氧室，受试者出富氧室后 4h，血液黏度、红细胞刚性指数、红细胞变形系数和血细胞聚集系数明显降低，说明经过 10h 的富氧已改善了机体缺氧状况，改变血液的黏、聚、凝状态，改善血小板聚集功能，并且增加了机体的氧储备，并可持续 4h。红细胞变形能力增强，血液黏度下降，血流速度增加，有利于血液对各器官的灌注，使组织血液量增加，改善微循环，增强血液携氧能力，加快代谢产物排除率。富氧能提高循环血液中氧含量并直接供组织细胞利用，改善重要脏器的供氧，对细胞组织具有保护作用。陈景岗[4] 等对常氧安静组、常氧运动组、低氧安静组、低氧运动组、常氧运动高氧恢复组、低氧运动高氧恢复组等不同训练及恢复条件观察发现，常氧运动高氧恢复组 RBC 总数为各组中最低，并与各组有显著性差异（P<0.05）；低氧运动高氧恢复组的 RBC 总数低于常氧安静组、低氧安静组和低氧运动组，只与低氧安静组有显著性差异（P<0.05），下降了 12.74%，而高于其他各组，与常氧运动高氧恢复组有显著性差异（P<0.05）。

本研究中 RBC 结果显示（表 9-1、图 9-1），在 4 周实验期和 2 周观察期结束后，组间比较：实验组和对照组在第 4 周均有下降，但实验组下降较为明显（P<0.05）。组内比较：与基础值相比，实验组除了在第 3 周、第 5 周表现升高外其余各周表现下降，并在第 2 周、第 4 周下降明显（P<0.05）；而对照组在第 3 周、第 5 周、第 6 周表现为升高（P<0.05），第 1 周、第 2 周、第 4 周表现为下降趋势。总体来看，实验组 RBC 水平低于对照组。有研究认为[4]，高氧环境影响人体骨髓的正常造血并抑制红细胞生成，造成机体红细胞数量减少。也有研究认为[5]，EPO 的表达与血液中氧浓度有关，增压可增加血氧分压使 EPO 表达受到抑制，从而影响 EPO 的分泌，减少红细胞生成，出现生理性红细胞数量低下的现象。推测，本研究通过增压恢复后由于体内氧分压的增加可能抑制了 EPO 产生，导致机体对红细胞的生成量减少等有关。

表 9-1　实验组和对照组 RBC 测试结果（10^{12}/L）（Mean ± SD）

组别	基础值	第 1 周	第 2 周	第 3 周	第 4 周	第 5 周	第 6 周
实验组	4.53 ± 0.35	4.38 ± 0.24	4.25 ± 0.17#	4.56 ± 0.32	4.24 ± 0.15*#	4.63 ± 0.21	4.43 ± 0.29
对照组	4.55 ± 0.33	4.22 ± 0.40	4.49 ± 0.35	4.73 ± 0.30#	4.51 ± 0.26	4.63 ± 0.30#	4.63 ± 0.48#

注：* 表示实验组和对照组比较差异显著（P<0.05）；# 表示组内与基础值比较差异显著（P<0.05）。

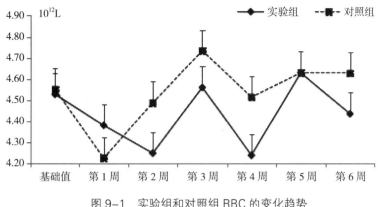

图 9-1 实验组和对照组 RBC 的变化趋势

二、血红蛋白

血红蛋白（hemoglobin，HGB 或 Hb）是红血细胞中一种含铁的复合变构蛋白，由血红素和珠蛋白结合而成。Hb 功能是运输氧和二氧化碳，维持血液酸碱平衡。Hb 随着条件、环境及生理而变化，在体育运动中 Hb 是评价运动员有氧能力的主要指标之一，正常参考值成年男性为 120g/L ~ 160g/L、女性为 110g/L ~ 150g/L。

一般在高原环境下，男性运动员 Hb 达到 160g/L、女性运动员达到 150g/L 时，说明身体机能处于较高水平，能很好的完成训练负荷，而不会过早产生疲劳。若 Hb 在高原训练期间持续低于 120g/L，表示运动员的机能状况不佳，应及时进行运动调整和营养补充。在高原训练期间，并不是所有运动员的 Hb 都升高，还存在少数的不变或下降现象。因此，血红蛋白指标的评价，必须考虑到运动员个体差异水平，应对每个运动员 Hb 值进行系统长期的监测，做自身比较，找出其最佳 Hb 值。

高原训练过程中有关 RBC 和 Hb 变化的报道较多，并且研究结果大体一致。其总体规律是上高原 1 周后，RBC 和 Hb 都有所升高，但升高的幅度各研究报道有所不同；高原训练 2 周时 RBC 数和 Hb 水平接近平原时的水平；3~4 周时 RBC 数和 Hb 水平略显下降，但仍高于平原值；若机能下降，Hb 则低于正常范围。一般情况下，高原训练结束回到平原后，Hb 较高原训练前的水平有所增高[6]。

本次 Hb 研究结果显示（表 9-2、图 9-2），实验组与对照组比较，在第 2 周、第 3 周、第 4 周、第 6 周均低于对照组水平（P<0.05）。组内与基础值比较：实

验组前后无明显变化，但到观察期（第 5 周、第 6 周）Hb 稍高于基础值水平。而对照组在第 1 周下降明显（P<0.05），到观察期也有升高并高于基础值水平。总体来看，4 周实验阶段实验组 Hb 不同程度下降，对照组先下降后升高；2 周观察期阶段实验组和对照组 Hb 均有回升。实验组 Hb 下降与 RBC 下降一致，主要与增压环境促使机体 EPO 的表达受到抑制有关。有研究认为[7，8]，在高原训练期间进行补氧有利于延缓低氧对机体的应激作用，防止机体血红蛋白浓度和红细胞总数过度升高，从而改善血液流变性，有利于机体红细胞运输氧气和改善机体各器官组织的氧供状况。在本研究 2 周观察阶段，实验组 Hb 较对照组升高幅度较大，由（143.63±14.20）g/L 升高到（147.63±11.77）g/L，可能与实验阶段通过增压的刺激，运动员机体产生了适应有关。并且在观察阶段脱离了增压环境的刺激，持续的低氧环境促使 EPO 升高，引起 RBC 数和 Hb 增加等有关。

表 9-2　实验组和对照组 Hb 测试结果（g/L）（Mean±SD）

组别	基础值	第 1 周	第 2 周	第 3 周	第 4 周	第 5 周	第 6 周
实验组	143.63±14.2	137.75±14.5	135.14±10.24*	139.88±13.34*	130.63±13.65*	147.63±11.77	143.38±12.65*
对照组	155.33±11.99	139.89±10.98#	153.25±13.06	160.63±9.23	150.13±6.49	156.63±10.32	161.50±17.8

注：*表示实验组和对照组比较差异显著（P<0.05）；# 表示组内与基础值比较差异显著（P<0.05）。

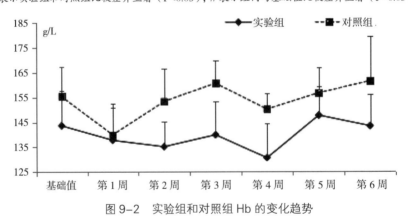

图 9-2　实验组和对照组 Hb 的变化趋势

三、红细胞压积

红细胞压积（hematocrit，Hct）又名红细胞比容，是指一定量的抗凝全血经离心沉淀后，下沉的红细胞占全血的容积比，是间接反映红细胞数量大小及体积的简单方法。Hct 参考值男子 40%~50%，女子 37%~45%。

高原低氧环境下 Hct 的增高被认为是人体为提高血液中氧含量和增强红细胞氧气运输能力的一种代偿调节和适应。研究认为，高原低氧环境或运动训练可使 Hct 升高，当运动员达到 48%（男性）和 46%（女性）左右时，是机体血液携氧能力提高的表现。

本研究 Hct 结果显示（表 9-3、图 9-3），4 周实验阶段期间，实验组在第 3 周和第 4 周均低于对照组（P<0.05）。组内与基础值比较，实验组和对照组均无明显变化。总体来看，实验组在实验阶段第 3 周略有升高外其余都有下降，但与基础值相比无显著差异，到观察阶段 Hct 恢复到高于基础值水平。而对照组整个实验阶段 Hct 呈波浪式变化，这与两组 RBC 和 Hb 的变化趋势相同。有研究认为[9]，Hct 没有显著性变化，避免了血液粘度的加大，使血流速度加快，有利于氧的运输。提示，实验组经增压恢复 Hct 保持在相对较低水平，有利于血液流动和氧的运输，从而有助于运动性疲劳的恢复。

表 9-3　实验组和对照组 Hct 测试结果（%）（Mean ± SD）

组别	基础值	第 1 周	第 2 周	第 3 周	第 4 周	第 5 周	第 6 周
实验组	41.25 ± 3.55	40.11 ± 3.99	39.87 ± 2.32	42.13 ± 2.40*	38.38 ± 2.97*	43.25 ± 2.71	40.39 ± 2.99
对照组	43.63 ± 3.26	41.64 ± 3.62	43.45 ± 3.29	45.54 ± 2.09	42.89 ± 0.91	44.48 ± 2.99	44.11 ± 4.03

注：* 表示实验组和对照组比较差异显著（P<0.05）。

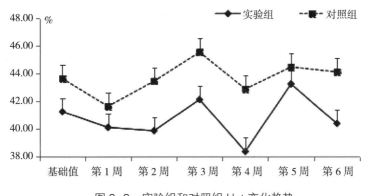

图 9-3　实验组和对照组 Hct 变化趋势

在本研究中，实验组运动员的 RBC、Hb、Hct 呈下降趋势，而对照组在整个实验阶段变化较为平稳，无显著差异。实验组的变化主要与高原低氧环境下增压使机体对 RBC、Hb 要求量减少以及 EPO 的表达受到抑制有关。同时，实验组

Hct 呈较低趋势变化，避免了血液粘度的加大，使血流速度加快，有利于氧气的运输。说明，高原低氧环境增压有利于提高运动员氧运输能力，提高训练效率，这将对减少骨骼肌和心肌损害，降低细胞通透性，改善心肌细胞缺血和缺氧状况，改善高原缺氧引起机体能量供应有着积极的作用。整体来看，高原低氧环境进行大强度负荷运动训练后，采取增压恢复方法，可提高运动员机体携氧能力，缓解运动性疲劳。

参考文献

[1] 马福海，冯连世．高原训练实用问答 [M]．北京：人民体育出版社，2007．

[2] 翁庆章．高原训练的组织与实施．高原训练指南 [M]．北京：人民体育出版社，1993．

[3] 张芳，崔建华，张东，等．富氧对海拔3700m高原人体血液流变学的影响 [J]．中国血液流变学杂志，2004，14（1）:76-77．

[4] 陈景岗，林文，翁锡全．高氧恢复对低氧训练SD大鼠红细胞参数的影响 [J]．军事体育进修学院学报，2008，27（2）:99-101．

[5] 李焕春，肖国强．递增负荷运动后吸高浓度氧对血液红细胞抗氧化功能的影响 [J]．现代临床医学生物工程学杂志，2004，10（4）:300-302．

[6] 马福海，王发斌，樊蓉芸．青海高原训练的理论与实践 [M]．北京：人民体育出版社，2008．

[7] 黄佳，李焕春，等．高浓度氧摄入对自由基离子代谢和血液流变学的影响 [J]．中国组织工程研究，2004，8（27）:5952-5953．

[8] 姚俊，周卫海．高压氧配合模拟高住低训对游泳运动员血液指标的影响 [J]．广州体育学院学报，2003，23（6）:44-46．

[9] 崔建华，高亮，等．高压氧对急进高原和高原人体运动血液流变学的影响 [J]．中国血液流变学杂志，2007，（3）:421-424．

第十章　增压对抗氧化能力的影响

抗氧化能力的强弱影响到机体运动能力和疲劳恢复能力。有研究认为，大强度运动后机体活性氧（ROS）生成量增加，但长期适应的运动训练能提高机体抗氧化酶活性。

第一节　过氧化氢酶

过氧化氢酶（catalase，CAT）是一种酶类清除剂，又称为触酶，是以铁卟啉为辅基的结合酶。CAT 主要作用是清除过氧化氢（H_2O_2），防止生成羟基自由基，延缓运动性疲劳的发生。

李磊等研究发现，大强度训练使大鼠超氧化物歧化酶（SOD）活性明显增强、CAT 活性下降、谷胱甘肽过氧化酶（GSH-Px）活性无显著性变化；一次性运动后 SOD 活性呈持续下降趋势，GSH-Px 活性升高明显。金丽等研究发现，长时间递增负荷运动导致大鼠运动性贫血，其血浆和红细胞 CAT 都明显下降，抗氧化能力降低，而营养干预后又明显回升。机体内决定抗氧化酶活性变化的因素取决于细胞内环境和酶分子本身的结构特点。有研究表明[1]，不同海拔下自由基代谢存在差异，在组织缺氧或缺血期间抗氧化酶活性降低，而氧自由基和脂质过氧化产物增多。

本研究运动员 CAT 结果显示（表 10-1、图 10-1），在整个实验阶段，实验组和对照组 CAT 均呈上升趋势，并且实验组在第 4 周末升高明显（P<0.05）到 2 周观察阶段，实验组和对照组虽有下降但均高于基础值水平。总体来看，应用增压方式，实验组 CAT 水平提高幅度大于对照组，提示实验组清除氧自由基的能力好于对照组。

表 10-1　实验组和对照组 CAT 测试结果（U/ml）（Mean ± SD）

组别	基础值	1 周末	4 周末	5 周末	6 周末
实验组	325.38 ± 59.57	331.63 ± 56.7	394.88 ± 64.01[#]	355.38 ± 49.49	373.63 ± 70.41
对照组	334.11 ± 50.67	341.78 ± 47.57	374.50 ± 64.71	352.75 ± 48.01	360.50 ± 56.96

注：#表示组内与基础值比较差异显著（P<0.05）。

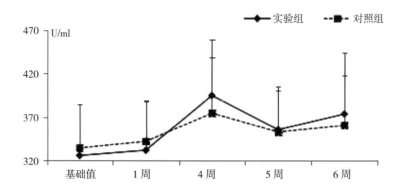

图 10-1　实验组和对照组 CAT 变化趋势

第二节　超氧化物歧化酶

超氧化物歧化酶（superoxide dismutase，SOD）是一种源于生命体的活性物质，能消除机体在新陈代谢过程中产生的有害物质，人体补充 SOD 具有抗衰老的特殊效果。SOD 可反映机体清除氧自由基的能力，实验证实[2]，一般运动训练可使 SOD 活性大幅度升高，心肌清除氧自由基能力增强；与一般训练组和对照组相比，过度训练导致 SOD 活性显著下降，心肌细胞对氧自由基的清除能力降低，造成心肌细胞膜的损伤。

在高原环境下，随着海拔高度的升高，缺氧逐渐加重，出现红细胞和组织中 SOD 活性降低。有研究认为，在高原低氧环境下丙二醛（MDA）含量明显高于平原，且随海拔高度的升高而增高。表明高原人体内氧自由基含量增多、脂质过氧化增强，而 SOD 随进驻海拔高度的升高而递减，说明高原人体内清除氧自由基能力减弱。对游泳运动员的研究发现[3]，高原耐力训练可提高机体有氧代谢和运动能力,并且高原训练组 SOD 活性和 LPO 含量均发生明显变化,SOD 活性增高,LPO 含量下降,提高了机体抗自由基损伤的能力,保证了内环境稳态,维护细胞功能正常和肌肉做功时能源物质 ATP 的充足供应,以提高机体运动能力。动物实验表明,高氧预适应能减少心肌缺血再灌注时自由基的产生。研究证明[4],吸氧能提高动物肺内氧化酶的活性,增加对自由基损伤的抵抗力,有利于自由基的清除。Gerard AB 在海拔 3 800m 高原现场双盲实验表明,夜间小幅度提高室内氧气浓度（24%）可改善睡眠和作业效率。John B 研究也证实,高原富氧能明显改善人的思维、行为和工作能力。也有实验结果显示,海拔 3 700m 高原高压氧预处理后 MDA 明显降低,SOD 也明显升高,从而消除缺氧引起的自由基,减少氧自由基对超氧化物歧化酶的消耗,可减轻自由基的损伤,对高原低氧造成的自由基损伤有明显抑制作用,有效调节了低氧环境下自由基代谢失衡,提高进驻高原者的抗氧化活力,并且这种效应可持续到高压氧结束后 8d 以上。

本次研究运动员 SOD 测试结果显示（表 10-2、图 10-2）,实验阶段实验组和对照组均呈下降趋势,但两组间无明显差异。组内和基础值比较,实验组和对照组在 1 周末、4 周末、5 周末、6 周末均明显降低（P<0.05）,这与以往的研究结果不同。崔建华等在高原对 10 名健康青年在富氧环境下分别进行 1 周每天 12 小时的休息恢复,前后运动实验结果显示,富氧运动较未富氧运动 MDA 降低,SOD、GSH-Px 升高。高原激烈运动造成自由基代谢水平提高,自由基生成过多,可能是诱发运动性骨骼肌结构异常和运动性疲劳的主要原因之一。而本实验中 SOD 无显著变化,其原因可能与运动员在运动性疲劳产生后增压舱内休息仅为 1 小时,时间过短以及舱内压力为 0.03MPa,刺激深度不够有关。

表 10-2　实验组和对照组 SOD 测试结果（U/L）（Mean±SD）

组别	基础值	1 周末	4 周末	5 周末	6 周末
实验组	823.65±96.87	542.13±86.73[#]	511.63±78.25[#]	557.38±89.43[#]	567.00±93.91[#]
对照组	857.67±77	574.89±108.20[#]	589.75±118.17[#]	587.38±119.14[#]	601.75±121.38[#]

注：# 表示组内与基础值比较差异显著（P<0.05）。

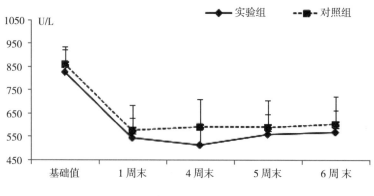

图 10-2　实验组和对照组 SOD 变化趋势

第三节　过氧化脂质

过氧化脂质（lipid Peroxidation，LPO）是氧自由基与多聚不饱和脂肪酸反应的产物。在正常情况下，过氧化脂质的含量极低，但在病理情况下，脂质过氧化反应增强可导致过氧化脂质升高，对细胞及细胞膜的结构和功能造成损伤，也反映了体内氧自由基含量的增多。

研究发现[5]，低氧和运动都会引起机体自由基生成量增加，过量的自由基会攻击细胞膜系统上的不饱和磷脂、甘油酯和胆固醇，引起脂质过氧化。脂质过氧化将严重影响细胞膜系统的结构和功能，出现细胞病理性变化。脂质过氧化还可通过一些途径，促使线粒体氧化磷酸化耦联程度降低，线粒体功能下降，ATP 生成量下降，最终导致运动性疲劳形成。

本研究 LPO 结果显示（表 10-3、图 10-3），在整个实验阶段，实验组和对照组除了在 4 周末稍有降低外其余均表现出升高的变化趋势，但两组间无明显差异。组内与基础值比较，实验组分别在 1 周末、5 周末和 6 周末出现明显增高（P<0.05），而对照组组内无明显变化。从研究结果来看，增压对高原低氧环境下进行运动训练的运动员 LPO 没有明显的改善和影响，可能与增压时间、运动强度、运动性疲劳等有关。

表 10-3　实验组和对照组 LPO 测试结果（nmol/L）（Mean±SD）

组别	基础值	1 周末	4 周末	5 周末	6 周末
实验组	9.03 ± 1.53	12.95 ± 2.41[#]	9.00 ± 1.84	13.31 ± 2.46[#]	14.25 ± 3.85[#]
对照组	8.93 ± 0.76	12.32 ± 3.32	8.81 ± 2.04	12.89 ± 3.47	12.63 ± 2.67

注：# 表示组内与基础值比较差异显著（P<0.05）。

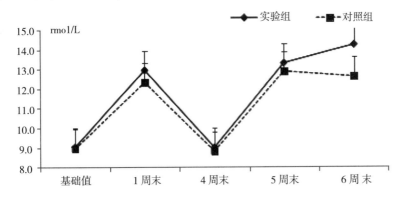

图 10-3　实验组和对照组 LPO 变化趋势

第四节　谷胱甘肽过氧化物酶

谷胱甘肽过氧化物酶（glutathione peroxidase，GSH-Px）是体内广泛存在的一种催化过氧化氢分解的重要酶，能特异地催化 GSH 对过氧化氢的还原反应，清除在细胞呼吸代谢过程中产生的过氧化物和羟自由基以及氧自由基，减轻细胞膜多不饱和脂肪酸的过氧化作用，起到保护细胞膜结构和功能完整性的作用。

在长期低氧氧化应激下，机体的抗氧化能力得到增强，表现为抗氧化酶活性的提高。有研究发现[6]，生活在低氧环境中但不参加训练的大鼠骨骼肌 cGPX 活性明显升高。有关体育锻炼对 GSH-Px 活性影响的相关研究中，刘振玉报道定量负荷运动后，训练者体内酶的活性升高，同时训练还可能改变酶活性型与非活性型之间的相互转化，经过训练的运动员肌肉、血浆中的抗氧化物谷胱甘肽比同龄人升高。近年来，大多数研究也证实，运动过程中脂自由基生成增多，使体内各种器官的生物膜产生脂质过氧化，其分解产物丙二醛可扩散到其他部位产生毒性作用，也可以引起其他物质产生过氧化作用的连锁反应。参加运动训练的动物肌肉、器官中过氧化氢酶活性升高，抗氧化物谷胱甘肽增加等是机体抗氧化系统能力加强的效应。齐家玉进行动物实验后发现，小鼠分别经过 15min、30min、45min、60min 运动后，心、脑、肝、骨骼肌中 SOD 的活性均上升。任忠海等对西宁地区经常参加体育锻炼和不经常参加体育锻炼的大学生全血中 GSH-Px 活性研究结果表明，锻炼组 GSH-Px 活性显著高于非锻炼组（P<0.05），并认为长期的运动和训练使血液中的抗氧化酶谷胱甘肽过氧化物酶活性升高，可能是机体增加清除脂质过氧化物的机制之一，进一步证明了运动锻炼促进机体各种能力，包括抗氧化能力的提高。该研究同时指出有训练者在逐渐递增负荷直至力竭的运动过程中，其血清中 GSH-Px 活性先随运动而下降，而后再随运动强度的增大和持续时间的延长而回升，无训练者则一直呈下降趋势。这可能是运动训练增强机体抗氧化能力表现。

本次 GSH-Px 研究结果显示（表 10-4、图 10-4），在整个实验阶段，实验组呈上升趋势，对照组呈逐渐下降趋势，但两组通过组间和组内比较均无显著性差异。提示增压辅助训练可提高 GSH-Px 活性，提高运动员抗氧化能力，有利于机体疲劳恢复。崔建华等研究 [7]，富氧后机体血液中氧浓度增加，能明显促进 SOD 和 GSH-Px 活性，能抑制高原运动造成的自由基损伤，加速运动后体内自由基的清除，促进疲劳的恢复，并对增强有氧氧化途径具有重要作用。

表 10-4 实验组和对照组 GSH-Px 测试结果（U/L）（Mean ± SD）

组别	基础值	1 周末	4 周末	5 周末	6 周末
实验组	0.91 ± 0.094	0.95 ± 0.12	0.93 ± 0.11	0.97 ± 0.13	0.93 ± 0.13
对照组	0.92 ± 0.11	0.88 ± 0.14	0.90 ± 0.13	0.91 ± 0.12	0.91 ± 0.16

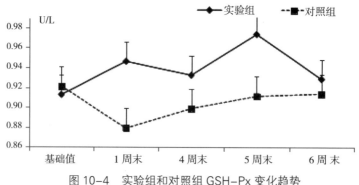

图 10-4 实验组和对照组 GSH-Px 变化趋势

综上所述，高原低氧环境进行大强度负荷运动训练后，采取增压恢复方法，可提高运动员抗氧化能力。在整个实验阶段，实验组运动员 CAT、GSH-Px 均有升高，LPO 含量不变，表明通过增压恢复有效提高了机体清除氧自由基和抗自由基损伤的能力，缓减了大强度运动引起的骨骼肌脂质过氧化，保护机体免受过氧化损伤，对提高运动员抗氧化能力和疲劳恢复有积极作用。而实验组运动员的 SOD 无明显变化，可能与本次实验在运动性疲劳产生后增压舱内休息时间过短（1小时）或压力过低（0.03MPa），刺激深度不够有关。

参考文献

[1] 吴荣华，封定国，施云刚，等 . 高原应激对山羊 MDA、SOD、GSH-Px 及 CAT 的影响 [J]. 黑龙江畜牧兽医（综合版），2014，49（4）:50.

[2] 李一雪 . 高压氧对大白鼠肝脏疲劳恢复的作用 [J]. 体育科学，1995，15:65-68.

[3] 黄佳，李焕春，彭莉，等 . 高浓度氧摄入对自由基离子代谢和血液流变学的影响 [J]. 中国临床康复，2004，27（8）:5952-5953.

[4] 黄兴裕，吴纪饶，吴秀华 . 高压氧、自由基与骨骼肌损伤的研究进展 [J]. 浙江体育科学，2004，26（6）:61-64.

[5] 姜振，张林，刘鹏程，等 . 高压氧对急性力竭运动大鼠骨骼肌 Fas-mRNA 表达与细胞凋亡的影响 [J]. 安徽农业科学，2009，37（22）:105-121.

[6] 金其贯，方明，黄叔怀 . 高压氧对急性力竭性运动后血脂质过氧化物和超氧化物歧化酶代谢的影响 [J]. 浙江体育科学，1996，18（6）:35-37.

[7] 崔建华，张西洲，张建林，等 . 氧浓度增加对 5380m 高原人体运动自由基代谢的影响 [J]. 航天医学与医学工程，2003，16（5）:377-378.

第十一章　增压对免疫功能的影响

第一节　白细胞与淋巴细胞

一、白细胞

白细胞（white blood cell，WBC）也称为免疫细胞，是机体实施免疫功能的重要成分。白细胞除白细胞总数，还可根据形态差异分为颗粒和无颗粒两大类，根据体积大小分为淋巴细胞、嗜碱性粒细胞、中性粒细胞、嗜酸性粒细胞和单核细胞五种。白细胞数量的变化直接影响机体的免疫功能。白细胞具有吞噬异物并产生抗体的作用，提升机体伤病的损伤治愈和抗御病原体入侵的能力。成年人的白细胞正常范围在（4.0~10.0）×10⁹/L。白细胞计数增多见于急性感染、尿毒症、严重烧伤急性出血、组织损伤、大手术后白血病等。

高原缺氧程度对免疫功能有很大影响，其中短暂中度缺氧可引起免疫功能增强，长期持续缺氧则使免疫功能受抑制。有研究认为[1]，一次高原训练以 4~6 周为宜，超过 6 周的长时间高原训练对免疫机能产生一定的影响。陶晓黎对游泳运动员在昆明高原训练 4 周白细胞的变化作了监控，与高原训练前相比，高原训练 1 周后运动员 WBC 值下降，但没有显著性差异；高原训练 2 周后 WBC 值显著提高，高原训练第 3 周、4 周后，WBC 升高比较明显，但在整个训练期间都在正常值范围内波动[2]。卢铁元等对我国优秀竞走运动员高原训练过程中发现，WBC 变化为先升高再减少，而在高原训练结束后恢复到平原时水平。张缨等报道 16 名受试者进行 4 周高住低训，白天训练和晚上低氧暴露的双重刺激，在低氧暴露初期 WBC 数量增加，随着高住低训时间的延长，WBC 值总数逐渐下降[3]。在高原训练期间，由于训练及低氧、低温等环境因素的综合影响，易导致运动员免疫功能下降，运动员易感性增加，容易感染上呼吸道和消化道等疾病。综上所述，高原训练期间，运动员 WBC 一般在正常范围内波动。如果训练期间 WBC 和免疫球蛋白指标持续下降低于正常范围下限，或者在一段时间的稳定后突然明显降低，应及时调整训练，采取必要措施，提高机体免疫力。如果 WBC 高于正常范围上限，运动员出现炎症，就有感染的可能，应注意观察和积极治疗。因此，高原训练时，对白细胞系数指标的检查是非常必要的。一次性高、低强度运动后中性粒细胞的数目都有所升高，在间歇性低氧刺激下，不同强度的一次性运动对机体免疫有着不同的影响，间歇性低氧暴露与急性运动的双重刺激比单纯的急性运动更加影响机体的免疫功能，运动引起白细胞的变化不仅取决于运动强度与运动时间，还与低氧刺激密切相关[4-5]。

本次运动员 WBC 研究结果显示（表 11-1、图 11-1），在整个实验阶段，实验组和对照组无论是组间还是组内均无明显变化。总体来看，实验组在第 1 周和第 2 周较对照组高之外，其余均低于对照组水平。提示增压训练有助于运动员疲劳恢复，维持正常免疫功能。有研究认为，运动后白细胞的恢复与运动强度和持续时间有关，运动强度越大，持续时间越长，白细胞的恢复速度越慢，其运动后所发生的数量变化能否影响机体免疫功能，主要取决与白细胞变化的幅度和持续时间。

表 11-1　实验组和对照组 WBC 测试结果（10^9/L）（Mean ± SD）

组别	基础值	第 1 周	第 2 周	第 3 周	第 4 周	第 5 周	第 6 周
实验组	6.7 ± 0.90	6.03 ± 1.21	6.48 ± 1.78	6.61 ± 1.54	6.40 ± 1.12	6.64 ± 1.05	6.81 ± 1.02
对照组	6.56 ± 1.16	5.91 ± 1.41	5.90 ± 1.88	7.45 ± 0.75	6.74 ± 1.33	6.63 ± 1.47	6.94 ± 1.73

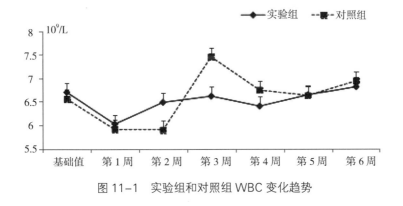

图 11-1　实验组和对照组 WBC 变化趋势

二、淋巴细胞

淋巴细胞（lymphocyte，LY 或 LYMF）是白细胞的一种，也是机体执行免疫功能的重要细胞成分。淋巴细胞分为 T 和 B 淋巴细胞等多种。正常成人 LYMF 计数为（0.8~4.0）× 10^9/L，LY 占 WBC 计数百分比约为 20%~40%。

高欢等研究发现，在以中低强度有氧训练为主的高原训练中，LY% 在上高原后第 25 天、第 38 天和第 60 天下降，提示运动员免疫机能出现改变，易感性增加，认为与高原训练过程中训练负荷强度有关。李胜学[6] 等对中长跑运动员进行高原低氧环境下最大强度力竭性运动训练发现，运动后中性粒细胞百分比明显较运动前减少，淋巴细胞百分比增加，高压氧组和对照组淋巴细胞运动前后和恢复期均有明显变化，两组间比较，增压恢复期淋巴细胞显著低于对照组（P<0.01），说明大强度运动后通过高压氧恢复后中性粒细胞增加、淋巴细胞减少，利于疲劳的恢复，对运动员高原训练后快速体能恢复有很大的应用价值。

本研究中 LYMF% 研究结果显示（表 11-2、图 11-2），实验组和对照组比较，在 6 周末实验组 LYMF% 水平明显低于对照组（P<0.05）。组内与基础值比较，对照组在 6 周末明显升高，具有显著性差异（P<0.05）。总体来看，实验组 LYMF% 保持较低水平，而对照组呈逐渐升高趋势。提示增压恢复有利于 LYMF% 下降并保持稳定，有助于大强度训练后机体疲劳恢复。

表 11-2　实验组和对照组 LYMF% 测试结果（%）（Mean±SD）

组别	基础值	4 周末	5 周末	6 周末
实验组	34.06±5.60	35.50±3.71	38.98±3.85	32.99±7.08*
对照组	32.99±9.49	34.88±6.11	37.64±8.25	42.73±4.73#

注：*表示实验组和对照组比较差异显著（P<0.05）；#表示组内与基础值比较差异显著（P<0.05）。

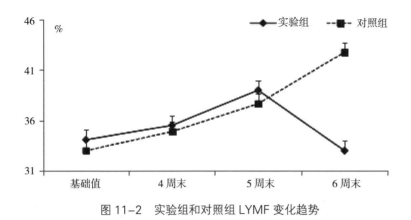

图 11-2 实验组和对照组 LYMF 变化趋势

第二节 免疫球蛋白

免疫球蛋白（immunoglobulin，Ig）是指具有抗体活性或化学性质与抗体相似的一类球蛋白，主要存在于血液、组织液、外分泌液和某些体液中。人类的 Ig 是复杂而不均一的蛋白质群体，主要分为 IgM、IgG、IgA、IgD 和 IgE 五类。正常人血清 IgG 占免疫球蛋白总量的 70%~75%，在抵抗感染中起主要作用，而 IgA 含量仅次于 IgG，占血清免疫球蛋白含量的 10%~20%。

适度运动可提高机体内抗体水平，改善免疫功能[7-8]。有研究报道，老年受试者在 12 个月中等强度训练后，IgA 的浓度和分泌率均显著升高，增强了老年受试者的黏膜免疫功能，有益于健康。3 个月适度训练有助于 60~100 岁老人的免疫力增强。另外，研究表明，优秀运动员与普通人相比唾液中分泌型 IgA 浓度有所升高。因此，适当的运动训练可提高免疫球蛋白水平，降低感染，提高抗病能力。

本次研究运动员测试结果显示（表 11-3、表 11-4、图 11-3、图 11-4），IgA 在整个实验阶段，实验组和对照组无论组间还是组内比较均无明显变化，实验组 IgA 水平保持相对稳定且高于对照组水平。而 IgG 在整个实验阶段表现为实验组相对稳定并低于对照组水平，尤其在实验 4 周末 IgG 明显低于对照组水平（P<0.05）。综合来看，在整个实验阶段实验组 IgA 高于对照组，IgG 低于对照组水平。石泉贵等报道 40 名健康成年人由平原急速进入高海拔地区的第 2 天，IgG 和反应蛋白显著高于平原值，进入高原后第 15 天 IgG 开始下降，但至高原第 30 天仍

高于平原值[9]。马恩龙等研究指出健康成人由海拔 2 260m 进入海拔 4 800m 高原后 15 天内血清 IgG、IgA、IgM 无显著变化，均略升高[10]。崔健华等[11]指出进驻海拔 3 700m 和 5 380m 高原后的第 7 天免疫球蛋白显著高于进驻第 56 天。张勇等[12]对自行车运动员低住高练过程中免疫机能变化的研究发现，第 1 周各指标无显著变化，第 2 周 IgG、IgA 显著高于实验前，之后稳定，认为 Ig 对训练不敏感。也有研究发现，女子曲棍球运动员在高原训练第 3 周后 Ig 与上高原前相比，变化不明显，但在第 6 周末则有所下降。李胜学研究表明，高压氧组的 IgA 在运动前后和恢复期变化非常显著，而对照组 IgA 变化非常不明显。本次在高原低氧环境下对中长跑运动员进行最大强度运动训练后，采用增压恢复后，机体 IgA、IgG 变化不同步，没有表现为抑制或者增强的现象，其中原因还需进一步论证。

表 11-3　实验组和对照组 IgA 测试结果（g/L）（Mean ± SD）

组别	基础值	1 周末	4 周末	5 周末	6 周末
实验组	1.73 ± 0.61	1.53 ± 0.40	1.56 ± 0.59	1.60 ± 0.44	1.60 ± 0.43
对照组	1.55 ± 0.53	1.37 ± 0.30	1.55 ± 0.48	1.28 ± 0.28	1.40 ± 0.27

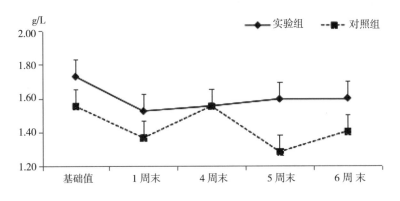

图 11-3　实验组和对照组 IgA 变化趋势

表 11-4　实验组和对照组 IgG 测试结果（g/L）（Mean ± SD）

组别	基础值	1 周末	4 周末	5 周末	6 周末
实验组	9.71 ± 2.69	8.75 ± 2.19	8.00 ± 2.08*	9.07 ± 2.00	9.05 ± 2.04
对照组	10.75 ± 1.89	9.89 ± 2.03	11.27 ± 2.66	9.26 ± 2.35	9.88 ± 2.27

注：*表示实验组和对照组比较差异显著（P<0.05）。

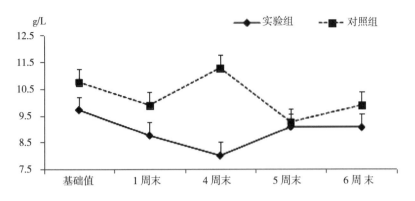

图 11-4　实验组和对照组 IgG 变化趋势

参考文献

[1] 冯连世 . 高原训练及其研究现状 [J]. 体育科学，1999，19（6）:66-71.

[2] 陶晓黎 . 游泳运动员高原训练某些生理生化指标的训练监控研究 [J]. 体育科学研究，2005，9（1）:80-84.

[3] 赵鹏，李清正，路瑛丽 . 备战 2008 年奥运会国家男子举重队运动员亚高原训练效果评价 [J]. 体育科研，2008，29（6）:52-55.

[4] 高炳宏，高欢，陈坚 . 不同低氧训练模式对女子赛艇运动员外周血白细胞计数的影响 [J]. 天津体育学院学报，2006，21（1）:27-30.

[5] 孟志军 . 4 周海拔 1900m~2600m 交替训练对世居高原女子长跑运动员红细胞系和白细胞系相关指标的影响 [J]. 中国运动医学杂志，2014，33（9）:914-915.

[6] 李胜学 . 高压氧对高原低氧下运动员力竭运动后血液指标的影响 [J]. 青海医学院学报，2012，33（4）:264-267.

[7] LordG.M，Matarese G，Howard JK，etal.Leptin modulates the T-cell immune reponse and reversesstarvation-induced immunosuppression[J].Nature，1998，394（6696）:897-901.

[8] Martin-Romero C，Santos-Alvarez J，Goberna R，etal.Human leptinen chances activation and proliferation of human circulating T lymphocytes[J].Cell Immunol，2000，199（1）:15-24.

[9] 石泉贵，满玉生，许清安，等．急速进入高原人员红细胞免疫粘附功能的动态变化研究 [J]. 西藏医药杂志，1996，17（3）:17-19.

[10] 马恩龙，曲立文，孟宪法．进入高原后人体体液免疫功能状态的观测 [J] 医学理论与实践，2000，13（2）:709-710.

[11] 崔健华，张西洲，何富文，等．进驻高原不同海拔高度不同居住实践健康青年体液免疫反应的变化 [J]. 高原医学杂志，1999，9（1）:29-31.

[12] 张勇，李之俊．模拟低住高练（LoHi）对自行车运动员免疫功能的影响 [J]. 体育科学，2005，25（11）:26-32.

第十二章　增压对心肺功能的影响

增压辅助训练作为运动员大运动量训练后的疲劳恢复手段，能调整人体呼吸系统肺泡通气／血流比例，提高肺氧分压和血氧张力，增加血液与组织的氧含量和氧储量，提高血氧弥散率和增加组织内氧有效弥散距离，改善组织的缺氧状态，恢复正常代谢功能[1]。尤其在大强度运动训练后，有利于改善机体组织细胞的无氧酵解，减少酸性物质的产生，利于呼吸和循环功能的维持能增加运动员的有氧耐力[2]。

第一节　最大摄氧量

一、最大摄氧量

最大摄氧量（maxima loxygen consumption，VO_2 max）是指人体进行长时间剧烈运动中，当心肺功能和肌肉利用氧的能力达到个体的极限水平量，单位时间内所能摄取的氧量。VO_2max 表示方法有绝对值和相对值两种。绝对值是指机体在单位时间内所能摄取的最大氧量，通常以 L/min（升／分）为单位，而相对值则按每千克体重计算的最大摄氧量，以 ml/kg/min（毫升／公斤／分）为单位。正常成年男子 VO_2max 为 3.0L/min~3.5L/min 或 50ml/kg/min~55ml/kg/min；女子为 2.0L/min~2.5L/min 或 40ml/kg/min~45ml/kg/min。VO_2max 是评价耐力项目运动员有氧能力的主要指标之一，也常用于评定运动员运动选材、心肺功能、机能状态和训练效果等[3]。

运动训练可引起骨骼肌、心肌细胞中线粒体数量的适应性增加，提高有氧代谢能力，有利于肌细胞对氧的摄取和最大摄氧量的增加，研究表明长期进行系统耐力训练的人，VO_2max 可提高 25%。

在高原环境下，VO_2max 随海拔高度的升高而降低，即在海拔 1 500m 以上高原，海拔每增加 1 000m，VO_2max 约降低 10%。陈俊明等研究发现，高原青少年 VO_2 占 VO_2max 的百分比（$VO_2max\%$）较高，说明其组织细胞利用氧的能力提高，这是对高原低氧环境长期适应的结果[4]。高原世居者运动量不同于移居高原的平原人，他们的运动量具有高效率、高耐力、低无氧酵解等为特征，这些变化反映了对高原环境的完全适应。高原低氧环境下 VO_2max 与血液的氧含量成正比，并且随海拔高度的增加而递减。帕特森（Paterson）等认为在海拔 1 600m 以上，海拔每上升 300m VO_2max 男子降低 2.1%、女子降低 1.6%。国外学者报道高水平中长跑运动员在到达海拔 2 270m 高原后的第 2 天和第 27 天，VO_2max 比平原分别降低了 14.5% 和 10%[5]。Saltin 也报道优秀田径运动员到海拔 2 300m 墨西哥城后 VO_2max 下降 14%，第 19 天时仍低平原 6%。缪素堃等发现在海拔 2 366m 的青海多巴高原训练 2 周后，男女自行车运动员的 VO_2max 绝对值和相对值较平原分别下降 15.4%、13.5% 和 22.1%、22.8%。以上 VO_2max 的降低主要与高原低氧环境或最大运动时，机体为维持组织氧传送而降低了心输出量等有关。也有研究发现，平原人到海拔 4 300m 高原 12 天时，亚极量运动耐力可增加 62%，但 VO_2max 仍减少 10%[6]。平原运动员到高原初期，其运动能力稍有降低，但随着对高原习服时间的推移，运动耐量有所增加。

有关增压或富氧对 VO_2max 的研究，崔建华等[7]发现富氧后较富氧前人体心肌收缩能力储备指数（CCRI）明显增高，舒张期/收缩期比值（D/S）增加，表明运动后富氧人体心脏的最大输出量变化较未富氧增高，提高了循环血液中氧含量并直接供组织细胞利用，改善重要脏器缺血缺氧区的供氧，改善微循环，恢复组织细胞正常能量代谢，提高心力储备，证明富氧对增强机体心力储备具有重要作用[8]。崔建华等还对 10 名青年在高原富氧室观察发现，富氧对高原人体 PCO_2、PO_2、SaO_2、$AaDO_2$ 有明显改善，并且使人运动后心率即刻明显降低，说明富氧环境改善了高原缺氧的气体交换和心肌功能效能，增强氧合功能，对提高高原低氧环境下的作战能力、预防高原病的发生起到了积极作用。崔建华等对大鼠平原组、低氧组、富氧组等动物实验模型的研究发现，模拟海拔 5 200m 的低压舱内，富氧 12 小时可使缺氧大鼠快速、准确确定平台位置，运动轨迹较多地集中于原平台象限。无论从反映信息获取能力的潜伏期，还是从反映信息贮存能力的平台象限游泳距离百分比和跨平台次数等指标来看，富氧都具有明显的作用，表明富氧对低氧力竭运动可发挥有效的保护作用，能明显提高低氧大鼠的运动能力。

在本次研究中（表 12-1、图 12-1），实验组和对照组的 VO_2max 组间和组内比较均无明显变化。但从整体变化趋势来看，实验组在实验 4 周结束后 VO_2max 稍有回升并高于对照组。提示增压辅助训练后，可增加机体肺泡氧分压和提高血氧张力，增强血氧弥散作用，使肌组织利用氧的能力增强，改善机体运动能力水平，使运动员的 VO_2max 稍有增加。但在实验观察期结束后实验组 VO_2max 稍有下降，分析原因可能是一方面与正式大强度比赛后的机体疲劳有关，另一方面与运动赛后的心理放松有关。

表 12-1　实验组和对照组 VO_{2max} 测试结果（ml/kg/min）（Mean ± SD）

组别	基础值	4 周末	6 周末
实验组	56.13 ± 5.42	60.11 ± 4.56	54.76 ± 3.75
对照组	57.46 ± 4.18	59.93 ± 4.55	58.71 ± 2.31

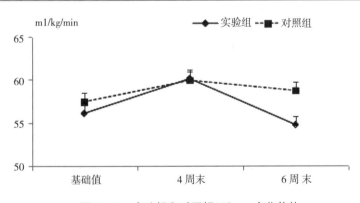

图 12-1　实验组和对照组 VO_{2max} 变化趋势

二、呼吸交换率

呼吸交换率（respiratory exchange ratio，RER 或 RQ），是指肺内每分钟二氧化碳排出量与每分钟摄氧量之比值。正常人安静呼吸交换率约为 0.7~0.95，当安静交换率 >1，表示受试者呼吸过速。而在渐进性运动时，呼吸交换率会逐渐增加。当运动强度大于无氧阈值时，呼吸交换率的增加速率明显；当运动强度达到无氧阈值时 RER<1，表示有氧运动比例较高，RER>1，表示无氧运动比例较高[9]。

在本次研究中（表 12-2、图 12-2），实验组和对照组的 RER 组间比较均无显著性差异。而组内与基础值比较，在 6 周末实验组显著降低（P<0.01）而对照组显著升高（P<0.01），其中实验组低于基础值水平，对照组高于基础值水平。在整个实验过程中，实验组和对照组均表现为 RER>1，说明无氧代谢比例较高。但到实验后期，实验组 RER 水平低于基础值，表明无氧运动向有氧运动过渡，也是有氧能力提高的表现。

表 12-2　实验组和对照组 RER 测试结果（Mean±SD）

组别	基础值	4 周末	6 周末
实验组	1.16±0.05	1.12±0.05	1.14±0.08##
对照组	1.20±0.04	1.18±0.08	1.29±0.05##

注：## 表示组内与基础值比较差异极显著（P<0.01）。

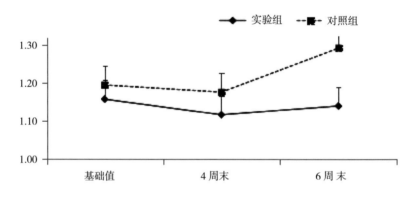

图 12-2　实验组和对照组 RER 变化趋势

三、氧脉搏

氧脉搏（VO_2/HR）是心脏每次搏动输出的血量所摄取的氧量，用每分摄氧量除以心率来计算。氧脉搏可作为判定心肺功能的综合指标。氧脉搏越高说明心肺功能越好，效率越高。

通过递增负荷运动对军事体力劳动强度评价的研究发现，VO_2/HR 与 VO_2 非线性相关，当 VO_2 在 1.00L/min 以下时，VO_2/HR 随 VO_2 的增加与 HR 同步；此后 VO_2/HR 的增加减少与 HR 的增加不同步。VO_2/HR 与 HR 出现不同步增加时

的 VO_2 为 1.05L/min~1.10L/min，对应的 HR 约为 110 次 /min。从某种意义上讲，VO_2/HR 可以间接反映心脏的做功效率，当 VO_2/HR 增加速度低于 HR 增加时，说明心脏做功效率降低。荷兰波尔马教授认为，在运动训练过程中使用高压氧的方式，会对疲劳的快速消除和恢复有促进作用，有效改善微循环，提高血氧弥散能力，使组织内氧含量和储氧量增加，加速组织、血管、细胞的再生和修复，增加机体的血液循环，使机体重要代谢与功能器官细胞的线粒体氧化磷酸化功能恢复正常。

在本研究中实验组和对照组 VO_2/HR 比较（表 12-3、图 12-3），没有组间明显变化。但是组内与基础值比较，在 4 周末、6 周末实验组均明显降低（P<0.01）而照组均明显升高（P<0.01）。综合分析，实验组在运动训练后通过增压恢复，VO_2/HR 没有增加，可能与运动训练后增压恢复时间较短等有关。

表 12-3　实验组和对照组 VO_2/HR 测试结果（ml）（Mean ± SD）

组别	基础值	4 周末	6 周末
实验组	20.97 ± 8.69	20.17 ± 1.95[##]	19.22 ± 2.54[##]
对照组	17.60 ± 2.15	21.65 ± 7.81[##]	21.48 ± 5.31[##]

注：## 表示组内与基础值比较差异极显著（P<0.01）。

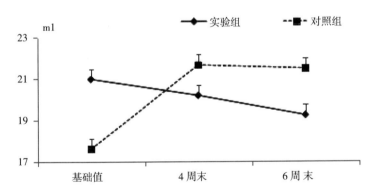

图 12-3　实验组和对照组 VO_2/HR 变化趋势

四、氧通气当量

氧通气当量（ventilatory equivalent for oxygen，EQO_2）是指每分钟通气量与吸氧量的比值（VE/VO_2），即消耗一升摄氧量时所需要的通气量，正常为 20L/min~

30L/min。运动中氧通气当量的大小能反映人体吸氧的效率，氧通气当量越小，说明人体吸氧效率越高[10]。李文选等研究认为心率、肺通气量、氧耗量和能量代谢率之间均呈明显的相关关系，其中心率和能量代谢率与氧耗量呈线性正相关，肺通气量与氧耗量呈指数相关，并对通气量、氧通气当量与氧耗量的相关，实验结果表明，在间断性和连续性递增负荷运动时，肺通气量与耗氧量呈线性正相关[11]。

在本次 EQO_2 研究中（表 12-4、图 12-4），实验组和对照组组间与组内比较，均无明显变化（P>0.05），但从 EQO_2 整体变化趋势来看，实验组呈下降趋势并低于对照组水平。可以认为，实验组通过增压恢复后机体吸收氧气的效率有所提高，是有氧能力提高的表现。

表 12-4　实验组和对照组 EQO_2 测试结果（Mean ± SD）

组别	基础值	4 周末	6 周末
实验组	39.98 ± 3.24	39.98 ± 3.24	37.43 ± 2.88
对照组	40.16 ± 4.01	40.16 ± 4.01	39.39 ± 5.07

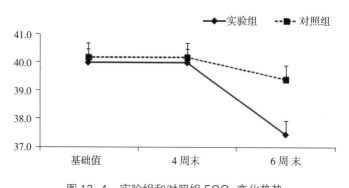

图 12-4　实验组和对照组 EQO_2 变化趋势

五、二氧化碳当量

二氧化碳通气量（ventilatory equivalent for carbon dioxide，$EQCO_2$）指每分通气量与二氧化碳排出量的比值（VE/VCO_2），表示每排出 1L 二氧化碳与所需要的通气量之间的关系，反应肺通气血流比值状况。正常情况下 $EQCO_2$ 随着运动量的增加而增加，呈线性关系。$EQCO_2$ 是反映机体的呼吸中枢及呼吸系统对体内二氧化碳的反应，也是评估运动实验结果的重要指标。

有关运动中对每分通气量、$EQCO_2$ 的变化研究，Sun 等曾对 474 例 17~78 岁健康美国人的研究资料显示，运动过程当中 $EQCO_2$ 随功率的增加呈双曲线样减少，说明运动时 VCO_2 增加，刺激化学感受器，使每分通气量增加以保持体内 CO_2 水平的稳定。从理论上讲由于神经传导需要时间，每分通气量增加略微滞后于 VCO_2 增加，使 $EQCO_2$ 在运动开始后减低。随着运动负荷的增加，机体对氧的需求增加，当氧的传输达到极限时，机体动用无氧酵解产生能量，同时糖酵解伴随乳酸增加。机体为保持酸碱平衡的稳定，以细胞内的碳酸氢根中和乳酸，从而产生大量的 CO_2 以兴奋化学感受器，使每分通气量增加，$EQCO_2$ 升高[12]。

本次研究中，实验组和对照组 $EQCO_2$ 组间比较无明显变化（表 12-5、图 12-5）。但组内与基础值比较，实验组和对照组在整个过程中均有下降，尤其在 6 周末都下降明显（P<0.01）。结果表明，实验组和对照组运动员气体代谢水平较高，随着运动负荷的加大，呼吸加深加快后，潮气量和呼吸频率都增加，引起肺通气量和肺泡通气量的增加，促进 CO_2 的排除增加，导致 $EQCO_2$ 下降。

表 12-5　实验组和对照组 $EQCO_2$ 测试结果（Mean ± SD）

组别	基础值	4 周末	6 周末
实验组	34.50 ± 1.97	32.94 ± 0.86	32.89 ± 1.69##
对照组	33.59 ± 2.78	33.20 ± 1.91	30.40 ± 3.24##

注：## 表示组内与基础值比较差异极显著（P<0.01）。

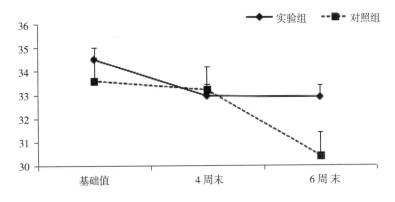

图 12-5　实验组和对照组 $EQCO_2$ 变化趋势

第二节　肺通气功能

肺通气功能是指在单位时间内随呼吸运动出入肺的气量和流速，又称动态肺容积。肺通气功能的监测指标主要包含：反映肺通气功能的指标有最大通气量（MVV）、每分通气量（VE）、潮气量（VT）、呼吸频率（RR）；反映呼吸肌力量的指标有肺活量（VC）、用力肺活量（FVC）和1秒肺活量（FEV1）；反映小气道流速的指标有最大呼气流量（PEF）和25%~75%用力肺活量平均呼气流速PEF25%~75%。

一、肺通气功能指标

（一）最大通气量

最大通气量（maximal voluntary ventilation，MVV）是以最快呼吸频率和尽可能深的呼吸幅度最大自主努力重复呼吸1min所取得的通气量。MVV是反映肺部气体交换效率的重要指标，也是评价高原训练效果的首选指标。

一般情况下，人体从平原进入高原后，由于高原低氧刺激了颈动脉体和主动脉体的化学感受器，反射性引起呼吸加深加快，从而使肺通气代偿性增加。通气量的增大有利于从外界环境中摄入更多的氧，以提高肺泡和动脉血的氧分压，缓解缺氧对机体的影响[13]。Frisancho等认为，高原世居者以及生长发育期以前移居高原的人，在对低氧环境的长期适应过程中，其肺部组织结构发生了适应性变化，如肺泡总数增多，肺泡表面积增加，肺容量加大等变化。高原运动员下平原训练期间，由于平原地区大气压和氧分压高，空气密度和湿度加大，运动员的缺氧状况得到缓解或消失，其通气功能亦发生相应改变。李桦等（1994）对中日竞走运动员高原训练的研究报道，在高原训练后期中日双方运动员的MVV提高，表明双方运动员肺通气功能的改善。

王伟等[14]研究发现，由于人体在相同海拔高度完成相同负荷运动时所消耗的氧量是基本相同的，当运动功率达到225W时，入富氧室后较之前肺通气量明显降低（P<0.01），说明富氧室在短期内有明显改善肺功能和提高工作效率的作用。本次研究中，MVV实验组和对照组组间和组内比较均无显著性变化（表12-6、

图 12-6 ），但从实验过程的整体变化趋势来看，两组均有上升，并且实验组上升幅度大于对照组，表明增压辅助训练有助于改善肺功能。

表 12-6 实验组和对照组 MVV 测试结果（L/min）（Mean ± SD）

组别	基础值	第 1 周	第 2 周	第 3 周	第 4 周	第 5 周	第 6 周
实验组	136.92 ± 23.89	155.26 ± 14.36	147.08 ± 23.84	155.27 ± 22.44	156.05 ± 32.12	150.32 ± 24.09	151.9 ± 28.30
对照组	142.24 ± 13.80	141.59 ± 20.35	140.58 ± 19.20	140.2 ± 18.18	149.99 ± 12.28	149.41 ± 21.77	150.79 ± 19.13

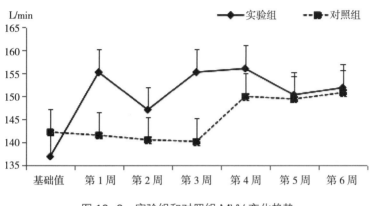

图 12-6 实验组和对照组 MVV 变化趋势

（二）每分通气量

每分通气量（minute ventilation，VE）是静息状态下每分钟出入肺内的气量，等于潮气容积（VT）× 呼吸频率（RR）。本次整个实验过程中，实验组和对照组 VE 相比较（表 12-7、图 12-7），组内与基础值比较，实验组分别在第 4 周、第 5 周、第 6 周明显降低（P<0.01），而对照组整体有升高趋势，并在第 1 周升高明显（P<0.01）。

VE 反映肺的每分钟通气功能和肺部气体交换效率的重要指标，人体在相同海拔高度下完成相同负荷运动时所消耗的氧量基本相同。同时，在高原环境下肺血管不均匀性收缩，血液粘滞度增加，静脉分流增加，肺弥散受限等进一步使肺血氧合效率下降。李桦等研究发现，在高原训练后期中日双方运动员 VE 等下降，表明肺通气功能的改善。在本实验中，实验组 VE 下降明显，说明增加辅助训练后明显改善了肺通气功能和做功效率。

表 12-7　实验组和对照组 VE 测试结果（L/min）（Mean ± SD）

组别	基础值	第 1 周	第 2 周	第 3 周	第 4 周	第 5 周	第 6 周
实验组	10.68 ± 1.80*	12.17 ± 3.44	9.29 ± 2.60	8.17 ± 1.68	8.96 ± 3.04##	8.96 ± 1.83##	8.40 ± 2.41##
对照组	8.18 ± 3.93	10.33 ± 3.42##	9.35 ± 1.0	8.65 ± 3.24	8.51 ± 1.82	8.33 ± 1.93	8.42 ± 2.36

注：* 表示实验组和对照组比较差异显著（P<0.05），## 表示组内与基础值比较差异极显著（P<0.01）。

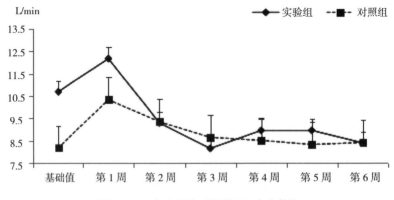

图 12-7　实验组和对照组 VE 变化趋势

（三）呼吸频率

呼吸频率（respiratory rate，RR）是指每分钟呼吸的次数。RR 随年龄、性别和生理状态而有所不同，成人安静时 RR 为 12~20 次 / 分，女性较男性快 1~2 次 / 分。马福海[15]研究发现，高原女子中长跑运动员在 6 周高高交替训练中 VE、RR 下降明显，表现了肺的换气效率有所改善。

本次研究显示，实验组和对照组 RR 比较（表 12-8、图 12-8），实验组基础值水平明显高于对照组（P<0.05）。但是，从变化趋势来看，实验组下降幅度大于对照组，并低于基础值水平。可见实验组在大负荷训练后通过增压恢复降低 Rf，有利于运动疲劳的消除，也是提高肺部换气效率的良好反应。

表 12-8　实验组和对照组 RR 测试结果（次 / 分）（Mean ± SD）

组别	基础值	第 1 周	第 2 周	第 3 周	第 4 周	第 5 周	第 6 周
实验组	21.46 ± 3.99*	19.01 ± 4.92	16.86 ± 1.99	16.39 ± 3.21	17.73 ± 5.08	18.46 ± 5.48	17.05 ± 8.40
对照组	20.72 ± 3.18	23.41 ± 5.13	21.33 ± 5.84	20.64 ± 4.40	21.6 ± 6.14	22.55 ± 6.13	22.16 ± 12.79

注：* 表示实验组和对照组比较差异显著（P<0.05）。

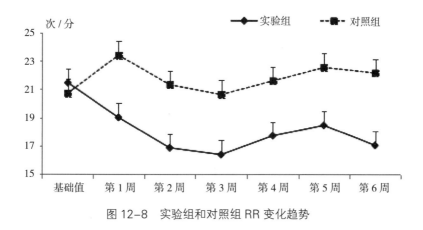

图 12-8　实验组和对照组 RR 变化趋势

二、呼吸肌力量指标

（一）肺活量

肺活量（vital capacity，VC）是指最大吸气后所能呼出的最大气量，反映呼吸机能的潜在能力。VC 可表示肺最大扩张和最大收缩的呼吸幅度，当肺呼吸活动度受限或活动减弱时，VC 出现减低。

本次研究显示（表 12-9、图 12-9），实验组和对照组 VC 通过组间和组内比较，均无明显变化。从两组整体变化趋势来看，实验组和对照组 VC 均呈现先升高后下降的趋势，且实验组 VC 的增加幅度较对照组较高。提示运动训练后应用增压辅助能够改善肺功能，促进肺活量增加[16]。而在观察阶段实验组 VC 出现下降，可能与不进行增压辅助恢复而引起的呼吸肌疲劳等有关。

（二）用力肺活量和 1 秒肺活量

用力肺活量（forced vital capacity，FVC）又称时间肺活量，是深呼气至肺总量位后以最大用力、最快速度所能呼出的全部气量；1 秒肺活量（forced expiratory volume in one second，FEV1）是 1 秒钟用力呼气容积，是指最大吸气到肺总量位后，开始呼气第 1 秒钟内的呼出气量，常以 FEV1.0/FVC% 或 FEV1.0/VC% 表示（简称 1 秒率）。临床学表明，阻塞性通气障碍病人，如慢性支气管炎、阻塞性肺气肿和支气管哮喘发作期病人，气道阻塞，呼气时间延长，故 FEV1.0 及 FEV1.0/FEV% 均减低。

表 12-9   实验组和对照组 VC 测试结果（L）（Mean ± SD）

组别	基础值	第 1 周	第 2 周	第 3 周	第 4 周	第 5 周	第 6 周
实验组	4.40 ± 0.77	4.74 ± 0.60	4.87 ± 0.59	4.61 ± 0.62	4.58 ± 0.63	4.39 ± 0.81	4.28 ± 0.94
对照组	4.21 ± 0.62	4.41 ± 0.56	4.34 ± 0.38	4.35 ± 0.41	4.47 ± 0.47	4.26 ± 0.29	4.35 ± 0.46

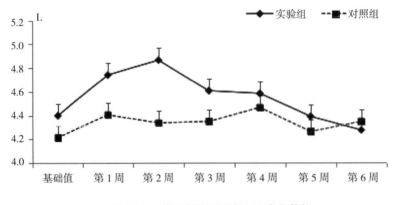

图 12-9   实验组和对照组 VC 变化趋势

刘志强等 [17] 在高高交替训练研究中发现，运动员最大呼气流速（PEF）、25%~75% 用力肺活量平均呼气流速、FVC、FEV1 末期与初期比较均有提高，表明呼吸肌力量的改善。本研究中，在整个实验过程中，实验组和对照组 FVC 和 FEV1 比较无明显变化（表 12-10、表 12-11、图 12-10、图 12-11），但实验组组内与基础值比较，第 2 周 FVC 明显高于基础值水平（$P<0.05$）。FEV1 两组比较，实验组在第 2 周明显高于对照组（$P<0.05$），并且明显高于基础值水平（$P<0.01$）。表明在高原低氧环境下增压恢复可以明显提高运动员呼吸肌力量和肺的弹性，改善肺呼吸的效率和机能 [18]。

表 12-10   实验组和对照组 FVC 测试结果（L）（Mean ± SD）

组别	基础值	第 1 周	第 2 周	第 3 周	第 4 周	第 5 周	第 6 周
实验组	4.00 ± 0.65	4.20 ± 0.68	4.72 ± 0.42##	4.14 ± 0.55	4.25 ± 0.80	4.15 ± 0.97	4.24 ± 0.64
对照组	3.64 ± 0.62	4.05 ± 0.50	4.06 ± 0.64	4.10 ± 0.55	4.01 ± 0.61	4.05 ± 0.26	4.11 ± 0.43

注：## 表示组内与基础值比较差异极显著（$P<0.01$）。

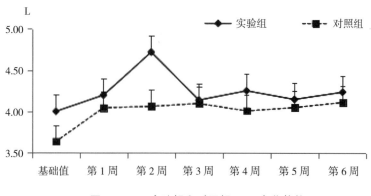

图 12-10　实验组和对照组 FVC 变化趋势

表 12-11　实验组和对照组 FEV1 测试结果（L）（Mean±SD）

组别	基础值	第 1 周	第 2 周	第 3 周	第 4 周	第 5 周	第 6 周
实验组	3.58 ± 0.45	3.87 ± 0.55	4.23 ± 0.21*##	3.77 ± 0.32	3.76 ± 0.58	3.70 ± 0.66	3.86 ± 0.46
对照组	3.44 ± 0.42	3.30 ± 0.93	3.59 ± 0.32	3.59 ± 0.23	3.54 ± 0.39	3.6 ± 0.15	3.69 ± 0.25

注：* 表示实验组和对照组比较差异显著（P<0.05），## 表示组内与基础值比较差异极显著（P<0.01）。

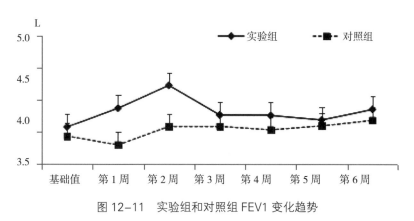

图 12-11　实验组和对照组 FEV1 变化趋势

三、小气道流速指标

（一）最大呼气流速

最大呼气流速（peak expiratory flow，PEF）是肺通气功能重要的监测指标，是最大吸气后立刻呼气时呼气流量，主要反映呼吸肌的力量及气道有无阻塞。

一般情况下，用力吸气后，尽力尽快呼气，并在第 1 秒能呼出所有气体的

80% 以上，说明呼吸道阻力较小，是肺功能正常或良好的反映，否则表现为呼吸道阻力的增加。最大呼气流量主要受肺的弹性和周围小气道阻力的影响，与肺容积关系中流量 – 容积曲线中段流量和 25% 肺活量最大呼气流量更能灵敏地反映小气道的阻塞情况。本次 PEF 研究结果显示（表 12–12、图 12–12），实验组和对照组比较均无明显变化。实验组和对照组组内与基础值比较，两组均有升高趋势，但实验组在第 1 周、第 2 周升高明显（P<0.05），对照组升高不明显。结果表明，对照组运动员肺部小气道呼吸阻力较小，实验组增压氧恢复后更能明显提高肺部弹性和增加小气道流速。

表 12–12　实验组和对照组 PEF 测试结果（L/S）（Mean ± SD）

组别	基础值	第 1 周	第 2 周	第 3 周	第 4 周	第 5 周	第 6 周
实验组	7.42 ± 1.40	8.76 ± 1.37#	9.03 ± 1.09#	8.16 ± 1.38	8.21 ± 1.33	8.43 ± 1.13	8.15 ± 1.46
对照组	7.43 ± 1.22	7.13 ± 1.88	7.72 ± 1.34	8.01 ± 1.33	7.76 ± 1.48	7.87 ± 1.34	8.39 ± 1.33

注：# 表示组内与基础值比较差异极显著（ P <0.05）。

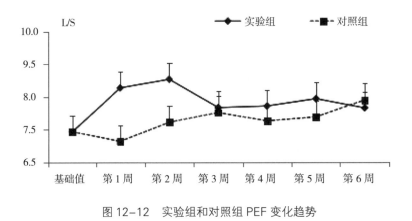

图 12–12　实验组和对照组 PEF 变化趋势

（二）25%~75% 用力肺活量平均呼气流速

25%~75% 用力肺活量平均呼气流速（PEF25%~75%）是指最大呼气中段流量由 FVC 曲线计算得到的用力呼出肺活量 25% ~75% 的平均流量。一般情况下，PEF25%~75% 受小气道直径影响，流量降低反映小气道阻塞，是临床诊断呼吸道疾病和某些肺部疾病的重要依据。马福海等对世居高原运动员进行高高交替训练研究中发现，运动员PEF、PEF25%~75%末期与初期比较均有提高。

本次PEF25%~75%研究结果显示(表12-13、图12-13)，实验组和对照组比较，在组间和组内均无明显变化。但从实验过程的整体变化趋势来看，实验组呈先上升后下降的变化趋势，对照组呈波浪式的下降趋势。实验组PEF25%~75%在整个实验过程中保持稳定与实验过程中FVC、FEV1和PEF的提高，以及与呼吸初期时呼出气体较多等有关，也是呼吸功能及换气效率提高的表现。

表12-13 实验组和对照组PEF25%~75%测试结果（L/S）（Mean±SD）

组别	基础值	第1周	第2周	第3周	第4周	第5周	第6周
实验组	4.87±0.93	5.01±0.89	4.93±0.99	4.74±0.30	4.71±0.30	4.84±0.30	4.71±0.30
对照组	4.77±0.36	4.16±1.05	4.43±0.64	4.03±0.37	4.21±0.37	4.05±0.37	4.2±0.36

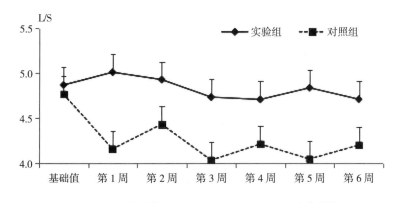

图12-13 实验组和对照组PEF25%~75%变化趋势

整体来看，高原低氧环境进行大强度负荷运动训练后，采取增压恢复方法，可提高运动员的心肺功能。实验组氧通气当量、二氧化碳通气量、呼吸交换率实验前后相比均呈下降趋势，说明增压恢复提高了机体摄取氧的效率，以及机体呼吸系统和气体代谢水平。同时，安静状态下实验组MVV、VC、FVC、FEV1、PEF均有提高，而实验组的VE和RR也有下降，表明在高原低氧环境下增压恢复有利于提高运动员呼吸肌力量和肺的弹性，改善肺呼吸的效率和机能。

参考文献

[1] 王伟.进驻海拔3 680m青年通气无氧阈的初步观察[J].高原医学杂，2002,（2）:4-5.

[2] 陈一飞，徐维.运动性疲劳的发生机制与高压氧的应用[J].中华物理医学与康复杂志，2004, 26（3）:187-190.

[3] 高新友.男子400m跑运动员气体代谢的适应性变化特征[J].沈阳体育学院学报，2004,（3）:369-370.

[4] 高强.高原对生理机能与运动能力的影响[J].青海体育科技，1986,（2）:7-15.

[5] Levine BD.eta1."Living high-training low"；the effect of altitude acclimatization ／ nomoxic training in trained runners[J].Med SciSports Exerc，1991, 23（4）:25.

[6] 刘岩.优秀女子5 000m竞走运动员心肺功能与专项运动素质综合发展水平的研究[J].沈阳体育学院学报，1997,（1）:22-26.

[7] 崔建华，等.氧浓度增加对5 380m高原人体运动自由基代谢的影响[J].航天医学与医学工程，2003, 16（5）:377-378.

[8] 周伟.大运动量训练吸高压氧的临床观察[J].中国体育科技，1985,（9）:9-13.

[9] 李红燕.优秀赛艇运动员气体代谢的适应性变化特征[J].湖北大学学报(自然科学版)，2005,（3）:298-299.

[10] 高丽.不同专项运动员递增负荷运动中氧通气当量和最佳呼吸效率点的观察[J].山东体育学院学报，2001,（4）:43-44.

[11] 吕坤如，罗正.不同专项优秀运动员气体代谢水平比较研究[J].湖北文理学院学报，2010, 31（8）:20-23, 48.

[12] 郭军.递增负荷气体代谢的变化及对运动能力的影响[J].体育科学，1996,（3）:58-61.

[13] 马福海，王发斌，樊蓉芸.青海高原训练的理论与实践[M].北京:人民体育出版社，2008.

[14] 王伟.进驻海拔3 680m青年通气无氧阈的初步观察[J].高原医学杂，

2002，（2）:4-5.

[15] 马福海. 高原女子中长跑运动员海拔 2 260～3 150m 交替训练的研究 [J]. 体育科学，2000，（6）:34-36.

[16] 马福海，樊蓉芸. 青海省国民体质监测报告 [M]. 西宁 : 青海人民出版社，2000，11.

[17] 刘志强，闵筠，马福海，等. 世居高原中长跑运动员不同海拔地区交替训练的研究 [J]. 体育科学，1999，（6）:34-38.

[18] 石井良昌著，张郓城译. 高压氧疗法对高强度运动后生理学因素的影响 [J]. 海军军事医学，1996，（17）:5.

第十三章　增压对疲劳恢复能力的影响

第一节　心率变异性

自主神经系统也被称为植物神经系统，是人体神经系统的重要组成部分，主要支配人体内脏器官、血管、平滑肌及腺体的活动，不会随人的意识而改变。自主神经系统可以分为交感神经和副交感神经系统，它们共同支配同一个器官，形成对内脏器官的双重支配作用[1]。交感神经的主要作用是为了应对机体产生的急剧变化，使心跳加快增强，血压和血糖升高，呼吸加深加快，抑制消化系统活动，适应机体代谢活动。副交感神经的主要作用在于维持机体安静状态，减缓减慢心跳，降低血压，增强消化系统活动，促进恢复体力保存能量[2]。

自主神经系统对心脏的主要作用是增加或减慢心脏搏动的速度和强度，单位时间内心脏搏动的次数即为心率，因此，心率的变化受到交感神经和副交感神经的共同影响。心率变异性（HRV）主要研究两次心搏间期的差异性大小和规律，是近年来比较受关注的无创性心电监测指标之一，可用于评价运动员自主神经系统功能的变化情况，得到了较为广泛的应用[3]。

心率变异性的时域指标 SDNN 是 RR 间期的标准差，可以反映自主神经系统的活性；RMSSD 是 RR 间期标准差的平均值；PNN50 是 RR 间期之差值大于50ms 心搏数占总的百分比，可以评价迷走神经的活性；频域指标包括甚低频 VLF、低频 LF、高频 HF 和 HF/LF。其中 VLF 与外周血管舒张、体温调节、肾素血管紧张素等因素有一定关系，主要反映交感神经系统活性；HF 主要反映迷走神经兴奋性的情况；LF 与交感神经和迷走神经的双重调节有关，但有些研究直接用于反映交感神经张力；LF/HF 反映交感神经和迷走神经的均衡性。

有研究发现，3 周高原训练未对女子速滑运动员自主神经功能产生显著影响，自主神经功能能力变化波动小，高原环境带给女子速滑运动员的风险程度较低[4]。

研究表明，SDNN 在高原训练后出现了均值下降，反映迷走神经活性的 RMSSD
及 PNN50 在高原训练后出现下降，心率及 NN 间期在高原前后没有变化趋势，
说明在高原训练后女子速滑运动员整体的自主神经没有出现显著性变化；频域指
标变化特征显示，女子速滑运动员在高原训练后，总功率指标出现下降，但下降
程度较小，未出现显著性差异，说明高原训练对女子速滑运动员自主神经整体调
节能力没有影响；HF 在高原后出现了明显的下降，说明在高原训练后迷走神经
的张力下降，在自主神经整体调节心脏活动中，迷走神经活性受到了抑制，HF
虽然在高原后出现了明显下降，但 P>0.05，不具有统计学意义；在高原训练后，
VLF 指标没有明显变化，说明交感神经活性没有受到高原训练影响，但反映交感
神经和迷走神经复合调节功能的 LFnu 及迷走神经与交感神经平衡性的 LF/HF 都
出现了不同程度升高，说明了高原训练影响女子速滑运动员迷走神经与交感神经
平衡。常玉等在 5 周高原训练过程中研究发现，优秀男子游泳运动员 HRV 指标
呈波浪形变化特点，其中高原训练前期主要受低氧环境影响，高原训练后期主要
受训练负荷影响，并且在高原环境下，HRV 可以反映随着高原缺氧和训练负荷
交互作用导致自主神经系统调控能力波动性的变化，表明利用 HRV 来分析缺氧
和训练负荷交互作用对机体影响具有一定的实践意义 [5]。

　　本研究利用增压恢复方式对 8 名健康男性运动员进行运动后疲劳恢复，并对
其不同时间点的 HRV 进行检测，通过对心率变异性各项时域指标和频域指标的
分析，对实验组受试者进行增压恢复后自主神经系统变化的研究。

一、实验阶段 4 周的心率变异性变化

　　通过与研究发现的 20 岁以下青少年男性心率变异性正常值相比较，本研究
中，实验组 HRV 各指标均在正常范围或相差不大，说明本实验数据较为有效，
见表 13-1、13-2。

表 13-1　20 岁以下健康男性 5minHRV 时域指标的参考值（M±SD）

	SDNN（ms）	RMSSD（ms）	PNN50（%）
正常范围参考值	30.41–154.69	16.14–130.46	1.73–57.50
实验组	71.36 ± 40.99	51.35 ± 37.96	22.75 ± 19.02

表 13-2　20 岁以下健康男性 5minHRV 频域指标的参考值（M ± SD）

	VLF（ms²）	HF（ms²）	LF（ms²）	LF/HF
正常范围参考值	278.28–3402.38	38.15–6600.23	220.25–2691.28	0.49–7.07
实验组	1752.50 ± 1305.29	1224.90 ± 2453.90	1127.80 ± 1315.16	2.48 ± 2.75

通过实验阶段 4 周对实验组指标变化分析发现（表 13-3、表 13-4），时域指标 PNN50 和 RMSSD 在强度训练后进行 1h 增压恢复的数值都比强度训练后未进行增压恢复时的数值有上升趋势。其中，实验阶段第 3 周时域指标 PNN50 在经过增压治疗 1h 后与初始值相比出现了显著性上升（P<0.05），从（19.93 ± 11.38）ms 上升到了（35.12 ± 5.09）ms，而且较强度训练后也有一定的上升趋势，说明第 3 周经过增压恢复 1h 后，迷走神经活性有了显著的增强；实验阶段第 4 周，RMSSD 的值经过增压治疗 1h 后，较强度训练后出现了显著上升（P<0.05），RMSSD 反映迷走神经的活性，说明迷走神经活性在经过高压氧治疗后有了显著提升，减轻了心脏负荷，改善了心肌功能，自主神经系统调节能力增强，Jeffrey 的研究表明，RMSSD 可以作为迷走神经活性的量化指标，说明可能对于疲劳状态增压恢复可以表现出良好的治疗效果，迷走神经活性明显增强，降低了心肌的耗氧量，心电活动趋于稳定[6]。

实验阶段 4 周期间，实验组各项频域指标中 HF 的变化趋势是在高原低氧环境下大强度训练后进行 1h 增压恢复的数值，都比强度训练后未进行增压恢复时对照组数值有上升趋势，并且出现显著性，其他各项数值也有一定的变化趋势，但不明显。其中实验阶段第 4 周，在增压恢复 1h 后 HF 的值与强度训练后相比出现了显著性的增长（P<0.05），由强度训练后的（1354.09 ± 1040.68）ms² 增加到了（1683.51 ± 1397.81）ms²，这证明了使用增压恢复 1h 后，受试者的迷走神经兴奋性有了显著的提升，心肌细胞的缺氧状况得到了有效的缓解，减轻了由于疲劳累积造成的心肌负荷，起到了保护心脏，改善心肌功能的作用。4 周实验阶段期间反映迷走神经活性的时域指标 RMSSD 和频域指标 HF 在强度训练后接受增压恢复后实验组都有明显的上升趋势，说明经过增压恢复后，迷走神经的兴奋性有了显著的提高。

LF 数值有下降趋势，但无显著性差异，可能与反应 LF 的交感神经与呼吸系统密切相关。本研究利用增压恢复刺激了呼吸系统而达到心脏恢复的目的，所以交感神经的兴奋程度没有达到被抑制的结果，由于人体实验中不同的人对与呼吸刺激的反应不同，所以 LF 增压恢复 1h 后的数值较强度训练后的数值变化不显著。这与郭祎珍研究结果较为一致，她发现随着运动量的增加会导致受试者疲劳程度加深，人体 LF 数值将明显升高[7]。也有文献指出，正常人体 HF 与 LF 变化规律是 LF 指标白天较高而 HF 指标夜晚较高，与人体的睡眠作息一致，即在运动状态下 LF 会有上升，而静止状态下 HF 值较高[8]。

LF/HF 在进行增压恢复前后也有下降的趋势，这些都可以进一步推测接受增压恢复，对于运动员心脏具有一定的保护作用，达到减缓心跳，降低血压，加速能量恢复和补充体力的目的，对运动员疲劳恢复起到一个正向调节作用，加快了超量恢复的速度和程度。HRV 是公认的测量应激水平（stresslevel）的可靠指标，说明增压恢复手段对于运动员自主神经系统的疲劳恢复起到了一定的作用。

表 13-3　实验阶段 4 周实验组强度训练后 HRV 的变化（Mean±SD）

心率变异性指标	第 1 周	第 2 周	第 3 周	第 4 周
SDNN（ms）	85.97±38.22	94.74±29.07	67.37±29.63	88.49±31.19
RMSSD（ms）	105.57±55.62	122.84±51.68	92.98±52.68	108.91±51.89
PNN50（%）	26.11±12.22	30.64±8.04	25.92±13.85	27.58±10.17
VLF（ms^2）	179.90±97.90	190.59±143.85	137.78±101.14	283.32±281.81
HF（ms^2）	1446.81±1244.74	1458.76±1284.51	1205.18±1119.24	1354.09±1040.68
LF（ms^2）	1327.55±1383.11	772.17±635.84	413.35±233.75	1001.97±731.45
LF/HF	0.88±0.26	0.77±0.65	0.64±0.45	1.26±1.16 ▲

注：▲表示与第二周相比显著性差异（P<0.05）

表 13-4　4 周实验阶段实验组训练后经过增压恢复 1h 后 HRV 的变化（Mean±SD）

心率变异性指标	第 1 周	第 2 周	第 3 周	第 4 周
SDNN（ms）	86.19±21.21	95.22±25.31	86.32±17.86	86.56±29.66
RMSSD（ms）	104.72±36.88	126.76±27.35	115.13±33.36	111.70±46.91
PNN50（%）	30.71±7.16	34.22±6.22	35.12±5.09	28.82±8.31
VLF（ms^2）	188.34±69.67	136.93±69.90	243.92±95.76	300.47±296.40
HF（ms^2）	1276.11±533.99	1532.80±748.21	1661.56±1053.19	1683.51±1397.81
LF（ms^2）	739.89±384.71	688.96±749.64	555.32±410.61	842.45±782.25
LF/HF	0.63±0.29	0.55±0.45	0.31±0.10	0.76±0.69

二、观察期心率变异性的变化

实验组受试者进行 4 周增压恢复训练后进入为期 2 周的观察阶段，观察期间，受试者执行与实验阶段相同的训练计划，训练强度，作息时间等。对比 2 周观察阶段的测试结果发现（表 13-5），实验组运动员 HRV 时域指标数据都有一定的下降趋势，这说明未使用增压手段进行疲劳恢复后，受试者自主神经系统的兴奋性整体上有了降低的趋势，RMSSD、PNN50 等反映迷走神经活性的指标虽然也有一定程度的下降趋势，但并未出现显著性差异，频域指标未出现显著性变化，出现这种情况的原因可能是因为运动训练导致了运动员的疲劳有所累积，因此，各项心率变异性的指标均有了一定程度的下降趋势，且取消了增压恢复后，造成了运动员疲劳进一步累积，自身恢复时间有所延长。

表 13-5　实验组观察阶段心率变异性变化（Mean ± SD）

心率变异性指标	观察期第 1 周（第 5 周）	观察期第 2 周（第 6 周）
SDNN（ms）	85.12 ± 42.93	70.80 ± 44.41
RMSSD（ms）	85.65 ± 44.81	81.54 ± 63.30
PNN50（%）	22.04 ± 12.56	19.99 ± 17.16
VLF（ms^2）	305.77 ± 243.02	209.38 ± 158.27
HF（ms^2）	1065.13 ± 1040.34	1095.35 ± 1511.33
LF（ms^2）	817.80 ± 562.58	537.79 ± 534.50
LF/HF	1.17 ± 0.78	1.35 ± 1.17

三、周日休息日心率变异性的变化

在研究为期 4 周的实验阶段和 2 周的观察阶段期间，对每周日休息日的心率变异性观测后发现（表 13-6、表 13-7），实验组反映自主神经活性的指标 SDNN 在第 6 周较第 2 周出现了显著的下降（P<0.05），说明取消了增压恢复后，受试者自主神经系统活性有了整体的降低，第 5 周 LF/HF 较第 1 周和第 3 周出现了显著上升，交感神经兴奋性的比例增大，说明停止使用增压恢复后交感神经兴奋性有所升高，疲劳程度相对加深。其余指标没有较为明显的变化规律，影响心率变异性的因素较多，较复杂，HRV 的值差异较大[9]。对照组各数据均出现了一定程度的波动，但均没有线性变化规律，也没有显著性差异。近年来，相关研究表明 HRV 的生理基础、病理生理过程与指标间的关系尚不明确，且受年龄性别

等许多客观因素的影响[10]。

表13-6 实验与观察阶段实验组休息日心率变异性比较（Mean±SD）

心率变异性指标	第1周	第2周	第3周	第4周	第5周	第6周
SDNN（ms）	87.45±29.9	85.01±42.0	75.32±34.3	75.13±26.3	85.12±42.9	70.80±44.4▲
RMSSD（ms）	102.40±33.0	97.41±69.3	85.66±59.7	93.84±48.9	85.65±44.8	81.54±63.3
PNN50（%）	29.01±4.3	23.33±16.0	19.93±11.4	26.11±15.7	22.04±12.6	19.99±17.2
VLF（ms²）	204.55±136.8	208.52±196.6	153.89±72.4	234.83±118.6	305.77±243.0	209.38±158.3
HF（ms²）	1556.10±1172.4	1421.13±1951.8	1172.05±1161.5	1158.41±1006.4	1065.13±1040.3	1095.35±1511.3
LF（ms²）	736.15±543.6	658.40±523.5	696.54±553.9	619.84±596.9	817.80±562.6	537.79±534.5
LF/HF	0.67±0.54	0.93±0.50	0.79±0.54	0.92±0.66	1.17±0.78△☆	1.35±1.17

注：△表示与第一周相比显著性差异（P<0.05）；▲表示与第二周相比显著性差异（P<0.05）；

☆表示与第三周相比显著性差异（P<0.05）；

表13-7 实验与观察阶段对照组休息日心率变异性的比较（Mean±SD）

心率变异性指标	第1周	第2周	第3周	第4周	第5周	第6周
SDNN（ms）	69.04±23.69	67.32±26.73	54.29±24.32	58.07±21.71	59.00±16.27	63.65±21.75
RMSSD（ms）	59.63±20.52	59.93±20.97	56.09±30.87	55.12±23.68	55.32±19.56	61.45±34.51
PNN50（%）	18.65±8.51	18.44±8.54	16.37±14.28	16.57±9.44	17.25±10.23	17.67±9.71
VLF（ms²）	192.58±158.56	168.97±147.61	189.44±166.28	188.53±141.20	175.61±175.09	162.99±73.19
HF（ms²）	464.48±280.69	514.38±346.24	401.97±314.34	473.19±310.23	326.71±217.29	440.23±247.71
LF（ms²）	730.47±456.63	659.26±386.78	485.97±555.50	484.18±372.49	486.32±411.53	657.88±984.38
LF/HF	0.84±0.68	0.93±0.43	1.54±1.04	1.21±0.72	0.94±0.69	2.69±4.40

四、增压恢复对高原低氧环境中长跑运动员的心率变异性影响的综合分析

中长跑属于有氧耐力性运动，造成中长跑运动疲劳的原因是运动过程中出现肌肉及血液中血乳酸浓度升高，机体 pH 值下降，酸碱平衡失调，肌糖原在运动中大量被消耗，体温升高，血糖下降等原因，随着运动持续一定的时间后，运动员可能会出现不同程度的缺氧状况，脑缺氧会导致运动员中枢神经系统的功能下降[11]。

增压恢复可以降低中长跑运动员的心率，帮助运动员进行疲劳恢复，甚至形成超量恢复，加快补充运动中被消耗掉的大量物质能量，提高心肌的能量代谢效

率，增强中长跑运动员副交感神经系统的兴奋性，在一定程度上降低耐力运动给心脏造成的负担[12]。迷走神经兴奋性上升，可以提高运动员承受极限量运动的能力，因此对于中长跑运动员的运动成绩的提高具有积极的意义。

综上所述，经过高原低氧环境长期中长跑训练的运动员，在强度训练后可能拥有较快的自身恢复能力，在出现有疲劳累积的情况下，自身不能较快的恢复时，施以增压恢复，可以帮助运动员提高迷走神经兴奋性，促进疲劳的恢复[13]。但增压恢复是否具有累积的效果，还并不明确，有待进一步的研究。

第二节　生理疲劳指标

一、安静心率

（一）晨脉

心率（heart rate，HR）指心脏每分钟跳动的次数，是反映空气中氧分压变化的敏感指标，也是人体进入低氧缺氧环境出现较早较明显的反应。安静时心率的变化能间接反映心血管的机能状况。在运动训练中，通常采用早晨起床前空腹卧位测 1min 的心跳次数，即晨脉。晨脉是监控心率常用的指标之一，也是评定心血管系统机能状态需要测量的最重要指标，通过测定晨脉可以早期诊断运动员对训练负荷的适应情况，反映运动员机体的适应性及恢复情况。

由于受低氧环境影响，高原训练初期晨脉的升高是正常的代偿性增加，可以补偿氧运输能力的下降，而晨脉的下降表明运动员随着机体的适应和训练加强，心输出量和心率储备增加，有利于机能状态和运动能力的提高[14]。有研究表明 6 名平原女子中长跑运动员在海拔 2 365m 青海多巴进行高原训练时，运动员晨脉处在一个正常的范围（40b/min~60b/min），并分别于高原训练初期出现极高值，在高原训练第二周后期出现极低值，在高原训练第三周出现平缓的上升趋势，随后平缓下降逐渐接近平原时的水平。高原训练期间自行车运动员晨脉均随运动负荷的变化而变化，并表现出高原训练早期升高后期下降的变化趋势，研究指出，晨脉在到达高原后的前 20 天出现一个高峰值，机制可能是缺氧引起的迷走神经抑制和交感神经兴奋增强，反射性地引起心率增加，随着在高原时间的延长，从

16天开始逐渐下降并接近平原水平。本研究中实验组在第5天、对照组在第9天达最高值出现晨脉的下降，表明运动员对高原低氧环境的适应和运动训练后机能处于良好的恢复状态。

在本次晨脉研究中（表13-8、图13-1），实验组和对照组运动员的晨脉比较来看，随着4周高原训练时间的延长，实验组分别在第2周、第3周、第4周下降较明显（P＜0.05~0.01），尤其在4周实验结束后，实验组晨脉明显低于第1周水平（P＜0.05）。总体来看，增压辅助训练后实验组晨脉有明显降低。表明，增压辅助训练有助于提高运动员心输出量和心率储备的增加，改善运动机能状态，提高运动能力。

表13-8　实验组和对照组晨脉统计结果（次／分）（Mean ± SD）

组别	第1周	第2周	第3周	第4周
实验组	48 ± 2.40	49 ± 1.90*	48 ± 1.56**	47 ± 2.19*
对照组	52 ± 3.15	53 ± 2.34	52 ± 1.75	52 ± 1.44

注：* 表示实验组和对照组比较差异显著（P<0.05），** 表示实验组和对照组比较差异极显著（P<0.01）.

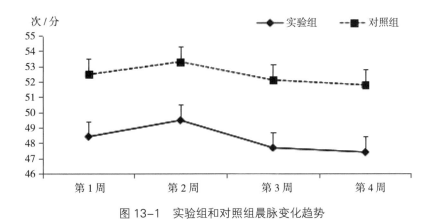

图13-1　实验组和对照组晨脉变化趋势

（二）增压舱内安静心率

在运动训练中心率可以直接反应运动强度的大小，是一项较易测量且能真实反映身体疲劳状态的机能评价指标。众多研究表明[15]，人在急进高原后由于氧分压降低，刺激颈动脉和主动脉体化学感受器反射性地引起明显的呼吸加深加快，肺通气代偿性增加。随着时间的延长，机体适应后心率会出现下降并恢复到原有水平[16]。运动疲劳及体能恢复作为整个高原训练的关键因素之一受到更多的重视，而高压高氧在临床医学和运动训练方面的应用已揭示出其积极的效用及应用价值。胡慧军等采用0.2MPa高气压环境对舱内人员的心率、血压等进行研究发现，心率较入舱前出现下降，表明高气压治疗对心率恢复具有一定的积极作用[17]。崔建华[18]等研究观察10名青年在海拔5 380m富氧室内运动的血气、血氧饱和度以及心率的变化，发现富氧室对高原人体运动PCO_2，PO_2，AaO_2，SaO_2和运动恢复心率有明显改善，并使HR降低，说明富氧室降低了化学感受器的活动。这与本次研究中实验组随着在增压舱内滞留时间的增长，HR略有下降的变化相一致，但无显著差异。分析原因可能与本研究中采用的增压负荷或和增压时间对高原运动员刺激深度不够有关，可考虑延长增压时间或增加增压压力，使高原世居高原运动员得到更深的身体刺激，取得更好的效果。

本次增压舱内安静心率研究显示（表13-9、图13-2），从进入增压舱后的不同时间段比较来看，随着进舱后时间的延长，心率即见下降。与入舱前比较，分别在第10min、20min、30min、40min、50min、60min降低明显（P<0.01）。同时，入舱前心率分别在第3周、第4周降低明显（P<0.01），第10min心率在第2周、第3周、第4周分别降低明显（P<0.05~0.01），第60min心率在第2周、第3周下降明显（P<0.05~0.01），出舱后即刻心率分别在第2周、第3周、第4周下降明显（P<0.05~0.01），而舱内其他时间段的心率与各周相比较均无明显变化。综上分析，运动训练后随着增压恢复时间的延长，运动员安静心率明显降低。说明增压恢复能明显消除机体运动后的疲劳，提高机能状态。

表13-9 实验组增压舱内安静心率的变化（次/分）（Mean ± SD）

时间	入舱前	舱内10min	舱内20min	舱内30min	舱内40min	舱内50min	舱内60min	出舱后即刻
第1周	66 ± 9.75	63 ± 10.85	59 ± 9.70##	58 ± 8.52##	57 ± 9.49##	57 ± 9.06##	58 ± 10.22##	66 ± 11.87
第2周	64 ± 9.42	56 ± 6.41##**	56 ± 8.78##	55 ± 7.46##	55 ± 8.21##	54 ± 7.57##	53 ± 8.03##**	61 ± 8.99*
第3周	61 ± 8.23**	55 ± 7.94##**	57 ± 9.71	55 ± 8.22##	55 ± 7.73#	54 ± 7.80##	54 ± 7.88##**	60 ± 8.39*
第4周	61 ± 7.38**	57 ± 8.04#*	56 ± 7.59##	56 ± 8.04##	56 ± 7.55##	55 ± 7.74##	55 ± 7.49##	61 ± 8.09*

注:（1）*表示实验组和对照组比较差异显著（P<0.05），**表示实验组和对照组比较差异极显著（P<0.01）；
（2）#表示组内与基础值比较差异显著（P<0.05），##表示组内与基础值比较差异极显著（P<0.01）。

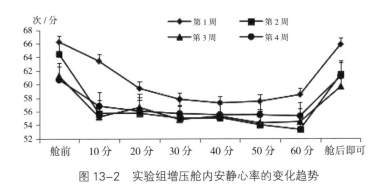

图 13-2　实验组增压舱内安静心率的变化趋势

二、血氧饱和度

（一）晨安静血氧饱和度

血氧饱和度（SpO_2）指血红蛋白被氧饱和的百分比，即血红蛋白的氧含量与氧结合量之比乘以 100，它是反映机体缺氧程度的重要指标。SpO_2 主要受血液氧分压和酸碱度的影响，其数值变化与氧分压的变化成正比。正常人体动脉血氧饱和度值维持在 98% 左右，低于 94% 为供氧不足，低于 90% 则诊断为低氧血症[19]。

高海拔低氧环境下，SpO_2 的变化对评价人体缺氧状况有重安。张西洲等研究认为[20]，随着海拔高度的升高，大气氧分压逐渐下降，SpO_2 随之降低，机体缺氧更加严重。主要是因为高原低压、缺氧环境下，氧弥散的驱动力即肺泡与肺毛细血管之间的氧分压差要明显小于平原，血液中的氧不能在短时间内完全弥散到毛细血管中，从而造成 SpO_2 的下降[21-22]。

本次晨起安静状态下 SpO_2 研究显示（表 13-10、图 13-3），实验组和对照组比较均无明显变化。随着时间的延长，各组组内比较也均无明显变化。

结果表明，在 4 周高原训练结束后，两组运动员晨起安静状态下 SpO_2 均无明显变化，并与初期值保持一致水平。分析原因可能与高原运动员长期适应高原低压环境等有关。

表 13-10　实验组和对照组晨起安静状态 SpO_2 变化（%）（Mean ± SD）

组别	第1周	第2周	第3周	第4周
实验组	95 ± 0.75	95 ± 0.58	95 ± 0.41	95 ± 0.61
对照组	95 ± 1.38	95 ± 0.80	95 ± 0.48	95 ± 0.35

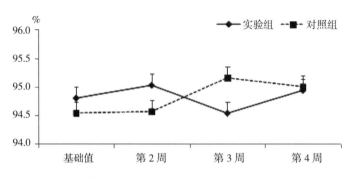

图 13-3　实验组和对照组晨起安静状态 SpO_2 的变化趋势

（二）晨安静状态下 SpO_2/HR 比值

SpO_2 是反映机体供氧和利用氧的指标。研究认为人体的脉搏血氧饱和度（SpO_2）和动脉血氧饱和度（SaO_2）显著相关（0.9~0~0.98），监测 SpO_2 可以表明血液的氧结合度，反映机体供氧和利用氧的能力。Sime 等人发现在中度高原安静状态下，动脉血氧饱合度在安静状态时下降4%、运动时下降4%~7%。初上高原，由于大气压和氧分压的下降，机体氧摄入量下降，会导致血氧饱合度及血氧饱合度／心率比值的下降，这种情况会持续3~7天，随着对高原环境的习服，机体的氧摄入量和利用率的提高，血氧饱合度及血氧饱合度／心率比值都有所回升。本研究中，监测每日晨起空腹卧位的 SpO_2 和与其对应的心率值（SpO_2/HR），以观察运动员的血氧水平、身体机能状况及对高原训练的适应情况。

在研究中，实验组和对照组 SpO_2/HR 比值整体增加（表 13-11、图 13-4）。随着实验的延长，实验组增加趋势略高于对照组，但无明显区别。说明增压辅助训练对促进运动员疲劳恢复有积极的作用。

表 13-11　实验组和对照组 SpO₂/HR 比值

组别	第1周	第2周	第3周	第4周
实验组	1.96	1.92	1.98	2.00
对照组	1.80	1.77	1.83	1.85

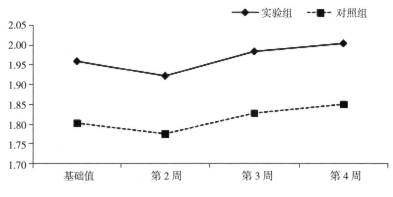

图 13-4　实验组和对照组 SpO₂/HR 比值变化趋势

（三）增压舱内安静血氧饱和度

有研究报道[23]，在高原人体运动能力大小取决于低氧通气反应性，从静态到最大负荷运动，所有受试者低氧通气反应都与血氧饱和度下降呈负相关。在高原运动时，由于氧弥散的驱动力，即肺泡与毛细血管之间氧分压差明显小于平原时水平（平原分别为 8.0kPa、60mmHg，海拔 4 000m 分别为 4.0kPa、30mmHg），以致氧在短时间里不能完全弥散到肺毛细血管中，使动脉血氧饱和度下降。在高原，肺血管收缩、红细胞增多、肺血流重新分布、通气/灌流不适宜情况加重、静脉分流增加、肺弥散受限等，进一步使肺血氧合效率和动脉血氧饱和度下降。

关于训练或比赛后疲劳恢复的问题越来越被人们所重视，自 19 世纪法国人 Junod 建立第一座高压氧舱用以治病以来，高压氧对于急慢性缺血、缺氧性疾病和因缺氧引起的继发性疾病起到有效的治疗作用。王伟等[24]对 10 名受试者在进入富氧室前、后进行自行车递增负荷实验，观察心率和氧饱和度的变化，结果表明，高原富氧室能增强心脏功能肺功能及提高动脉 SaO₂，是一种有效的高原供氧途径。张西州等[25]在海拔 3 700m 将 10 名受试者在富氧室环境内睡眠 12h，检测富氧前后静息状态下和运动中的氧饱和度和心率的变化后，发现富氧后踏车运动中血氧饱和度较富氧前显著增高、心率出现显著降低，表明富氧环境下12h对改善高原缺氧和机体能量储备有一定作用。

在本次研究中（表13-12、图13-5），从进入增压舱后的不同时间段比较来看，随着进舱后时间的延长运动员的安静SpO$_2$即见上升。各周内与入舱前比较，分别在第10min、20min、30min、40min、50min、60min升高明显（P<0.01），以及在第1周、第4周出舱即刻后仍保持较高水平（P<0.01）。同时，从舱前到舱后各时间段的安静SpO$_2$与每周期相比较，与入舱前第1周的血氧饱和度比较，分别在第2周、第3周升高明显（P<0.05~0.01），第60min SpO$_2$在第4周升高明显（P<0.05），其他时间段的安静SpO$_2$与各周相比较均无明显变化。综上分析，增压辅助训练能明显增加运动员SpO$_2$，并且随着增压时间的延长，SpO$_2$提高明显。说明，在训练后通过增压恢复能有效改善机体高原缺氧状态，有助于加快机体疲劳恢复和提高运动能力。

表13-12　实验组增压舱内SpO$_2$变化（%）（Mean±SD）

时间	入舱前	舱内10min	舱内20min	舱内30min	舱内40min	舱内50min	舱内60min	出舱后即刻
第1周	94±2.12	98±1.55##	98±1.37##	98±1.13##	98±0.90##	98±1.02##	97±1.41##	97±1.26##
第2周	95±1.81*	98±1.28##	98±1.08##	98±1.00##	98±0.96##	98±0.93##	98±1.52##*	97±2.05
第3周	95±1.75**	98±1.06##	98±0.96##	98±1.01##	98±0.87##	98±1.03##	98±1.56##	97±1.26
第4周	94±1.53	98±1.10##	98±0.94##	98±1.47##	98±1.32##	98±1.41##	98±1.29##*	96±1.64##

注：（1）＊表示实验组和对照组比较差异显著（P<0.05），＊＊表示实验组和对照组比较差异极显著（P<0.01）；

（2）＃表示组内与基础值比较差异显著（P<0.05），＃＃表示组内与基础值比较差异极显著（P<0.01）。

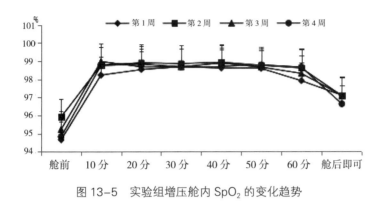

图 13-5　实验组增压舱内 SpO_2 的变化趋势

三、血压

体循环动脉血压简称血压（blood pressure，BP），血压是血液在血管内流动时作用于血管壁的压力，它是推动血液在血管内流动的动力，分为收缩压（systolic pressure，SBP）和舒张压（diastolic pressure，DBP）。血压是反映心血管机能状态的重要生理指标之一[26]。健康青年人安静时的动脉血压收缩压为 100mmHg~120mmHg，舒张压为 60mmHg~80mmHg。正常成年人运动时心输出量增加，因此SBP 随之增加，SBP 增加幅度与运动强度有关，运动时心率加快，每分钟心输出量的增加，以满足机体的耗氧量，使得心缩期射入主动脉的血量增多，管壁所承受的张力增大，血压增加，尤其是收缩压明显升高[27]。王琰等[28] 研究认为血压可作为登山队员对高山低氧环境习服能力的评价指标之一，在同一海拔高度，血压与正常血压范围的偏离值越小，说明对高山低氧的习服效果越好。

高原缺氧环境影响人体血压的因素，主要是进入高原的海拔高度和滞留时间。一般来说，初期进入高原血压升高，与低氧环境下心排出量、血管和内分泌改变有关，一般表现为收缩压和舒张压升高[29]。有研究认为，身体经过运动训练后，心血管机能趋于完善，一般认为适量的运动可使高血压者血压降低，对正常血压者无显著影响，其变化规律一般为收缩压升高，舒张压不变或降低[30]。而运动强度对机体血压也有一定的影响，运动强度大则机体收缩压的升高和舒张压下降均比较明显，训练结束后血压恢复速度加快，表明机体得到了较好的恢复。

本研究显示（表13-13、图13-6、图13-7），实验组进增压舱前和出增压舱后即刻 BP，SBP 呈下降趋势，尤其在第 2 周下降明显（P<0.01）；而 DBP 呈先下降后升高的变化趋势，尤其在第 1 周、第 4 周的出舱后即刻升高明显（P<0.05）。同时，从进舱前和出舱后即刻血压变化趋势来看，与第 1 周值比较，进舱前 SBP 在第 2 周、第 3 周下降明显（P<0.01），DBP 在第 3 周下降明显（P<0.05）。而出舱后即刻的血压，SBP 在第 3 周、第 4 周下降明显（P<0.01），DBP 在第 3 周下降明显（P<0.01）。结果表明，增压恢复训练能明显降低运动员收缩压，而出舱后舒张压升高可能与实验组运动员出舱后由卧位变为立位，引起重力性血压升高有关。但也有研究，通过高压氧舱治疗环境对舱内人员血压和脉搏影响的研究发现，在 2.2ATA 治疗压力下研究对象的血压和脉搏均无显著变化[31]。范丹峰等[32]对 57 名老年和青年高血压患者进行高压氧治疗，分别观察高压氧治疗前、增压结束前、稳压 25min、减压结束前及高压氧治疗结束后 30min 血压及心率的变化，发现经过高压氧治疗后血压出现明显增高，心率则出现下降，表明高压氧治疗对不同年龄段人群的血压和心率产生不同影响。

表 13-13　实验组增压前后血压测试结果（mmHg）（Mean ± SD）

时间	进增压舱前		出增压舱后即刻	
	收缩压	舒张压	收缩压	舒张压
第 1 周	110 ± 8.95	65 ± 7.92	112 ± 7.96	69 ± 7.76#
第 2 周	102 ± 7.72**	62 ± 9.28	109 ± 7.67##	66 ± 9.63
第 3 周	106 ± 8.01**	55 ± 9.81**	106 ± 6.84**	60 ± 9.23**
第 4 周	102 ± 8.79	61 ± 8.93	104 ± 7.66**	66 ± 8.93#

注：（1）＊表示实验组和对照组比较差异显著（P<0.05），＊＊表示实验组和对照组比较差异极显著（P<0.01）；

（2）＃表示组内与基础值比较差异显著（P<0.05），＃＃表示组内与基础值比较差异极显著（P<0.01）。

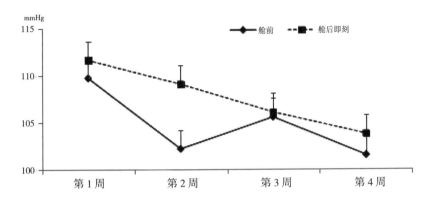

图 13-6　实验组增压前后收缩压的变化趋势

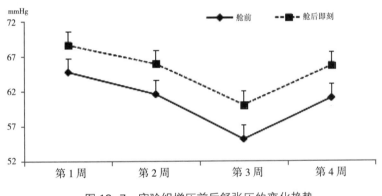

图 13-7　实验组增压前后舒张压的变化趋势

第三节　血液疲劳指标

一、肌酸激酶

肌酸激酶（Creatine Kinase，CK）是骨骼肌细胞中能量代谢的关键酶之一，通常存在于动物的心脏、肌肉以及脑等组织的细胞浆和线粒体中，与运动有密切关系。运动时骨骼肌细胞膜受损、通透性增加，肌细胞内 CK 透过细胞膜进入血液循环，导致运动后血清 CK 升高。因血清 CK 上升与细胞损伤有关，因此是评定疲劳程度和恢复过程的重要指标。一般短时间极量强度运动后 5~6h 血清 CK

升高，8~24h达到高峰，48h后逐步恢复，负荷强度越大，恢复越慢。性别、年龄、训练方式、训练负荷、肌肉充实度、训练环境、竞技状态、个体差异等都可以影响对CK的评价。人体血清CK正常参考值成年男性为38U/L~174U/L，成年女性为26U/L~140U/L。

CK与运动时和运动后能量平衡及转移有密切关系，运动训练和环境变化都有可能引起血液中CK升高，运动强度和负荷量对血清CK都有影响，一般认为负荷强度对血清肌酸激酶活性的影响大于负荷量，尤其是大力量训练和反复的速度耐力跑训练，当两者都增大时，其升高最明显。国内外诸多学者相继报道有关系列酶与肌肉关系的论文，提出血清酶的测定在运动医学中作为机能评定和制定训练计划是个较敏感指标。血清CK的变化可以作为评定肌纤维承受负荷刺激情况、骨骼肌细胞膜微细损伤的情况，以及运动员是否适应训练或恢复程度的重要参考指标。

运动引起血清CK的升高对预警运动损伤的发生具有重要意义。但是目前对低氧训练影响运动员机体血清肌酸激酶变化规律的研究结果，还存在较大的差异。刘海平研究指出，平原运动员初到高原训练时，由于受高原缺氧影响，CK会明显提高[33]。高炳宏等[34]对游泳运动员低住高练（LoHi）期间血清CK、血尿素变化规律的研究认为，以低住高练训练为主的4周期间，血清CK所达到的峰值明显要高于以水上训练为主的阶段，这可能是由于除了常规训练的刺激外，在低氧环境下，缺氧对机体的影响引起细胞膜的通透性增高，骨骼肌中更多的CK进入血液中，导致含量明显高于平原正常值。可见，在低氧训练过程中监测运动员血清肌酸激酶，对于防止运动强度过大具有一定意义。研究发现，低氧训练可在一定程度上减少骨骼肌在运动中的损伤。高炳宏认为，以水上训练为主的第1阶段低住高练期间的血清CK恢复能力较强，这可能与低氧训练使骨骼肌从形态到功能产生的适应性变化有关，如骨骼肌毛细血管密度的增加、能量代谢与转化速度的提高等。赵中应等[35]对河南中长跑运动员进行高原训练时的肌酸激酶变化进行研究发现，血清CK-MB值升高，而CK-MM却有所下降，说明高原训练对骨骼肌和心肌的刺激方式有所不同，高原训练可增加心脏的负担，但可减轻骨骼肌的损伤程度。但是，在高原低氧环境下增压辅助训练对CK的影响，还鲜见报道。

本次研究结果显示（表13-14、表13-15、表13-16，图13-8、图13-9、图

13-10）：（1）增压辅助训练对运动员安静 CK 的影响，实验组和对照组组间比较均无明显变化。而组内比较，实验组在第 2 周、第 3 周、第 4 周、第 5 周、第 6 周均低于基础值水平，且具有极显著性差异（P<0.01），对照组在第 2 周、第 3 周、第 4 周、第 6 周也均明显低于基础值水平（P<0.01）。但总体来看，实验组 CK 水平低于对照组。（2）训练后 CK 水平的变化：实验组和对照组比较无显著性变化，而组内比较,实验组在第 4 周表现为高于基础值水平,且具有显著性差异(P<0.05)。总体来看,实验组 CK 除了在第 2 周、第 4 周高于对照组外其余均低于对照组水平。（3）训练后次日晨 CK 恢复值变化：实验组和对照组比较，实验组在第 1 周、第 4 周均高于对照组，且具有显著性差异（P<0.05），在第 5 周显著低于对照组水平（P<0.05）。而组内与基础值比较，实验组在第 1 周、对照组在第 1 周和第 2 周显著高于基础值水平（P<0.01），其他表现为低于基础值水平。综合分析，增压辅助有利于降低运动员 CK 水平，其主要原因与增压辅助的环境刺激使骨骼肌微细损伤及其适应与恢复的能力较好。但在实验后期与观察期，实验组和对照组 CK 变化趋势基本一致，可能与受高原环境和训练负荷，以及增压刺激的时间较短或深度不够等有关。

表 13-14　实验组和对照组安静 CK 测试结果（U/L）（Mean ± SD）

组别	基础值	第 1 周	第 2 周	第 3 周	第 4 周	第 5 周	第 6 周
实验组	253.13 ± 21.87	212.38 ± 21.94	150.29 ± 9.36##	142.63 ± 18.52##	157.00 ± 9.38##	195.00 ± 36.54##	155.25 ± 20.35#
对照组	254.11 ± 25.14	218.00 ± 50.05	152.78 ± 25.76##	173.75 ± 54.70##	158.88 ± 26.27##	226.25 ± 57.64	165.88 ± 34.28##

注：# 表示组内与基础值比较差异显著（P<0.05），## 表示组内与基础值比较差异极显著（P<0.01）。

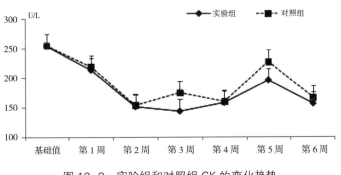

图 13-8　实验组和对照组 CK 的变化趋势

表 13-15　实验组和对照组训练后 CK 测试结果（U/L）（Mean ± SD）

组别	基础值	第 1 周	第 2 周	第 3 周	第 4 周	第 5 周	第 6 周
实验组	229.13 ± 42.46	281.13 ± 10.16	281.88 ± 44.14	223.00 ± 40.49	239.00 ± 14.00#	210.13 ± 41.82	239.00 ± 29.36
对照组	240.89 ± 40.62	254.00 ± 26.96	293.67 ± 48.38	228.00 ± 44.87	217.13 ± 5.06	217.38 ± 96.21	244.00 ± 25.19

注：# 表示组内与基础值比较差异显著（P<0.05）

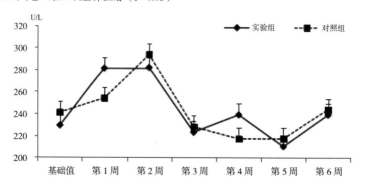

图 13-9　实验组和对照组训练后 CK 的变化趋势

表 13-16　实验组和对照组训练后次日晨 CK 恢复值结果（U/L）（Mean ± SD）

组别	基础值	第 1 周	第 2 周	第 3 周	第 4 周	第 5 周	第 6 周
实验组	200.63 ± 32.22	314.00 ± 8.00*#	257.13 ± 58.37	178.86 ± 10.68	207.75 ± 19.26*	162.00 ± 32.29*	171.50 ± 35.68
对照组	202.67 ± 64.96	304.89 ± 8.36##	256.78 ± 56.11#	170.89 ± 12.89	188.13 ± 3.98	224.63 ± 38.28	192.88 ± 31.09

注：（1）★ 表示实验组和对照组比较差异显著（P<0.05），★★ 表示实验组和对照组比较差异极显著（P<0.01）；

　　（2）# 表示组内与基础值比较差异显著（P<0.05），## 表示组内与基础值比较差异极显著（P<0.01）。

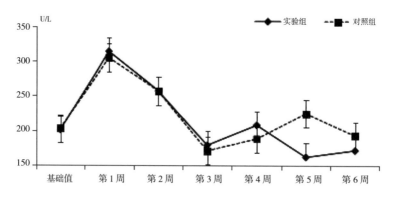

图 13-10　实验组和对照组训练后次日晨 CK 恢复值变化趋势

二、血尿素

血尿素（blood urea，BU）是蛋白质和氨基酸等含氮物质分子内氨基的代谢终产物，是评定运动员对训练负荷反应及疲劳状况的较敏感指标。BU用于评价运动性疲劳，主要以其在运动后上升程度及次日晨的恢复程度为依据。训练负荷大，机体分解代谢旺盛，蛋白质分解增多，BU值增加明显，反之增加不明显。一般以晨安静时BU值较低且大负荷运动后次日晨恢复较好者为身体机能状况较佳。研究表明在训练量相近时，训练强度愈大，晨BU升高越多；训练强度相近时，训练总量愈大，晨BU的升高愈明显；运动员对训练量不适或机能下降时，晨BU较高并且恢复较慢。对于在运动强度和运动量这两个因素中，BU变化幅度对运动量更为敏感，即负荷量越大，BU增加越明显。

高原训练时，由于低氧环境的影响，蛋白质和氨基酸分解代谢加强，安静时和训练后BU值高于平原值。每周BU可作为评定整个高原训练周期运动员机能状况和对训练负荷安排适应情况的重要指标。高原训练BU值变化同平原训练时一样、也是随着负荷的增大而增加，随着负荷的减小而逐渐恢复。冯连世等研究认为，我国优秀运动员晨起BU值正常参考范围是4mmol/L~7mmol/L，最高水平不能超过8.4mmol/L。方春龙[36]等研究认为有氧运动后BU无明显变化，无氧训练和力量训练后8h后BU出现峰值与运动前比较具有非常显著的差异性，12h内的变化情况最明显，24h可以完全恢复。赵飞[37]等研究表明，平原中长跑运动员BU水平在高原训练第2、3周高于8mmol/L，但随着对高原训练的延长，逐渐恢复到临界值附近。

本次研究显示（表13-17、表13-18、表13-19、图13-11、图13-12、图13-13）：（1）增压辅助训练对运动员安静BU的影响：实验组BU基础值和第1周均显著低于对照组（$P<0.05$）；而组内与基础值比较，实验组和对照组第1周、第2周、第3周、第4周、第5周、第6周的BU水平均高于基础值，且具有显著性差异（$P<0.01$）。（2）训练后BU变化：运动训练后实验组和对照组通过组间和组内比较，均无明显变化，在整个实验阶段均呈波浪式的变化趋势。而组内与对照组比较，实验组在第1周、第2周、第3周、第4周、第5周、第6周均明显升高（$P<0.01$），对照组在1周、第2周、第3周、第5周、第6周均有明显升高（$P<0.01$）。（3）训练后次日晨BU恢复值变化：实验组和对照组比较，均无

明显变化，但两者都呈先升高后降低的变化趋势。而组内与基础值比较，实验组和对照组在第 1 周、第 2 周、第 5 周的 BU 均高于两组基础值水平，且具有显著性差异（P<0.01）。总体分析，实验组 BU 水平低于对照组，说明增压辅助训练对促进运动员机体蛋白质合成与机体恢复有着积极作用，有利于保持较好机能状态。

表 13-17　实验组和对照组安静 BU 测试结果（mmol/L）（Mean±SD）

组别	基础值	第 1 周	第 2 周	第 3 周	第 4 周	第 5 周	第 6 周
实验组	4.86±0.96*	6.42±0.95*##	7.59±0.34##	6.38±0.67##	7.62±0.78##	7.03±1.41##	5.90±1.07##
对照组	4.90±0.61	7.34±0.81##	7.80±0.82##	6.43±0.39##	7.31±1.20##	7.84±0.90##	6.22±1.06##

注:（1）★ 表示实验组和对照组比较差异显著（P<0.05），★★ 表示实验组和对照组比较差异极显著（P<0.01）；
（2）# 表示组内与基础值比较差异显著（P<0.05），## 表示组内与基础值比较差异极显著（P<0.01）。

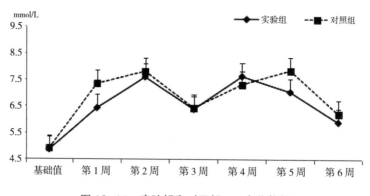

图 13-11　实验组和对照组 BU 变化趋势

表 13-18　实验组和对照组训练后 BU 测试结果（mmol/L）（Mean±SD）

组别	基础值	第 1 周	第 2 周	第 3 周	第 4 周	第 5 周	第 6 周
实验组	5.74±1.14	8.94±0.83##	8.68±1.20##	11.26±1.21##	7.70±0.58##	8.64±1.39##	9.10±0.76##
对照组	5.76±1.25	9.01±0.80##	8.95±1.30##	11.33±0.86##	7.50±0.61	9.10±1.17##	9.15±0.49##

注：## 表示组内与基础值比较差异极显著（P<0.01）。

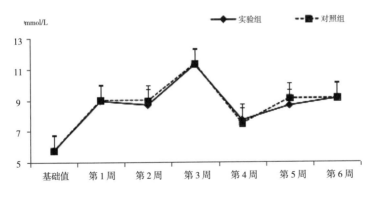

图 13-12　实验组和对照组训练后 BU 变化趋势

表 13-19　实验组和对照组训练后次日晨恢复 BU 值结果（mmol/L）（Mean ± SD）

组别	基础值	第 1 周	第 2 周	第 3 周	第 4 周	第 5 周	第 6 周
实验组	5.11 ± 1.14	$6.89 \pm 0.36^{\#\#}$	$7.48 \pm 1.65^{\#\#}$	5.56 ± 1.10	6.00 ± 0.79	$8.03 \pm 1.25^{\#\#}$	5.98 ± 0.60
对照组	5.13 ± 1.58	$7.11 \pm 1.35^{\#\#}$	$7.61 \pm 1.60^{\#\#}$	5.57 ± 1.20	5.83 ± 0.55	$8.10 \pm 1.04^{\#\#}$	6.00 ± 0.65

注：## 表示组内与基础值比较差异极显著（$P<0.01$）。

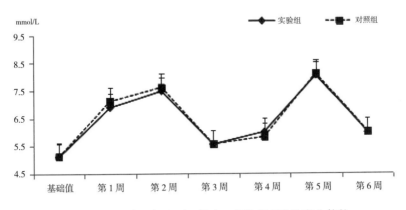

图 13-13　实验组和对照组次日晨恢复 BU 值变化趋势

三、5- 羟色氨

5- 羟色胺（5-hydroxy tryptamine，5-HT），又名血清素，通常与碱性磷酸酶（ATP）等物质一起储存于细胞颗粒内。5-HT 是一种神经递质，对于人体的多项活动以及情绪都具有非常重要的调节作用。5-HT 与血管的收缩以及平滑肌的收缩都具有一定的相关性，如果外周出现了 5-HT 神经递质浓度的改变，可能会引起血压发生改变。因此，5-HT 对于人体的多项生命活动都有非常重要的作用，特别是对情绪的调节有着非常重要的功效。

贾龙等[38] 研究认为，长时间一定强度的运动训练，可使中枢 5-HT 在局部蓄积，导致神经功能紊乱，使脑血管平滑肌 5- 羟色胺 2 受体介导脑血管痉挛，血管调节功能丧失，促使血小板聚集，引起脑血管痉挛、脑水肿、血小板释放聚集，从而使局部脑血流减少，发生微循环功能和结构障碍，加重损伤神经细胞和微血管，导致 5-HT 合成和释放减少，中枢向外周发放的冲动降低，引起运动能力的进一步降低，产生过度疲劳。

本次研究结果显示（表 13-20、图 13-14），在整个实验阶段，实验组和对照组 5-HT 组间比较均无明显变化。但组内与基础值比较，对照组分别在 5 周末、6 周末均有降低，且都具有显著性差异（P<0.05）。整体来看，实验组 5-HT 水平表现较为稳定，而对照组出现先降低后升高的变化趋势。5-HT 作为重要的抑制性神经递质，5-HT 神经纤维在脑内的投射比较广泛，其升高表明中枢抑制过程加强。因此，本研究过程中通过增加辅助训练后实验组运动员 5-HT 表现出较为稳定的变化趋势，有利于调控运动员情绪稳定等作用。

表 13-20　实验组和对照组 5-HT 测试结果（ng/L）（Mean±SD）

组别	基础值	1 周末	4 周末	5 周末	6 周末
实验组	751.00±101.03	710.88±59.22	803.88±76.38	743.88±78.43	735.38±69.84
对照组	823.67±109.61	698.22±89.66	718.25±101.67	709.13±102.91[#]	716.63±111.46[#]

注：# 表示组内与基础值比较差异显著（P<0.05）。

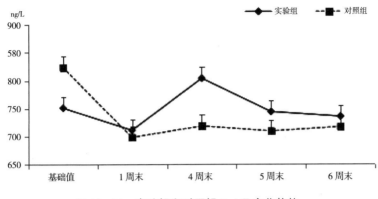

图 13-14　实验组和对照组 5-HT 变化趋势

第四节　尿液疲劳指标

一、尿蛋白

运动性蛋白尿（proteinuria，PRO）是由运动引起的尿液中蛋白质含量增多，其不同于病理性蛋白尿，运动性蛋白尿在运动训练后能够自行恢复。运动性蛋白尿与个体差异、采样时间、年龄、环境和情绪等因素密切相关。正常成年人每天排出 50mg~100mg，一般不超 150mg；运动员安静尿内蛋白质含量也很少，进行体育训练后，尿中蛋白质排出量增加，可达 250mg 以上[39]。

尿蛋白是评定运动员身体机能状态、训练强度和训练量的重要指标。大运动量训练后 4h 内运动性蛋白尿恢复到正常范围（一般低于 20mg%），表明训练量和训练强度对机体有较深刺激，机体机能状态良好，能及时恢复；如果尿蛋白不减反增（一般在 30mg% 以上），则表明机体对训练量和训练强度不适应，机能尚未恢复，身体机能下降。

高原低氧环境下运动后尿蛋白能否用于在高原训练期间训练监控存在一定争议。石爱桥认为高原环境下尿量减少导致尿蛋白浓度升高，利用尿蛋白指标监控运动员机能状态并不准确[40]。郑振昆研究发现训练后与次日晨尿总蛋白浓度、夜尿蛋白排泄总量指标受到海拔高度变化的影响，但监控尿蛋白指导训练是有效的[41]。周月良研究认为高原环境下红细胞、ATPase 活性、性别、年龄、民族及高原居住时间对尿蛋白均产生影响[42]。汪洋对马拉松运动员亚高原训练期间部分生理生化指标监测与分析表明，在亚高原和平原采用相同训练强度时，亚高原尿蛋白排泄量明显高于平原[43]。本研究发现（表 13-21）:（1）1200m×5 训练后，实验组出现尿蛋白 1+ 以上阳性率总人数为 46 人次，阳性率为 86.8%，出现尿蛋白（+-）人数为 4 人次，阳性率为 7.5%，对照组训练后出现尿蛋白 1+ 以上阳性率的总人数为 40 人次，阳性率为 66.7%，出现尿蛋白（+-）人数为 8 人次，阳性率为 13.3%。（2）实验组训练后次日晨恢复尿液中尿蛋白 1+ 以上阳性率的总人数为 7 人次，阳性率为 13.2%，出现尿蛋白（+-）人数为 24 人次，阳性率为 45.3%；对照组次日晨恢复尿液中出现尿蛋白 1+ 以上阳性率的总人数为 3 人次，阳性率为 5%，出现尿蛋白（+-）人数为 26 人次，阳性率为 43.3%。分析原因实验组出现以上阳性情况可能与高原低氧环境下大强度运动训练有关。

表 13-21　实验组和对照组尿蛋白统计结果

| 组别 | 类型 | 尿蛋白 1+ 以上阳性率 | | | | | | | | | 尿蛋白（+-） | |
		N	1+	阳性率 %	2+	阳性率 %	3+	阳性率 %	总数	阳性率 %	人数	阳性率 %
实验组	训练后	53	26	49.1	19	35.8	1	1.9	46	86.8	4	7.5
	晨恢复	56	5	8.9	2	3.6			7	13.2	24	45.3
对照组	训练后	60	26	43.3	12	20	2	3.3	40	66.7	8	13.3
	晨恢复	60	3	5					3	5	26	43.3

二、尿胆原

尿胆原（urobilinogen，URO）是血红蛋白分解的代谢产物。尿胆原排泄量与下列因素有关：肾小管腔的酸碱度、胆红素形成、肝功能下降、激烈运动等。当肝功能下降时，从肠道吸收的胆原不能有效地被肝细胞摄取，随胆汁排出，尿中排出量亦增加。运动员测定尿胆原变化时，可反映肝功能，患过肝炎或肝炎前期的运动员，运动后次日晨尿胆原增加。激烈运动或肾功能不全时，会影响尿胆原的排泄量[44]。

有研究报道，尿胆原与运动负荷的关系较为密切，当运动量加大或身体机能下降时，尿胆素原排出量增加，次日晨尿尿胆原质量分数高于2%，且高于前日训练水平，提示运动员对训练的适应能力较差、机能水平下降，需及时调整训练计划[45]。本研究显示（表13-22），1200m×5训练后，实验组出现URO1+以上阳性总人数为9人，阳性率为16.1%，对照组出现总人数为7人，阳性率为11.7%。次日晨恢复尿液中实验组出现URO1+以上阳性总人数为12人，阳性率为21.4%，对照组出现人数为6人，阳性率为10%，URO出现阳性与尿蛋白阳性一致，可能与高原低氧环境下大强度运动训练有关。

表13-22　实验组和对照组尿胆原统计结果

| 组别 | 类型 | 尿胆原1+以上阳性率尿蛋白（+-） | | | | | | | |
		N	1+	阳性率%	2+	阳性率%	3+	阳性率%	总数	阳性率%
实验组	训练后	56	4	7.1	5	8.9			9	16.1
	晨恢复	56	5	8.9	6	10.7	1	1.8	12	21.4
对照组	训练后	60	6	10	1	1.7			7	11.7
	晨恢复	60	4	6.7	2	3.3			6	10

三、尿酮体

尿酮体（urine ketone body，KET）是由于大量蛋白质和脂肪供能时脂肪不完全氧化产生了酮体，而且组织利用酮体速度小于产生速度，机体内的酮体大量堆积而随尿液排出。剧烈运动可引起尿酮体增加，呈现阳性的变化。运动性酮体的变化受运动员训练水平、运动强度和持续时间的影响。

本研究显示（表13-23），（1）运动员进行1 200m×5训练后，实验组出现KET1+阳性人数3人，阳性率5.4%，KET+-人数16人，阳性率28.6%。对照组训练后出现KET1+以上阳性人数为5人，阳性率为8.3%，KET（+-）人数为17人，阳性率为28.3%。实验组和对照组在训练后均出现尿酮体阳性，表明运动员肝脏脂肪代谢不佳，尿酮体阳性增加，呈现运动不适应状况。从尿酮体单一指标角度，说明酮体产生和代谢紊乱，尿酮体排泄渠道状况已发生改变。（2）运动后次日晨恢复，实验组出现KET1+阳性率人数1人，阳性率1.8%，KET（+-）人数1人，阳性率1.8%，对照组未出现阳性。实验组与对照组尿酮体次日晨恢复数据中，对照组阳性率低于实验组，可能与运动员训练水平有关。有研究认为，不是每个参与训练的人都会产生运动后酮症，而且训练强度、持续时间、饮食和训练水平都会对运动后酮症产生影响[46]。

表 13-23　实验组和对照组尿酮体统计结果

组别	类型	尿酮体 1+ 阳性率			尿酮体（+−）	
		N	1+	阳性率 %	人数	阳性率 %
实验组	训练后	56	3	5.4	16	28.6
	晨恢复	56	1	1.8	1	1.8
对照组	训练后	60	5	8.3	17	28.3
	晨恢复	60	0	0	0	0

四、尿酸碱度

尿液酸度即尿的 pH 值（uric acid alkalinity，pH），反映人体调节体液酸碱平衡的能力，人体尿液的 pH 值在 4.8~7.5。研究表明运动员在激烈运动过程中，机体处于缺氧状态，导致大量氧化不全，产物如乳酸、酮体和丙酮酸等酸性物质堆积，从而使尿 pH 值明显下降[47]。

本研究的测试结果表明（表 13-24、表 13-25，图 13-16）：（1）运动员 1 200m×5 专项训练后，实验组与对照组的 pH 值在变化趋势上基本相近。实验组组内和对照组组内的基础值与各阶段比较后未见显著性差异。（2）1 200m×5 专项训练次日恢复后 pH 值，实验组与对照组在整体变化趋势上基本相近，但在增压后第 1 周均出现相对幅度的下降。实验组组内基础值与各阶段比较无显著性差异。对照组组内基础值与增压后第 1 周比较有显著性差异 P<0.05。运动后实验组与对照组部分运动员尿 pH 值在 5.7~5.9，表明运动负荷使运动员酸性代谢产物产生增多，机体没能及时消除，不利于机体恢复。尿 pH 的变化除了运动强度影响，也与补液、饮食碱性储备等有关。实验组次日恢复 pH 值酸碱度适中，没有酸碱性平衡失调现象。对照组整体尿液酸碱度适中，仅增压后第 1 周与基础值有显著性差异，提示增压氧辅助训练有助于机体恢复及对运动负荷适应状况。

表 13-24　实验组和对照组运动后尿 pH 统计结果（Mean ± SD）

组别	基础值	第 1 周	第 2 周	第 3 周	第 4 周	第 5 周	第 6 周
实验组	6.1 ± 0.8	6.4 ± 0.4	5.9 ± 0.4	5.8 ± 0.2	6.2 ± 0.5	5.8 ± 0.4	6.2 ± 0.5
对照组	5.9 ± 0.4	6 ± 0.7	5.8 ± 0.2	5.9 ± 0.4	6.1 ± 0.4	5.7 ± 0.2	6 ± 0.4

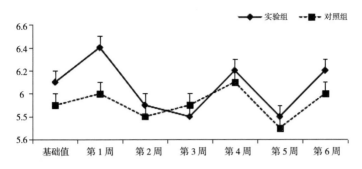

图 13-15　实验组和对照组训练后尿 pH 值变化趋势

表 13-25　实验组和对照组运动后次日晨恢复尿 pH 值统计结果（Mean ± SD）

组别	基础值	第 1 周	第 2 周	第 3 周	第 4 周	第 5 周	第 6 周
实验组	6.3 ± 0.3	6.3 ± 0.3	6.2 ± 0.4	6.2 ± 0.4	6.3 ± 0.3	6 ± 0.3	6.1 ± 0.3
对照组	6.3 ± 0.3	6.4 ± 0.3	6.2 ± 0.2	6.2 ± 0.2	6.3 ± 0.3	5.9 ± 0.2[#]	6.2 ± 0.2

注：# 表示组内与基础值比较差异显著（P<0.05）。

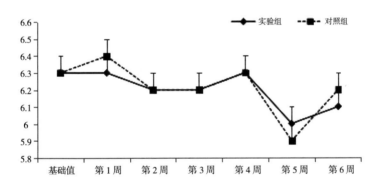

图 13-16　实验组和对照组次日晨恢复尿 pH 值变化趋势

五、尿比重

尿比重（uric specific gravity，SG）是尿液中所含溶质浓度的指标。尿比重在运动训练过程中判断运动员失水、脱水程度的分析指标。特别是尿液浓缩，溶质浓度提高，机体电解质浓度改变、酸碱平衡和水盐代谢发生变化，对运动员的机能水平有很大影响。运动员尿比重正常参考范围 1.003~1.030。

本研究结果显示（表 13-26），运动后实验组与对照组相比较，出现

SG>1.030 的人次总体上对照组多于实验组。说明对照组运动员的机体失水更严重，可能与运动训练强度、出汗流失水分、补充饮水不足等有关。除了训练前补水，在训练过程中与训练后也要重视及时补充水分、盐类等物质。运动后次日晨恢复尿 SG 实验组与对照组相比较，出现 SG>1.030 的人次，实验组在基础值、增压后第 2 周多于对照组，其余各阶段均少于对照组，且总次数少于对照组。表明增压辅助训练在一定程度利于运动员机体的恢复。

表 13-26　实验组和对照组 SG>1.030 人次统计结果

类型	基础值	第 1 周	第 2 周	第 3 周	第 4 周	第 5 周	第 6 周
运动后实验组	1	1	0	1	0	0	0
运动后对照组	1	1	1	1	1	0	0
次日晨恢复实验组	5	2	1	0	1	1	3
次日晨恢复对照组	4	2	3	0	1	3	1

综上所述，高原低氧环境进行大强度负荷运动训练后，采取增压恢复方法，可提高运动员快速消除疲劳的能力。从整个实验阶段来看，实验组从增压恢复后的不同时间段来看，在进入增压舱后 SpO$_2$ 即见上升，10min 后达到最高值。随后保持稳定，出舱后 SpO$_2$ 出现下降，但仍高于进舱前的水平，并且实验组 SpO$_2$/HR 呈上升趋势至实验末期达到最高，说明增压使运动员身体机能状态反应良好。同时，实验组收缩压和舒张压有下降趋势，运动后和次日晨恢复的血清 CK 活性在实验阶段均呈下降趋势，出舱后稍有回升，BU 变化不明显。表明，增压恢复对加快运动员血压的恢复速度有明显效果，也表现出了对运动训练强度的良好适应，对机体快速疲劳恢复起到了积极效果。

另外，从尿生化指标变化来看，实验组在运动后和次日晨恢复的尿比重值出现 >1.030 的总次数均少于对照组，且实验组次日晨 pH 恢复值酸碱度适中，说明机体没有出现脱水和酸碱性平衡失调的现象，也表明增压恢复有助于机体恢复及对运动负荷的良好适应。

参考文献

[1] 张复生，闫晓霞. 心率变异性研究发展概况 [J]. 心脏杂志，2000，12（2）:122-125.

[2] 李延军，张本庆，周前祥，等．运动负荷下心率变异性的变化 [C]．中国空间科学学会第七次学术年会会议手册及论文集，2009，297．

[3] 钟运健，吴纪饶．心率变异性（HRV）在运动性疲劳诊断中应用的实验研究 [D]．江西：江西师范大学图书馆，2004．

[4] 郭祎伟，郭兴明，万小萍．以心率和心率变异性为指标的疲劳分析系统 [J]．医疗卫生装备．2005，26（8）:1-2．

[5] 钟运建．心率变异性（HRV）在运动性疲劳诊断中应用的实验研究 [D]．江西师范大学体育学院．2004:6．

[6] Jeffrey J, Goldberger, Francis KL.Assessment of parasympathetic reactivation after exercise[J].Am J Physiol Heart Circ Physiol, 2006, 290:2446-2452.

[7] Lee C L, Cheng C F, Lee W C, etal.The acute effects of inhaling different concentrations of oxygen on heart rate variability after exhaustive exercise[J]. Journal of Exercise Science&fitness, 2007, 5（1）:56-64.

[8] Dishman RK, Nakamura Y, Gareia ME.Heart rate variabili tytrait anxiety, and Perceived stress among Physically fit men and women[J].Int J Psychophysiology, 2000, 37（2）:121-133.

[9] Jeffrey J, Goldberger, Sridevi Challapalli.Relationship of Heart Rate Variability to Parasympathetic Effect[J].Circulation, 2001, 103:1977-1983.

[10] 王步青，王卫东．心率变异性分析方法的研究进展 [J]．北京生物医学工程，2007，26（5）：551-554．

[11] Buchheit M, Richard R, Doutreleau S.Effect of acutehypoxia on heart rate variability at rest and during exercise[J].Int J Sports Med, 2004, 25（4）:264-269.

[12] 宋淑华，高春刚．高原地区中长跑运动员心率变异性特征 [J]．北京体育大学学报，2012，35（4）:70-73．

[13] Fumiharu TOGO, Masaya TAKAHASHI.Heart Rate Variability in Occupational Health-ASystematic Review[J].Industrial Health, 2009, 47（6）:589-602.

[14] 马福海，王发斌，樊蓉芸.青海高原训练的理论与实践 [M].北京：人民体育出版社，2008.

[15] 崔建华，张建林，张西洲，等.富氧室对海拔 5380 高原人体运动血气及心率的影响 [J].临床军医杂志，2003，（31）:9-11.

[16] 高钰琪，王培勇，周其全，等.高原病理生理学 [M].北京：人民卫生出版社，2006:15-109.

[17] 张彦博，等.高原疾病 [M].西宁：青海人民出版社，1982:55-129.

[18] 崔建华，张芳等.海拔 3700m 富氧室对高原人体运动血气及心率的影响 [J].高原医学杂志，2002，（1）:11-13.

[19] 訾英，刘鸿飞，刘俊，等.高原训练血氧饱和度及血压与心率的变化 [J].中国组织工程研究，2014，（12）:40-41.

[20] 张西洲，王引虎.高山生理与病理 [M].乌鲁木齐：新疆人民卫生出版社，2008:7-46.

[21] 牛文忠，王毅，张进军，等.急性高原病发病率调查及群体预防措施的探讨 [J].高原医学杂志，2002，12（2）:14-15.

[22] 王德文.高原环境对人体的影响 [J].人民军医，1992，（388）:6-8.

[23] 昌永达.高原医学与生理学 [M].西宁：青海人民出版社，1995:54.

[24] 王伟，朱永安，张芳，等.富氧室在高原对人体 PWC170 时心率及血氧饱和度的影响 [J].高原医学杂志，2002，（1）:5-7.

[25] 张西洲，崔建华，王伟，等.高原富氧对人体运动及静氧状态下血氧饱和度与心率的影响 [J].中国临床康复，2004，（12）:2382-2383.

[26] 尹昭云，马智，洪欣，等.高原低氧对体重的影响及营养措施 [C].中国营养学会特殊营养第五届学术会议论文摘要汇编，2002.

[27] 黄继超.常用生理学指标在大众健身中的应用 [J].医药教育，2017，（2）:298.

[28] 王琰，何湘，罗佳，等.急进不同海拔高原人员的血氧饱和度、心率及血压变化 [J].临床军医杂志，2010，（38）:468-469.

[29] 张西洲，陈占诗.人到高原 [M].北京：军事医学科学出版社，1996:49.

[30] 黄永元.运动训练对机体心血管功能的影响 [J].当代体育科技，2013，3

（15）:19-21.

[31] 李红玲，薛新萍，牛蕾蕾等 . 高压氧治疗环境对舱内人员血压和脉搏的影响 [J]. 河北医科大学学报，2013，（2）:167-171.

[32] 范丹峰，胡慧军，张良，等 . 高压氧治疗对不同年龄段患者血压和心率的影响 [J]. 中国康复，2011，（26）:353-355.

[33] 刘海平 . 高原训练期间血清酶活性的变化 [J]. 西安体育学院学报，1998，（4）:75-78.

[34] 高炳宏，马国强，等 .8 周低住高练（LoHi）对游泳运动员血清 CK、BUN 变化规律的影响 [J]. 体育科学，2006，26（5）:48-52.

[35] 赵中应，冯连世，宗丕芳，等；高原训练对中长跑运动员血清 CK、LDH 及其同功酶的影响 [J]；体育科学，1998，18（5）:70-73.

[36] 方春龙，方春露，魏力深，等 . 训练方式对水球运动员血清酶和血尿素的影响 [J]. 四川体育科学，2016，35（5）:31-34，42.

[37] 赵飞，孙景召，程广振 . 江苏省女子中长跑运动员赛前期高原训练的生理生化指标监控研究 [J]. 四川体育科学，2012，（6）:22-26.

[38] 贾龙，袁琼嘉 . 长时间大强度游泳训练对大鼠大脑皮质 NE、5-HT 的影响 [J]. 成都体育学院学报，2007，33（1）:92-95.

[39] 林文弢，赵芳芳 . 尿蛋白与运动员身体机能评定 [J]. 中国体育教练员，2016，（4）:19-20.

[40] 石爱桥 . 对中国女子皮艇队高原训练某些生理生化指标评定效果的研究 [J]. 武汉体育学院学报，2000，34（2）:101-105.

[41] 郑振昆 . 海 1773-2502m 交叉训练对男子中跑运动员尿蛋白指标及成绩影响的探讨 [J]. 体育科学研究，2003，7（4）:48-52.

[42] 周月良，吴飞，车颜峰 . 高原缺氧环境对运动后尿蛋白的影响 [J]. 浙江体育科学，2008，30（2）:123-125.

[43] 汪洋 . 马拉松运动员亚高原训练期间部分生理生化指标监测与分析 [J]. 福建体育科技，2010，29（3）:17-19.

[44] 李志敢 . 不同负荷运动时几项尿液生化指标的变化 [J]. 广州体育学院学报，1999，19（4）:35-38.

[45] 周青 . 不同训练水平男大学生相同负荷运动前后尿胆原变化研究 [J]. 当代体育科技，2017，7（1）:13-14.

[46] 张爱芳 . 运动性酮体研究进展 [J]. 北京体育大学学报,2004,27（6）:793-796.

[47] 许玲 . 几种生化指标（CK、BUN、HB、LA、尿蛋白和隐血、尿 PH、胆红素和尿胆原、尿肌酐）在运动实践中的应用 [J]. 福建体育科技，1999，18（3）:30-35.

第十四章　增压对能量代谢和运动能力的影响

第一节　肌酸激酶同工酶

肌酸激酶（creatine kinase，CK）有三种同工酶，分别为 CK-MM、CK-MB 和 CK-BB，其中肌酸激酶同工酶 CK-MB 主要存在于心肌细胞中，极少量存在于骨骼肌细胞的线粒体中，是评价心肌损伤的重要指标，临床上也常用来诊断心肌病变情况。正常人血清 CK-MB 在 5% 以下，当血清中 CK-MB 大于总活性的 6% 以上为心肌损伤的特异表现。

Arena 研究发现耐力运动员血清 CK-MB 活性升高来自骨骼肌或严重的心肌损害，或两者兼而有之。也有研究认为，运动后肌酸激酶同工酶升高是过大运动量的体力负荷造成心肌受到损伤。因此，血清 CK-MB 活性在运动中判断心肌损害时，还必须结合其他指标。赵中应等[1] 通过系统观察优秀中长跑运动员高原训练前后血清 CK-MB 的变化发现，在高原训练 1~4 周时，血清 CK-MB 水平逐渐上升，下高原后又开始下降，且下高原 5 周后低于上高原前水平。

对于增压环境下对 CK-MB 影响的研究，李胜学等[2] 发现，在最大强度力竭性运动后运动员血清 CK 活性升高的同时，伴随着 CK-MB 的显著升高，说明短时间极量运动对心肌有一定程度影响。郝盛发等[3] 研究发现，力竭运动后血清酶活性显著增加，经过 2h 高压氧恢复后，实验组血清肌酸激酶、肌酸激酶同工酶、乳酸脱氢酶与运动后 5min 相比均显著下降，而对照组酶活性虽然下降但不显著。认为高压氧可以促进运动后血清酶活性的恢复，有利于机体机能恢复。

本次研究，实验组和对照组 CK-MB 的变化趋势见表 14-1、图 14-1，与基础值相比，实验组呈下降趋势，在第 4 周增压期末达最低，并在观察阶段有所回升，而对照组有所增加，且在第 4 周达最高值，表明增压恢复能够减少运动员体内的 CK-MB 水平，减缓机体运动后骨骼肌和心肌损伤，从而对改善心肌细胞缺血和缺氧有积极作用。

表 14-1 实验组和对照组 CK-MB 测试结果（U/L）（Mean±SD）

组别	基础值	1周末	4周末	5周末	6周末
实验组	20.13±7.34	19.38±9.38	13.25±3.65	18.13±2.90	16.25±4.77
对照组	14.89±4.68	15.44±3.64	22.61±6.78	16.75±3.59	13.50±2.63

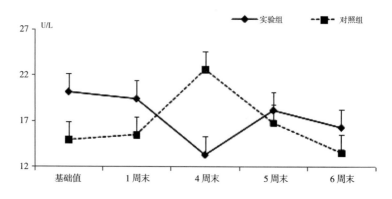

图 14-1 实验组和对照组 CK-MB 变化趋势

第二节 谷草转氨酶

谷草转氨酶(aspartate aminotransferase，AST 或 GOT)又名天门冬氨酸转氨酶，是转氨酶中比较重要的一种。主要分布在心肌组织中，肝脏、骨骼肌和肾脏等组织也有少量分布，临床上 AST 活性用来诊断和评价心脏疾患。

当剧烈运动过于劳累时都可引起谷草转氨酶活性的升高。许绍辉等 [4] 研究报道，在一次性定量负荷实验运动后 AST 活性较对照组增加了 18%，党利龙研究认为作为长期耐力运动训练而言，运动后即刻 CK、AST 和 SDH 升高，则是长期累积训练效应所致，且与运动强度关系密切。因此，可以利用血清 CK、AST 和 SDH 活性可评定骨骼肌、心肌机能状态和组织细胞有氧氧化的能力。田振军等 [5] 实验结果显示，一般训练可使心肌 T-AST、ASTs 及 ASTm 活性显著性升高；过度训练后心肌 T-AST 及其同工酶活性与一般训练组和对照组比较，均呈显著性降低。运动强度大小与血清酶活性升高的幅度变化关系密切。

有关高原环境对人体谷草转氨酶的影响,崔建华等[6]研究表明,在进驻海拔
3 700m 和 5 380m 高原第 7 天和半年,AST 活性均高于平原。这可能与机体在急
性高原低氧应激状态下,ATP 酶活性降低,细胞活动功能降低,通透性增高,渗
透压升高,稳定性降低,体内自由基产生增多,脂质过氧化物含量增高,儿茶酚
胺类物质分泌增加等有关。随海拔高度的升高,低氧愈加严重,酶活性升高越明显,
标志着心肌细胞损伤加重。机体通过自我调节逐渐适应低氧环境后 AST、CK、
LDH、a-HBDH 活性会有所降低,但仍显著高于平原,但其损伤程度与缺氧程度,
高原居住时间密切相关。高原缺氧引起机体能量供应失常,使组织细胞损伤,细
胞通透性增加,这可能是心肌酶活性升高的重要原因。

本次研究结果显示(表 14-2、图 14-2),实验组和对照组 AST 均有下降,
在 1 周末实验组明显高于对照组(P<0.01)。而组内与基础值比较,实验组在 4
周末、6 周末分别下降明显(P<0.05-0.01),对照组分别在 1 周末、4 周末、5 周末、
6 周末也下降明显(P<0.05-0.01),在第 4 周增压期末,与基础值比较实验组下
降了 41.23%、对照组下降了 21.24%。AST 是评价骨骼肌和组织细胞有氧氧化的
能力的重要指标,其变化与运动强度等有关。本研究中实验组 AST 下降幅度高
于对照组,原因除与训练适应外还与增压恢复对改善高原缺氧引起机体能量供应,
减少组织细胞损伤,降低细胞通透性有关。

表 14-2　实验组和对照组 AST 测试结果(U/L)(Mean ± SD)

组别	基础值	1 周末	4 周末	5 周末	6 周末
实验组	60.63 ± 12.65	34.38 ± 9.71**	35.63 ± 17.773##	32.88 ± 7.79	31.50 ± 8.96#
对照组	36.67 ± 7.58	24.44 ± 2.92##	28.88 ± 6.32##	27.38 ± 4.57##	27.38 ± 6.95#

注:(1)*表示实验组和对照组比较差异显著(P<0.05),**表示实验组和对照组比较差异极显著
　　(P<0.01);

　　(2)#表示组内与基础值比较差异显著(P<0.05),##表示组内与基础值比较差异极显著(P<0.01)。

211

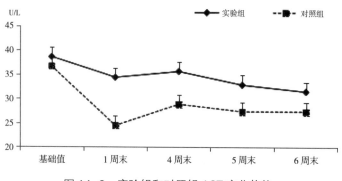

图 14-2　实验组和对照组 AST 变化趋势

第三节　乳酸脱氢酶

乳酸脱氢酶（lactate dehydrogenase，LDH 或 LD）是一种糖酵解酶，主要作用是催化乳酸转化为丙酮酸。乳酸脱氢酶广泛存在于人体各组织中，最多见于心肌、骨骼肌和红细胞。

LDH 可反映心肌无氧代谢能力的高低。过度训练可造成心肌毛细血管密度降低，心肌发生一过性缺血。田振军等研究结果显示，LDH 活性在过度训练条件下一般运动训练组和对照组比较，均呈显著性降低，可能是由于缺血心肌的糖酵解供能通路减弱，造成心肌细胞的供能障碍。王茂叶等[7]研究发现，高乳酸可以抑制运动时能量的供应，增强机体的无氧代谢能力，为有氧运动提供主要能量代谢基质。

学者对高原环境下有关 LDH 活性变化进行了研究，Terrados 等对 8 名自行车运动员在 4 周模拟高原训练后发现，股四头肌中与运动速度生化机制有关的酶及磷酸果糖激酶和 LDH 活性明显降低，糖酵解活动下降。动物模拟高原训练实验中也观察到骨骼肌中柠檬酸合成酶活性增加、LDH 活性下降，王荣辉等[8]使用低压舱模拟高原环境，分别进行缺氧生活和缺氧游泳训练研究发现，模拟 3 周低氧训练后大鼠骨骼肌 LDH 活性没有显著提高，而 MDH 活性显著性提高。说明低压训练能提高骨骼肌有氧代谢酶的活性。刘建红等对划船运动员高住低练模拟高原训练研究发现，训练初期，高住低练组运动员血清 LDH 活性明显高于对照组，而高住低练 4 周后血清酶活性明显低于对照组；通过 4 周高住低练后，运动员在耐力测试后即刻及恢复期血清 LDH 活性明显均低于对照组。说明，4 周高住低练对防止肌肉组织的损伤和增加细胞膜的稳定性有积极作用。王荣辉等研究发现，在海拔 4 000m 高原 3 周后，低氧不训练组 LDH 活性略为下降、MDH 活性提高，而低氧训练组 LDH 活性在第 1、2 周没有显著变化，在第 3 周显著提高 26.7（P<0.05）。李胜学等研究发现，在高原进行大强度训练后 LDH、HBDH 等酶活性显著升高，其机制可能与肌细胞膜通透性的改变和损伤有关。而通过高压氧恢复后，能使运动后血清酶活性水平降低，有助于修复损伤细胞。

在本次研究中，实验组和对照组 LDH 均有下降趋势（表 14-3、图 14-3），但在 6 周末实验组仍明显高于对照组（P<0.05）。组内与基础值比较，实验组和对照组分别在 1 周末、6 周末明显有降低（P<0.01）。结果推测，可能机体对缺氧适应后对运动产生的乳酸消除速率提高，增强了有氧代谢能力。

表 14-3　实验组和对照组 LDH 测试结果（U/L）（Mean ± SD）

组别	基础值	1 周末	4 周末	5 周末	6 周末
实验组	257 ± 50.73	170.13 ± 54.96##	244.88 ± 20.90	233.63 ± 29.33	171.50 ± 20.91*##
对照组	215.56 ± 49.37	154.22 ± 23.34##	226.25 ± 32.57	207.88 ± 17.61	139.13 ± 14.66##

注：（1）*表示实验组和对照组比较差异显著（P<0.05）。

（2）#表示组内与基础值比较差异显著（P<0.05），##表示组内与基础值比较差异极显著（P<0.01）。

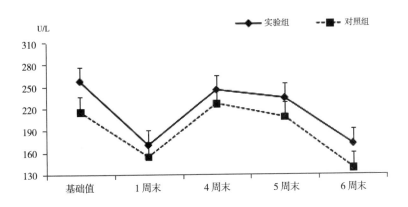

图 14-3　实验组和对照组 LDH 变化趋势

第四节　α-羟丁酸脱氢酶

α-羟丁酸脱氢酶（α-hydroxybutyrate dehydrogenase，HBDH）存在于人体各组织中，以心肌组织含量最多。HBDH升高一般为心脏及肝脏疾病有关，其他如贫血、梗死也会出现升高。

运动后HBDH升高可能是剧烈运动导致体内肌肉劳损引起。有关田径运动员进行极限负荷和定量负荷运动实验研究发现，HBDH活性增加与运动强度、时间对心脏的刺激及运动后产生的乳酸在心脏转变为丙酮酸有关。崔建华等[6]发现，高原世居藏族HBDH、LDH、CK-MB等心肌酶活性均低于移居汉族，可能与高原低氧环境的适应有关。而崔建华等建立高原富氧室对士兵力竭运动后心肌酶活性研究方面，富氧及力竭运动后较未富氧力竭运动后HBDH、AST、LDH、CK-MB降低，说明富氧对纠正高原缺氧和储备机体能量方面起到了明显作用。在本次研究结果显示（表14-4、图14-4），在整个实验过程中，实验组和对照组HBDH均呈下降的变化趋势，但无明显变化。实验组在1周末下降明显（P<0.05），对照组分别在1周末、5周末、6周末下降明显（P<0.05-0.01）。1周末、4周末时HBDH的下降幅度实验组高于对照组，提示增压有利于运动后HBDH的下降，从而有助于运动疲劳恢复。

表 14-4　实验组和对照组 HBDH 测试结果（U/L）（Mean ± SD）

组别	基础值	1周末	4周末	5周末	6周末
实验组	210.63 ± 43.61	132.00 ± 16.27##	176.25 ± 9.11	159.38 ± 14.55	168.25 ± 18.17
对照组	179.00 ± 32.75	128.67 ± 13.31##	167.38 ± 25.47	143.63 ± 12.71##	148.38 ± 20.17#

注：# 表示组内与基础值比较差异显著（P<0.05），## 表示组内与基础值比较差异极显著（P<0.01）。

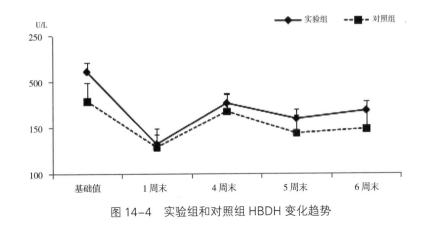

图 14-4　实验组和对照组 HBDH 变化趋势

第五节　一氧化氮合酶

一氧化氮合酶（nitric oxide synthase，NOS）是促使 L- 精氨酸分解生成 NO 的一种合成酶，主要存在于内皮细胞、巨噬细胞、神经吞噬细胞及神经细胞中。

有关运动对机体 NOS 活性以及 NO 含量影响的研究报道认为，运动训练可促进 NO 生成。而运动引起 NO 增加的机制，有学者认为急性运动时搏动性血流和血管剪切应力是刺激血管内皮细胞增加 NO 释放的主要因素。对于长期运动训练所导致的 NO 生成增加，则是由于 NOS 基因表达上调所致。并认为运动诱导 NO 释放增加，促进血管扩张，增大运动时心肌、骨骼肌等重要组织和器官血供，加快运动后恢复，是机体对运动适应机制的表现。但也有与上述结论不完全一致的报道。Gleim 发现运动员进行力竭运动后血清 NO 水平下降。李峰等报道，适量运动对大鼠脑组织 NOS 活性影响不大，而大负荷运动可使 NOS 表达明显减弱。张靓[9]研究结果显示，急性力竭和 45min 运动组大鼠 NOS 与对照组无显著性差异，而 90min 和 150min 运动组大鼠 NOS 明显高于对照组。金其贯等[10]也有类似的实验结果，他发现 1h 游泳训练大鼠血清 NO 明显高于对照组，而 2h 游泳训练大鼠血清 NO 明显低于 1h 训练组并有低于对照组趋势。因而有观点认为，适宜的运动负荷可使 NO 分泌增加，而大负荷运动可使 NO 分泌减少。其发生机制以及可能使 NO 分泌发生明显变化的运动负荷阈值有待于进一步研究探讨。

有研究表明低氧特别是急性低氧可抑制 NOS 活性，减少 NO 的产生和释放，是引起高原脑水肿、高原肺动脉高压等高原病的重要原因。同时也有研究发现间歇性缺氧以及间断低氧习服对于急慢性高原病的预防和治疗具有重要意义。谢印芝等报道，低氧习服组大鼠 NOS 活性较常氧对照组下降不明显，而急性低氧组大鼠 NOS 活性明显低于常氧对照组和低氧习服组，同时 NO 的下降幅度也呈低氧习服组小于急性低氧组的变化趋势。龙超良等[11]报道间断低氧习服后急性低氧组大鼠心肌 NO 含量较直接急性低氧组明显提高，袁予辉的实验显示慢性缺氧使肺动脉内皮细胞 NOS 活性及含量升高。董小黎[12]研究结果也表明，低氧特别是慢性低氧可使肺血管内皮细胞 NOS 总的活性升高。有研究发现，安静状态时，有氧训练组和无氧训练组血清中 NO 含量均明显高于对照组，而且无氧训练组高于有氧训练组；定量负荷运动后，无氧训练组仍明显对照组和有氧训练组，有氧训练组不显著高于对照组。对此丁宁炜等也认为，经过间歇性缺氧的刺激，可使机体 NO 或 NOS 水平升高或维持不变或下降幅度减少，这样可以尽量减少低氧造成的缩血管效应，提高血管舒缩平衡能力。这对于改善组织的血供，提高机体对低氧的耐受能力均有积极意义。

本次 NOS 研究结果显示（表 14-5、图 14-5），在整个实验过程中，实验组和对照组比较均无明显变化。组内与基础值比较，实验组在 1 周末、5 周末、6 周末升高明显（P<0.01），而对照物虽然有升高趋势无明显变化。结果表明，实验组 NOS 增加明显，与增压恢复后机体 NO 生成及释放增多有关，有助于促进血管扩张，加快运动后的恢复。

表 14-5　实验组和对照组 NOS 测试结果（U/L）（Mean ± SD）

组别	基础值	1 周末	4 周末	5 周末	6 周末
实验组	65.25 ± 11.09	85.88 ± 12.83##	74.50 ± 7.58	91.63 ± 14.45##	93.00 ± 20.27##
对照组	66.33 ± 12.54	74.67 ± 10.56	75.50 ± 13.06	78.75 ± 10.04	79.13 ± 13.32

注：# 表示组内与基础值比较差异显著（P<0.05），## 表示组内与基础值比较差异极显著（P<0.01）。

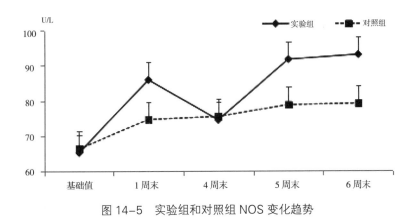

图 14-5 实验组和对照组 NOS 变化趋势

综上所述，高原低氧环境进行大强度负荷运动训练后，采取增压恢复方法，可提高运动员机体能量代谢的能力。本研究中，实验组 CK-MB、HBDH 下降，NOS 酶活性升高，表明增压恢复能减少高原环境下大强度训练后对骨骼肌和心肌的损伤，改善心肌细胞缺血和缺氧状况，对促进运动性疲劳恢复有积极作用。

第六节 运动能力

血乳酸（blood lactic acid，BLA）是体内糖代谢的中间产物，主要由红细胞、横纹肌和脑组织产生，血液中的乳酸浓度主要取决于肝脏及肾脏的合成速度和代谢率。BLA 是人体中能量代谢的一个重要的物质。在运动训练中，血乳酸可代表运动负荷强度的大小，能有效地反映负荷强度和应激后状况。一般将血乳酸在 4mmol/L 以下时的运动为有氧训练，血乳酸在 8mmol/L 以上的运动为无氧训练。有氧训练后相同负荷下运动成绩提高，血乳酸值下降或乳酸速度曲线右移，反映了运动员运动能力的提高。因此，体内乳酸的产生和清除的代谢变化，成为了解运动时能量代谢特点，掌握运动强度及运动员机能状态的重要指标。肌肉在单位时间内产生的乳酸越多，说明糖酵解过程所释放的能量越多。BLA 值在评定运动能力方面反映为产生相同的 BLA 浓度，以运动成绩高者为佳；完成相同的运动强度，以血乳酸 BLA 浓度低者为佳。并认为 BLA 值能够很好地反映运动员的有氧和无氧代谢能力情况。

安静时人体 BLA 浓度为 1mmol 左右，在高原由于低氧环境的刺激，肾上腺素敏感性增强，糖酵解代谢旺盛，安静时 BLA 浓度稍高于平原值，在 2mmol 以下。平原运动员初上高原，运动时的 BLA 浓度比平原高，乳酸 – 功率曲线左移。高原训练初期 BLA 值升高的生理学机制是，缺氧运动引起大量肌乳酸生成、糖分解加速，致使丙酮酸和 NADH 生成速度大大加快[13]。另外，缺氧抑制线粒体氧化丙酮酸和 NADH，。这两方面因素的共同作用的结果，可明显提高乳酸生成速度。此外，运动员高原训练时的肾上腺素敏感性增高，导致糖酵解活力增加，从而生成较多的乳酸和丙酮酸。高顾等[14] 对高原训练期间运动员身体机能生理、生化指标评定方法的研究中发现，训练中和训练后 BLA 浓度对评价训练负荷强度大小及运动员的身体机能状况是非常重要的，并认为在高原训练期间同等运动负荷 BLA 浓度及最大乳酸浓度降低，表明运动员运动能力提高。石爱桥[15] 对中国女子皮艇队高原训练某些生理生化指标评定效果研究中发现，经过高原训练后 300m 和 500m 的运动成绩下降时，血乳酸值升高了，这说明无氧代谢能力下降。

有研究认为，高原上安静时 BLA 浓度与平原值基本相同。若持续几天运动员安静时 BLA 浓度高于正常值，说明运动员机能状况有所下降。格日力等对世居高原运动员间歇性低氧训练研究表明，在训练初期与末期，对两组运动员专项强度（400m+600m+1000m+600m+400m）和有氧训练（16km）后的 BLA 进行了测试，结果发现，实验组和对照组均表现了相同的趋势，即两组的乳酸速度曲线的下段右移，而上段左移。表明运动员的有氧能力提高，而无氧能力下降。其原因主要受有氧训练的比重较大所致。而关于高住低练对血乳酸的效应，谢婉媚等报道[16]，25 天每天处于低氧屋（相当于海拔 2 500m 高度）10 ~ 14 小时，并在正常空气中训练。训练开始后 4 天，血乳酸 / 平均功率先下移，两名运动员的血乳酸 / 平均功率先于高住低练后上移，再于 6 天后复原。血红蛋训练前的 16.9g/dl 至训练后的 17.6g/dl，训练期间的血红蛋白比训练前高 3%~6%。表明高住低练开始后 5 天即可增加血携氧能力，因此可改善亚极量运动能力，高原训练后运动员在相同功率负荷时无氧供能比例下降，从而提高了机体在乳酸堆积前的工作能力和氧利用率。马福海等[17] 研究发现，高原运动员在高低交替训练期间，无氧阈速度逐周提高（P<0.01），乳酸速度曲线右移明显，同级负荷的血乳酸、心率下降，并认为该训练方法对居住在海拔 2 260m 的运动员机体影响深刻，可达到新的生理

应激反应。

在本次研究中（表 14-6、表 14-7、图 14-6、图 14-7），实验组和对照组在同等条件下递增负荷运动后 BLA 比较，实验组在第 1、2、3 级递增负荷实验中 BLA 水平明显低于对照组（P<0.05~0.01），第 5 级负荷运动结束后的第 5min、第 10min，实验组 BLA 水平也明显低于对照组（P<0.01）。同时，从各周递增负荷后第 15min 的 BLA 恢复情况来看，实验组除了在第 2 周、第 6 周没有明显变化外其他各周 BLA 水平恢复值降低明显（P<0.05~0.01），而对照组在各周第 15min 后的 BLA 恢复值在第 1 周、第 3 周明显降低外（P<0.05~0.01），其余各周都无明显变化。综合分析，实验组血乳酸水平无论在递增负荷实验后或者恢复期均明显低于对照组，并且在高原训练期间同等运动负荷后实验组血乳酸浓度降低明显，说明增压恢复有利于快速消除机体运动后的血乳酸，能有效提高有氧耐力运动水平。

表 14-6　实验组递增负荷血乳酸测试结果（mmol/L）（Mean±SD）

时间（周）	第 1 级	第 2 级	第 3 级	第 4 级	第 5 级			
					3min	5min	10min	15min
基础值	4.72±1.26*	5.73±1.36	8.18±1.69#	10.02±3.07#	15.41±2.54#	14.26±2.01	12.86±1.88	11.68±2.32##
第 1 周	5.86±0.92	7.3±1.75*	10.01±1.62	10.81±1.63	15.87±1.05	14.92±1.75	13.71±1.21	14.33±1.83
第 2 周	3.79±0.69	3.94±1.08*	6.22±1.96#	8.24±1.82##	13.08±1.56	13.77±1.15	11.31±1.73	10.08±0.47#
第 3 周	4.51±1.56*	4.00±0.68*	5.76±1.07	7.21±1.02##	14.48±1.01	14.07±1.35	12.84±0.73	9.75±1.5#
第 4 周	3.36±0.65*	4.04±0.86	5.28±0.86##	7.28±0.84##	14.19±1.64	13.23±1.23	11.80±1.25#	10.67±1.45##
第 5 周	3.89±0.23	3.9±1.12	4.68±0.74**	8.29±1.5##	13.08±1.53	12.20±1.89	11.88±1.88	10.84±1.77
第 6 周	2.49±0.65*	2.93±0.79**	4.09±0.67*	5.63±1.13##	11.2±1.36	10.10±1.02**	9.03±0.94**	7.3±1.78##

注:（1）＊表示实验组和对照组比较差异显著（P<0.05），＊＊表示实验组和对照组比较差异极显著（P<0.01）；

（2）# 表示组内与基础值比较差异显著（P<0.05），## 表示组内与基础值比较差异极显著（P<0.01）。

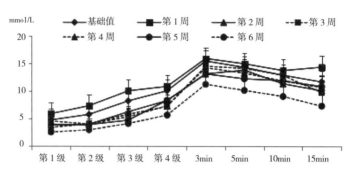

图 14-6　实验组递增负荷血乳酸变化趋势

表 14-7　对照组递增负荷血乳酸测试结果（mmol/L）（Mean ± SD）

时间(周)	第 1 级	第 2 级	第 3 级	第 4 级	第 5 级			
					3min	5min	10min	15min
基础值	3.95 ± 0.68	4 ± 1.09	5.44 ± 1.13[#]	8.39 ± 2.09[##]	12.96 ± 2.19	12.72 ± 2.58	11.59 ± 2.17	10.53 ± 2.83[#]
第 1 周	7.18 ± 1.37	7.48 ± 1.36	7.7 ± 1.53	12.01 ± 1.28[#]	18.1 ± 1.13	17.78 ± 1.8	12.38 ± 0.88[##]	11.96 ± 0.62[##]
第 2 周	4.06 ± 1.63	4.53 ± 1.21	5.51 ± 1.3	9.99 ± 1.8[##]	13.5 ± 1.67	12.53 ± 1.33	11.2 ± 2	8.71 ± 0.65
第 3 周	5.1 ± 1.54	4.83 ± 1.16	7.09 ± 2.13[#]	7.21 ± 1.47[#]	13.06 ± 0.46	12.7 ± 1.09	10.95 ± 0.64	9.82 ± 0.59[#]
第 4 周	4.72 ± 1.77	3.79 ± 1.16	5.09 ± 1.04	7.21 ± 0.73[#]	11.01 ± 1.95	10.75 ± 1.22	10.19 ± 1.31	9.77 ± 1.71
第 5 周	3.97 ± 0.73	3.98 ± 1.23	5.09 ± 0.81	7.8 ± 1.75	12.79 ± 1.7	14.00 ± 1.51	12.14 ± 0.85	10.69 ± 1.37
第 6 周	3.24 ± 0.65	3.70 ± 0.85	5.16 ± 0.56[#]	7.82 ± 0.86[##]	10.82 ± 1.22	10.22 ± 0.99	10.23 ± 0.77	8.26 ± 0.86

注：# 表示组内与基础值比较差异显著（P<0.05），## 表示组内与基础值比较差异极显著（P<0.01）。

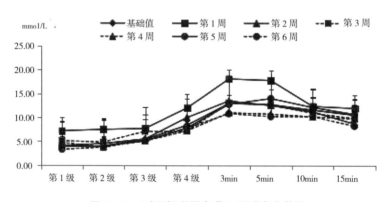

图 14-7　对照组递增负荷血乳酸变化趋势

　　彭莉研究认为[18]，吸氧组与对照组之间 BLA 浓度在各个时期都没有显著性差异，也即是说运动后吸入高浓度氧对于 BLA 清除无明显促进作用。这可能是由于 BLA 的恢复途径，并不完全依靠有氧代谢系统，乳酸的消除可能还与其他例如乳酸脱氢酶等因素有关。胡波平等对赛艇运动员在力竭运动后即刻吸高浓度氧（70%），可使 BLA 的消除速度在吸氧后 5min、10min 有显著性差异，运动后吸高浓度氧可以加快乳酸消除。冯玉润等[19]研究认为，在剧烈运动后，经高压氧处理，能加快血乳酸清除，促进心率恢复，改变运动后血尿素氮升高现象，使运动员感到轻松，对促进疲劳恢复有一定的积极意义；姚俊等[20]研究显示，训练后高压氧干预 BLA 值从运动后即刻的（8.86 ± 2.18）mmol/L 下降至（2.14 ± 1.69）mmol/L，具显著性差异（P<0.01）；MDA 从（6.72 ± 0.21）mmol/L 下降至（4.51 ± 0.24）mmol/L，具显著性差异（P<0.05）。表明运动员经高压氧干预 1h 后，BLA 和 MDA 已经基本恢复到安静时的水平。大运动量训练后进行高压氧可促进血清 CK-MB 和 MB 的循环，有利于疲劳的消除。崔建华[21]等对海拔 3 700m 高原的 10 名健康青年在进入富氧室前后分别进行功率自行车递增负荷运动，检测血乳酸、血氨、肌红蛋白含量，并以安静时做对照，结果显示安静时血乳酸、血氨和肌红蛋白分别为（1.68 ± 0.42）mmol/L、（53.68 ± 5.42）μg/L 和（66.2 ± 10.88）μg/L，均低于进入富氧室前运动后的数值（P<0.01）。富氧后运动后的血乳酸与血氨分别为（6.38 ± 0.53）mmol/L 与（66.71 ± 6.53）μg/L，非常显著低于富氧前运动后的（7.52 ± 0.69）mmol/L 与（82.09 ± 7.94）μg/L，（P<0.01），而富氧后运动后的肌红蛋白（86.96 ± 17.02）μg/L 显著低于富氧前运动后的（108.53 ± 17.98）μg/L，（P<0.05）。说明高原富氧室能增强机体能量代谢，减轻体力性疲劳，是一种较为理想的高原供氧途径。研究认为富氧后较富氧前血乳酸、肌红蛋白及氨明显降低，说明富氧 12h 改善了高原缺氧人体气体交换，使得内环境系统也重新达到一个新的调整，同时增强能量代谢，保护细胞免遭破坏，改善红细胞的运氧功能，使 ATP 酶活性升高加速乳酸在体内的清除。周伟等[22]报道了（0.2~0.25）MPa、60min/ 次 / 天、共 10 次的高压氧对大训练量者的血液化学、血气、微循环等方面的影响，结果显示高压氧对训练引起的极度疲劳、肌肉酸痛、僵硬、酸碱平衡失调，运动性酸血症以及软组织、韧带、关节等损伤性疾病，和身体对抗时引起的不同程度脑细胞振荡、眼球血管出血等症都有良好的作用。彭莉对递增负荷至力竭运动后吸入高浓度氧对血液流变性影响的实验研究中发现，安静时两组的血

乳酸都保持在正常稳态范围，力竭运动后即刻血乳酸显著性升高，由于血液乳酸浓度上升过高一直被认为是引发运动疲劳的原因之一。运动后恢复期吸氧组血乳酸恢复速度快于对照组，休息 15min 时吸氧组血乳酸运动后即刻下降了 38%，对照组下降 30%，30min 时吸氧组血乳酸下降了 67%，对照组只降低了 58%。表明运动后吸氧对血乳酸的降低有一定的作用。但与其他学者研究结果不同的是，吸氧组与对照组之间血乳酸浓度在各个时期都没有显著性差异，也即是说运动后高浓度氧的吸入对于血乳酸清除无明显促进作用。这可能是由于血乳酸的恢复途径，并不完全依靠有氧代谢系统，乳酸的消除可能还与其他例如乳酸脱氢酶等因素有关。

本研究中，实验组在 5 级负荷中血乳酸的下降幅度大于对照组，且恢复速度快于对照组。在相同负荷下乳酸值的下降是有氧能力提高的表现，表明在增压恢复状态下，血液中 PO_2 升高，氧从毛细血管向远处细胞弥散能力增加，以及从各组织和体液中的 PO_2 氧含量增加，使乳酸的消除速率加快。另外，在增压下，无氧酵解受到抑制，BLA 生成减少，有氧代谢旺盛。同时，增压使血氧含量增加，血液中血乳酸的下降速度加快，改善了体内酸性环境，纠正了酸碱平衡的紊乱，有利于迅速消除大运动量训练后运动员的疲劳，加快身体恢复，提高训练水平。

参考文献

[1] 赵中应，冯连世，宗丕芳，等；高原训练对中长跑运动员血清 CK、LDH 及其同功酶的影响 [J]. 体育科学，1998，18（5）:70-73.

[2] 李胜学，王红练，赵玲莉，等. 高压氧对高原低氧下运动员力竭运动后血液指标的影响 [J]. 青海医学院学报，2012，33（4）:264-267.

[3] 郝盛发，金其贯，黄叔怀. 高压氧对力竭性运动后血清酶恢复的影响 [J]. 中国运动医学杂志，1996，15:264-265.

[4] 许绍辉，王爱华，顾军，等. 运动疲劳时血清 CK、CK-MB、AST、ASTs、ASTm 等生化指标的变化 [J]. 中国运动医学杂志，1992，（3）:157-159.

[5] 田振军，石磊. 过度训练对大鼠血清 CK、LDH、SOD、SDH 活性及 UMb 含量影响的研究 [J]. 中国运动医学杂志，2000，19（1）:49-50.

[6] 崔建华，张西洲，何富文，等. 海拔 4300m 世居藏族和移居汉族心肌酶

及肌红蛋白活性对比观察 [J]. 临床军医杂志, 2000 ; 28 (3) :51-53.

[7] 王茂叶. 间歇性低氧训练对力竭运动时心率及乳酸代谢能力的影响 [J]. 中国临床康复, 2004, 8 (18) :3600-3601.

[8] 王荣辉, 刘桂华, 胡琪. 低氧训练对大鼠骨骼肌乳酸脱氢酶和苹果酸脱氢酶活性的影响 [J]. 北京体育大学学报, 1998, 21 (3) :31-33, 96.

[9] 张靓. 不同运动负荷对大鼠 cNOS 和 iNOS 活性的影响及其机理探讨 [J]. 中国运动医学杂志, 2002, 21 (1) :23-26.

[10] 金其贯. 运动与内皮细胞内皮素和一氧化氮分泌的研究进展 [J]. 中国运动医学杂志, 2002, 21 (3) :292-296.

[11] 龙超良. 慢性间断低氧暴露对大鼠心肌线粒体 ATP 酶及吸链酶复合物的影响 [J]. 中国应用生理学杂志, 2004, 20 (3) :219-222.

[12] 董小黎. 慢性低氧过程中肺血管内皮细胞损伤和一氧化氮合酶变化 [J]. 中国病理生理杂志, 2002, 18 (3) :310-311.

[13] 马福海, 王发斌, 樊蓉芸. 青海高原训练的理论与实践 [M]. 北京 : 人民体育出版社, 2008.

[14] 高顾, 刘海平. 高原训练期间运动员身体机能生理、生化指标的评定方法 [J]. 北京体育大学学报, 2004, 27 (1) :43-45, 56.

[15] 石爱桥. 对中国女子皮艇队高原训练某些生理生化指标评定效果的研究 [J]. 武汉体育学院学报, 2000, 34 (2) :101-105.

[16] 谢婉媚, 苏志雄. 血氧饱和度在高原训练时的个体差异及其在训练学上的应用 [C]. 第七届全国体育科学大会论文摘要汇编 (二), 2004 年.

[17] 马福海. 高原女子中长跑运动员海拔 2260 ～ 3150 米交替训练的研究 [J]. 体育科学, 2000, (6) :34-36.

[18] 彭莉. 高压氧与运动 (综述) [J]. 中国体育科技, 2002, 38 (4) :11-13.

[19] 冯玉润, 李之俊. 高压氧疗法消除疲劳、促进恢复的初步研究 [C]. 第六届全国体育科学大会论文摘要汇编 (二), 2000 年.

[20] 姚俊, 周卫海. 高压氧配合模拟高住低训对游泳运动员血液指标的影响 [J]. 广州体育学院学报, 2003, 23 (6) :44-46.

[21] 崔建华, 张建林, 张西洲, 等. 富氧室对海拔 5380 高原人体运动血气

及心率的影响 [J]. 临床军医杂志，2003，（31）:9-11.

[22] 周伟. 大运动量训练吸高压氧的临床观察 [J]. 中国体育科技，1985，（9）:9-13.

第十五章　增压对心理的影响

第一节　心境

一、POMS 因子分析

心境状态量表（POMS量表）是 1994 年由华东师范大学祝蓓里教授修订的中国常模，该量表的信度在 0.60~0.82 之间，由七个情绪分量表组成，包括紧张、愤怒、疲劳、抑郁、精力、慌乱和自尊感，共有 40 个形容词组成，均采用五级量表，记分相应地从 0~4 分，每一分量表的最高得分分别为 24、28、20、24、20、20，最低得分均为 0 分。情绪纷乱总分（简称 TMD）是从总体上反应心境状态的指标，TMD 分由心境状态的消极得分减去心境状态的积极得分后加 100 构成，即 TMD 分＝（紧张＋愤怒＋疲劳＋抑郁＋慌乱）－（精力＋自尊感）＋100。

本研究中，实验组、对照组实验前后心境状态的变化比较数据统计结果显示（表 15-1、表 15-2），经过 4 周的增压辅助训练，对照组和实验组实验前后的心境状态各因子中愤怒、自尊两个指标校正模型 F 值不存在显著性水平（P>0.05），而其他六个指标：紧张、抑郁、精力、慌乱分量表得分、TMD 总分六个指标校正模型 F 值 0.023、0.083 达到了显著性水平（P<0.05）。可以看出，紧张、精力、抑郁、慌乱及 TMD 总分五个指标在对照组和实验组的主效应、实验前后的主效应达到了显著性水平（P<0.05），指标抑郁在实验前后的主效应达到了显著性水平（P<0.05）。也就是说，有氧增压辅助训练对改善运动员心境状态，特别是对紧张、抑郁、精力、慌乱因子有明显的效果 [1]。

表 15-1　运动员心境量表（ANOVA）统计

		SumofSquares	df	MeanSquare	F	Sig.
Between Groups	（Combined）	14.000	2	7.000	.083	.921
	LinearTerm　Contrast	12.071	1	12.071	.143	.710
	Deviation	1.929	1	1.929	.023	.882
	WithinGroups	1524.571	18	84.698		
	Total	1538.571	20			

表 15-2　实验前后各组心境状态各因子及总分的方差分析

	Source	df	MS	F
紧张	CorrectedModel	2	7.703	9.433*
	A	1	8.156	8.935*
	B	1	10.596	7.271*
抑郁	CorrectedModel	2	7.65	10.613*
	A	1	2.624	2.773
	B	1	9.135	12.916*
精力	CorrectedModel	2	99.915	73.928*
	A	1	65.082	37.556*
	B	1	178.352	119.037*
慌乱	CorrectedModel	2	8.029	19.320*
	A	1	13.657	34.125*
	B	1	6.012	14.388*
自尊	CorrectedModel	2	80.865	17.564*
	A	1	163.339	35.479*
	B	1	32.825	7.130*
TMD	CorrectedModel	2	418.724	13.289*
	A	1	954.164	26.327*
	B	1	97.256	7.128*

注：＊表示 Sig.<0.05 显著性水平、TMD 分 =（紧张 + 愤怒 + 疲劳 + 抑郁 + 慌乱）-（精力 + 自尊感）+100；A 表示对照组和实验组主效应、B 表示实验前后主效应。

二、POMS 阶段性分析

本研究通过对 16 名运动员基础值、实验阶段末和观察阶段末三次心境量表的测试结果表明（表 15-3、图 15-1），对照组在三次测试中相互间没有显著的差异，三次总分处于一个平缓过程，总体平均分值为 96.16、96.13、97.01；实验组在三次测试中相互间同样也没有显著的差异。但是，实验组运动员总体分值在进舱增压期间心境状态良好而且处于一个上升趋势（图 15-1），总体平均值为 99.14、99.43、101.00，实验组测试分值均高于对照组分值，表明增压辅助训练对运动员心境起到了积极的作用。

表 15-3 运动员心境量表 Descriptives 统计

| | N | Mean | Std.Deviation | Std.Error | 95%ConfidenceIntervalforMean | | Minimum | Maximum |
					LowerBound	UpperBound		
1	8	99.14	10.823	4.091	89.13	109.15	80	111
2	8	99.43	5.623	2.125	94.23	104.63	91	107
3	8	101.00	10.263	3.879	91.51	110.49	92	122
Total	24	99.86	8.771	1.914	95.86	103.85	80	122

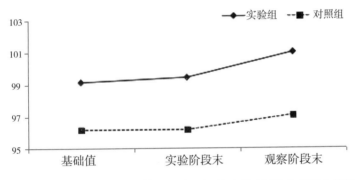

图 15-1 增压辅助手段训练后运动 POMS 心境 TMD 总分变化趋势

第二节 心理疲劳状态

运动员心理疲劳问卷（ABQ 问卷）包括情绪 / 体力耗竭，成就感降低和运动负评价 3 个维度，反映了心理疲劳的 3 个不同方面。对运动员 ABQ 问卷数据统计结果显示（表 15-4、表 15-5），经过 4 周的增压恢复，实验组和对照组实验前后心理疲劳 3 个维度指标校正模型 F 值不存在显著性水平（$P>0.05$）。实验组总体得分中分别为 64.00、61.57、63.29，说明在一个月的专项训练和增压辅助训练中，以前期为疲劳期的起平点，而到了中期是一个相对疲劳的过程。

表 15-4　运动员心理疲劳状态（ANOVA）统计

			SumofSquares	df	MeanSquare	F	Sig.
BetweenGroups	LinearTerm	（Combined）	21.810	2	10.905	.157	.856
		Contrast	1.786	1	1.786	.026	.875
		Deviation	20.024	1	20.024	.288	.598
	WithinGroups		1253.143	18	69.619		
	Total		1274.952	20			

表 15-5　运动员心理疲劳状态 Descriptives

	N	Mean	Std.Deviation	Std.Error	95%ConfidenceIntervalforMean		Minimum	Maximum
					LowerBound	UpperBound		
1	8	64.00	8.641	3.266	56.01	71.99	52	75
2	8	61.57	8.284	3.131	53.91	69.23	49	73
3	8	63.29	8.098	3.061	55.80	70.77	49	73
Total	24	62.95	7.984	1.742	59.32	66.59	49	75

第三节　复杂反应时

每一个人的复杂反应时在不同心境下是不一致的，同样疲倦程度的高低也能影响反应时的水平[2]。本研究中，对实验组与对照组的复杂反应时测试都是在增压实验阶段结束后的第一天测得。数据显示（表 15-6），实验组的总体平均数 0.665s低于对照组的总体平均数 0.703s。16 人的反应时折线图显示（图 15-2）前 8 人（实验组）总体优于后 8 人（对照组），虽然依此数据不能完全说明通过增压辅助训练就可以提高复杂反应时，但通过实验组与对照组的对比，结合实验组与对照组的总体身心状态，可以说明通过增压辅助训练可以适当缓解疲劳，尤其是大运动量训练后的恢复效果更加明显。

表 15-6　实验组与对照组反应时的平均值比较（s）

变量	Mean	Std.Deviation	N
实验组	0.665	0.0388	8
对照组	0.703	0.0396	8

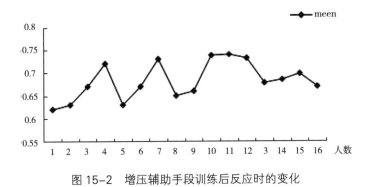

图 15-2 增压辅助手段训练后反应时的变化

总之，在高原训练的同时应用增压恢复对中长跑运动员心理疲劳的缓解有积极作用，特别是对紧张、抑郁、精力、反应、慌乱、成就感等因素有积极的影响，这对适当调整运动疲劳状态，避免因运动疲劳而引起的心理疲劳等有很大应用价值。

参考文献

[1] 李增民，马福海，等.基于 POMS 下高原低氧环境增压辅助训练对运动员运动疲劳的影响 [J].青海师范大学学报（自然科学学版),2014,1:86-88.

[2] 潘燕军.关于有氧运动对心境状态及心理健康影响的研究 [J].浙江体育科学.2007.29（3）:126-128.

第十六章　高原低氧环境下增压方法对人体运动性疲劳恢复的促进作用

一、增压恢复可改善运动员抗氧化和免疫功能

高原低氧环境进行大强度负荷运动训练后，采取增压恢复方法，实验组运动员的过氧化氢酶和谷胱甘肽过氧化物酶活性均有升高，过氧化脂质含量下降，中性粒细胞增加、淋巴细胞减少，可改善运动员抗氧化能力和免疫功能，有利于运动性疲劳的恢复。

二、增压恢复有助于提高运动员呼吸系统和气体代谢水平

高原低氧环境进行大强度负荷运动训练后，采取增压恢复方法，实验组氧脉搏、氧通气当量、二氧化碳通气量、呼吸交换率呈下降趋势，安静状态下最大通气量、肺活量、用力肺活量、1秒肺活量、最大呼气流速均有提高，且提高幅度大于对照组（P<0.05–0.01），同时每分通气量和呼吸频率也有下降，提示增压恢复提高机体呼吸系统和气体代谢水平。

三、增压恢复可增强运动员疲劳恢复能力

高原低氧环境进行大强度负荷运动训练后，采取增压恢复方法，实验组收缩压下降明显，运动后和次日晨恢复的血清肌酸激酶活性在实验阶段均呈下降趋势，

肌酸激酶同工酶、谷草转氨酶活性均有不同程度下降，且下降幅度大于对照组，乳酸脱氢酶活性提高，表明增压恢复有助于机体疲劳的恢复和对运动负荷的良好适应。

四、增压恢复可有效提高运动员迷走神经兴奋性和缓解心理疲劳

高原低氧环境进行大强度负荷运动训练后，采取增压恢复方法，实验组运动员在实验前后相比较PNN50、RMSSD、HF、心率有显著升高。表明增压恢复可以提高中长跑运动员的迷走神经兴奋性，改善心肌功能，加强心血管系统对运动的适应能力。同时，增压恢复对运动员心理疲劳的缓解有积极作用，特别是对紧张、抑郁、精力、反应、慌乱、成就感等因素有积极的影响，这对适当调整运动疲劳状态，避免因运动疲劳而引起的心理疲劳等有很大应用价值。

附　录

一、科技成果

1. 高原低氧环境下增压辅助训练对大鼠运动性疲劳机制及恢复的研究 —— 青海省科学技术成果（登记号：9632014J0300，达国际先进水平）

2. 高原低氧环境增压辅助训练对运动员疲劳恢复能力的影响

——青海省科学技术成果（登记号：9632015J0009，达国际先进水平）

二、学术论文

1. 苏青青，马福海，樊蓉芸．等．高原低氧环境增压辅助训练对世居高原中长跑运动员气体代谢水平影响 [J]. 青海体育科技，2013（52）.

2. 杜霞，马福海．等．高原低氧环境增压辅助训练对运动员自由基代谢指标的影响 [J]. 青海体育科技，2013（52）.

3. 李增民，马福海，余小燕，贺颖英．基于 POMS 下高原低氧环境增压辅助训练对运动员运动疲劳的影响 [J]. 青海师范大学学报，2014（1）.

4. 郝少伟，马福海，樊蓉芸，祁继良，余小燕，贺颖英，李亚楠．增压辅助方法对大鼠骨骼肌 HIF-1α 表达的影响 [J]. 辽宁体育科技，2014（36）.

5. 祁继良．高原低氧环境下不同增压辅助手段对大鼠力竭运动能力的影响 [J]. 辽宁体育科技，2016（38）.

6. 李亚南，余小燕，贺颖英．高原低氧环境下增压辅助训练对运动员血液氧运输能力的影响 [J]. 青海师范大学学报，2016（2）.

三、实验图片

（一）动物基础研究

图1　将实验大鼠放入增压舱

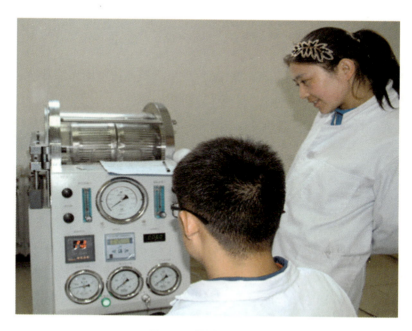

图2　调节增压舱压力

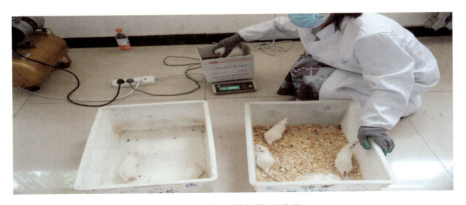

图 3 对大鼠进行体重称量

图 4 大鼠在模拟海拔 4 500m 高原低氧环境中进行跑台运动训练

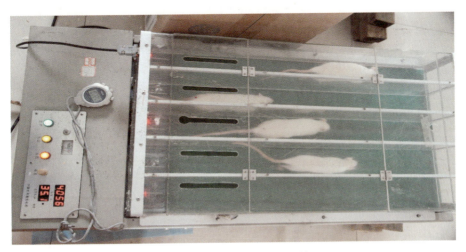

图 5 大鼠在跑台上运动训练

图 6　大鼠在海拔 2 260m 自然高原低氧环境中进行跑台运动训练

图 7　监测和记录力竭运动大鼠情况

图 8　采集大鼠血液和组织样品情况

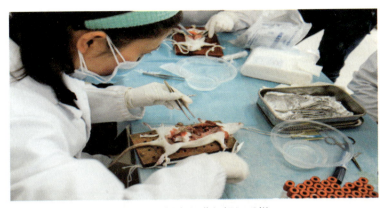

图 9　解剖大鼠进行组织采样

图 10　采样大鼠组织样品

（二）人体实践应用

图 11　进行增压舱压力调节

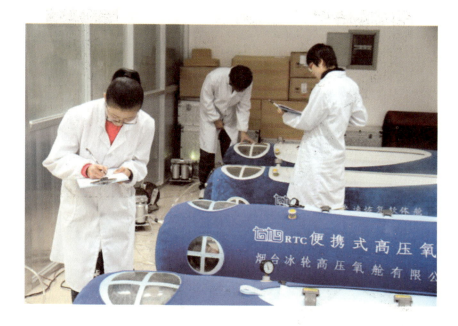

图 12　观测和记录增压舱内运动员情况

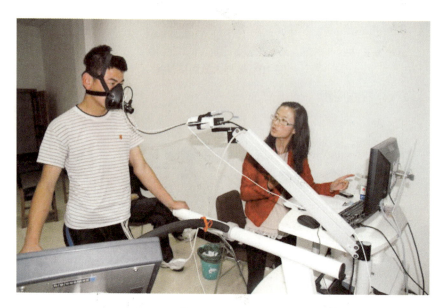

图 13　进行运动员心肺功能测评

图 14　进行运动员血压测量

图 15　进行运动员运动能力测评